D

Spanish AS

ánimo para OCR 1

Isabel Alonso de Sudea
Vincent Everett
María Isabel Isern Vivancos

OXFORD
UNIVERSITY PRESS

OXFORD
UNIVERSITY PRESS

Great Clarendon Street, Oxford OX2 6DP

Oxford University Press is a department of the University of Oxford. It furthers the University's objective of excellence in research, scholarship, and education by publishing worldwide in

Oxford   New York

Auckland   Cape Town   Dar es Salaam   Hong Kong   Karachi
Kuala Lumpur   Madrid   Melbourne   Mexico City   Nairobi
New Delhi   Shanghai   Taipei   Toronto

With offices in

Argentina   Austria   Brazil   Chile   Czech Republic   France
Greece   Guatemala   Hungary   Italy   Japan   South Korea   Poland
Portugal   Singapore   Switzerland   Thailand   Turkey   Ukraine
Vietnam

Oxford is a registered trade mark of Oxford University Press in the UK and in certain other countries

© Isabel Alonso de Sudea, Vincent Everett,
Maria Isabel Isern Vivancos 2008
The moral rights of the author have been asserted

Database right Oxford University Press (maker)

First published 2008

British Library Cataloguing in Publication Data

Data available

ISBN 978 0 19 915321 3

10 9 8 7 6 5 4 3 2

Typeset by Thomson Digital

Printed in Spain by Cayfosa Quebecor

Paper used in the production of this book is a natural, recyclable product made from wood grown in sustainable forests. The manufacturing process conforms to the environmental regulations of the country of origin.

Acknowledgements.

The publishers would like to thank the following for permission t reproduce photographs:

007a: Dale Buckton/Lonely Planet Images, 007b: Herbert Eisengruber/ Shutterstock, 007d: Associated Press, 007f: Dale Mitchell/Shutterstock, 008f Liz Van Steenburgh/Shutterstock, 012a: Associated Press, 012b: Francois Durand/Rex Features, 012d: Rex Features, 012e: Clark Samuels/Rex Features 012f: Alastair Muir/Rex Features, 012g: Hulton Archive/ Getty Images, 013a: kolvenbach / Alamy, 014a: Reuters, 014b: Greg Elms/Lonely Planet Images, 014c: Ray Roberts / Alamy, 014d: Oso Media / Alamy, 014e: Guy Moberly/ Lonely Planet Images, 014f: David Pearson / Alamy, 014g: Agrophotos / Alamy, 014h: David Tomlinson/Lonely Planet Images, 014i: Chad Ehlers / Alamy, 022a: Rex Features, 025a: Bernard van Dierendonck/Getty Images, 029b, 032a: Stephanie Böhlhoff/Mauritius/Photolibrary, 033a: Hugh Threlfal / Alamy, 036b: Shutterstock, 037a: Michelle Chaplow / Alamy, 037b: Ariadn Van Zandbergen/Lonely Planet Images, 037c : Zak Waters / Alamy, 039e: Shutterstock, 046a : Tim Rooke/Rex Features, 047a : ASSOCIATED PRESS, 0 : Antti Aimo-Koivisto/Rex Features, 051b : MARBELLA FOTOS/Rex Features, 057a : MANDY GODBEHEAR/ Shutterstock, 060b : Tim Graham / Alamy, 06 : Brian Rasic/Rex Features, 062a : Damien Simonis/ Lonely Planet Images, 062b: Damien Simonis/ Lonely Planet Images, 073a : Mediacolor's / Alamy, 074a : George S de Blonsky / Alamy, 076a : Maria Green / Alamy, 076b : JUSSI NUKARI/Rex Features, 076c : Charles Knight/Rex Features, 076d: Rex Features, 079a : Jochen Tack / Alamy, 086a : ACE STOCK LIMITED / Alamy, 087b: Associated Press, 088a : inacio pires/ Shutterstock, 090a: Shutterstoc 090b: David J. Green / Alamy, 090c : Panorama Media (Beijing) Ltd. / Alamy 096b : Eye Ubiquitous/Rex Features, 096c : Robert Minnes/ Istochphoto, 09 : Jan Stromme/ Lonely Planet Images, 098b : Robert Harding Picture Library Ltd / Alamy, 099a : Steve Vidler/ Imagestate RM/ Photolibrary, 102b: Getty Images, 112b : Igor Leonov/ shutterstock, 112c : Monolinea/ Istockphoto, 112i : Irmak Akcadogan/ Shutterstock, 112j : Le Loft 1911/ Shutterstock, 11 : Leslie Banks/ Istockphoto, 114a : Anita Patterson Peppers/ Shutterstock, 114b : Andresr/ Shutterstock, 116a : Nicholas Monu/ Istockphoto, 116b : Sheryl Griffin/ Istockphoto, 116c : Lise Gagne/ Istockphoto, 116d : Kevin R Istockphoto

Illustrations by: Thomson Digital

Cover image: OUP/Corbis

The authors and publishers would like to thank the following fc their help and advice:
Blanca González (language consultant); Michelle Armstrong (editor of the Ánimo Students' Book) and Christine Haylitt (cou consultant).

The authors and publishers would also like to thank everyone involved in the recordings for the Ánimo 1 recordings:

Colette Thomson and Air-Edel for sound production and all the speakers involved.

Every effort has been made to contact copyright holders of mate reproduced in this book. If notified, the publishers will be please to rectify any errors or omissions at the earliest opportunity.

Spanish AS

ánimo
para OCR 1

Isabel Alonso de Sudea

Vincent Everett

María Isabel Isern Vivancos

Welcome to *Ánimo para OCR!*

The following symbols will help you to get the most out of this book:

 listen to the recording with this activity

S This item is also on the *Ánimo para OCR solo* recording

 work with a partner

 work in a group

D use a dictionary for this activity

Gramática an explanation and practice of an important aspect of Spanish grammar

➡ 000 refer to this page in the grammar section at the back of the book

➡ W000 there are additional grammar practice activities on this page in the Ánimo *Grammar Workbook*

extra! additional activities, often on Copymasters, to extend what you have learned

Frases clave useful expressions

Técnica practical ideas to help you learn more effectively

Se Pronuncia así pronunciation practice

We hope you enjoy learning with Ánimo para OCR.

¡Buena suerte!

Índice de materias

Puente

By the end of this unit you will be able to:

- Describe the area you live in
- Speak and write about a Spanish-speaking region or country
- Speak and write about yourself
- Research key people and places in the Spanish-speaking world
- Write a profile of a key person or place

- Recognise and use the present, perfect and preterite tenses
- Recognise the difference between *ser* and *estar* and use them correctly
- Make comparisons
- Recognise and use gender markers correctly
- Make adjectives agree, shorten and place them correctly
- Write a brief description
- Record and learn vocabulary effectively
- Pronounce the five vowel sounds

¡BIENVENIDOS AL MUNDO HISPANO DE ÁNIMO 1!

1a Mira las fotos. ¿Cuántas reconoces?

1b Escucha el comentario. ¿De qué foto hablan?

1c Escucha otra vez y empareja las frases con las fotos. Hay dos frases para cada foto.

1 las montañas más antiguas de Europa
2 una democracia parlamentaria y monárquica
3 las más de 400 escaleras
4 un palacio del emperador Inca
5 pueblo vasco de Guernica
6 una vista sin igual
7 los valles verdes del norte
8 en el barrio del puerto de Buenos Aires
9 el palacio de la Zarzuela
10 durante la Guerra Civil española
11 acompañadas de la música del bandoneón
12 un icono nacional del Perú

1d Empareja los títulos con las fotos apropiadas. Sobran dos fotos.

> Una iglesia extraordinaria
> Antiguo monumento de los Incas
> Cuadro emblemático de Picasso
> Un baile sensual

1e Inventa títulos para las demás fotos.

1f Escribe frases sobre cada foto.

> *Ejemplo: D – El rey de España se llama Juan Carlos I. España es una democracia parlamentaria.*

A

B

C

E

D

F

Técnica

Research skills

◆ Always make a careful note of your source.
◆ Bookmark your favourite/the most useful websites.

For general information you could look at:
www.red2000.com/spain
www.SiSpain.org

A Think of further images, icons or places which you consider representative of Spain or Latin America. Research a few details about them and then present your information in Spanish to the rest of the class. Decide which are the top ten most popular images for the class.

Recorriendo las Españas

◆ *Varios jóvenes hablan de su Comunidad Autónoma.*

1a Escucha e identifica a la persona que habla y la región en el mapa.

1b Escucha y toma notas sobre lo que dice cada persona.

Ejemplo: 1 es bastante comercial y moderna; a mí me gusta el arte

1c Trabajad por turnos.
La persona A hace las preguntas.
La persona B contesta como si fuera una de las personas entrevistadas.
Después cambiad de persona/papel.

- ¿Dónde vives?
- ¿Cómo es la región?
- ¿Cómo se llama la capital?
- Qué sueles hacer?
- ¿Qué (no) te gusta?
- ¿Qué hay de interés allí?

LAS ISLAS CANARIAS

Arrecife
LANZAROTE

Silvana

Raúl

Oviedo Gijón
ASTURIAS

Victoria

Zaragoza
ARAGÓN

MENORCA

Maó

LAS ISLAS BALEARES

Omar

MURCIA
Lorca

ANDALUCÍA

Estepona

Jordi

Maribel

2a 🎧 Escucha otra vez y escribe las palabras y frases que se pueden aplicar a ti.

2b 🗣 Haz un diálogo con un(a) compañero/a usando las preguntas de la actividad 1c.

Frases clave

Vivo en + un pueblo/una aldea/una ciudad/
  una región
Es histórico/pintoresco/antiguo/moderno/
  industrial/rural
Hay un parque/museo/polideportivo
No hay piscina/biblioteca
Algo/muy/bastante/poco
Tanto … como/tan … como
No sólo … sino también …

3 🎬 Escribe una descripción breve de tu región o barrio. Sigue los ejemplos y usa las frases clave. Busca otras palabras descriptivas.

4 Escoge una de las Comunidades Autónomas de la lista de abajo y escribe una descripción breve. Mira la sección Técnica en la página 7 ('Research skills') para ayudarte.

- situación
- clima
- lengua
- capital
- productos
- monumentos
- otro

CCAA de Espana por población

1 Andalucía	9 Castilla–La Mancha
2 Cataluña	10 Región de Murcia
3 Comunidad de Madrid	11 Aragón
4 Comunidad Valenciana	12 Extremadura
	13 Principado de Asturias
5 Galicia	14 Islas Baleares
6 Castilla y León	15 Navarra
7 País Vasco	16 Cantabria
8 Islas Canarias	17 La Rioja

Ciudades autónomas

18 Ceuta   19 Melilla

Gramática ➡156 ➡W32

The formation and uses of the present tense

- The stem of some verbs changes in the first, second and third person singular and third person plural.

A Write the present tense of the following verbs.
volver (ue); jugar (ue); empezar (ie); pedir (i)

- Some verbs change their spelling to preserve the same sound as in the infinitive.

B How do these verbs change?
coger; seguir

- Some verbs have an irregular first person singular.

C Write out the first person singular of the following verbs:
decir, ir, estar, ser, poner, venir

Ser and estar

- *ser* = permanent qualities, identity, character, origin
- *estar* = position, mood, state of health

D Play a game using the map on page 8. Take turns to ask and answer questions:
¿Dónde está X? ¿Cómo es?

- Some adjectives can be used with both *ser* and *estar*, giving different meanings.
¡Qué listo eres! How clever you are!
¿Estás listo? Are you ready?

E Write sentences using *ser* and *estar* for each of these words. Translate your sentences into English to show how the meaning changes.

1 guapo	5 pesado
2 aburrido	6 vivo
3 hecho	7 libre
4 usado	8 nuevo

Otros países hispanohablantes

◆ *¡Unos 400 millones de personas hablan castellano en 23 países!*

1a Escucha la grabación. ¿Qué países se mencionan?

1b Mira el mapa y juega a ¿Verdad o mentira? con un(a) compañero/a.

Ejemplo: **A:** *Bogotá es la capital de Chile.*
B: *Mentira – Santiago es la capital de Chile.*

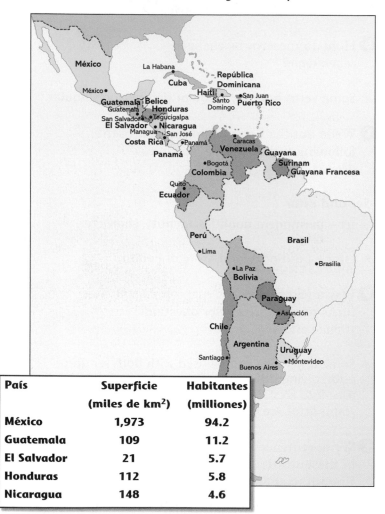

País	Superficie (miles de km²)	Habitantes (millones)
México	1,973	94.2
Guatemala	109	11.2
El Salvador	21	5.7
Honduras	112	5.8
Nicaragua	148	4.6

Centroamérica: Costa Rica

2 Escucha y lee el texto. Complétalo con las cifras adecuadas.

Dicen que mi país es uno de los más bonitos y pacíficos de Latinoamérica y francamente estoy de acuerdo. Se sitúa entre (1) .... océanos, El Pacífico y el Atlántico o el mar Caribe y tiene (2) .... habitantes que viven en (3) .... de tierra – pero no es un país tan pequeño como El Salvador.

Rosa María

Vivo en Puntarenas, un pueblo costeño del Pacífico a unos (4) .... de la capital, San José. La mayoría de los habitantes (los ticos) son descendientes de los españoles pero un (5) .... son indígenas y hablan el idioma nahua (que es parecido a la lengua azteca) y en la costa hay un grupo de ascendencia africana que habla inglés-patois.

Costa Rica es un tesoro ecológico – un (6) .... de la biodiversidad del mundo entero se encuentra aquí y un (7) .... de la tierra está protegida y forma parte de alguno de los parques nacionales del país. Hay una enorme variedad de ecosistemas – bosques nubosos, selva tropical, playas extensas, manglares y volcanes. El punto más alto se llama Monte Chiripó y está a (8) .... De la historia del país lo más importante es que desde (9) .... no hemos tenido ejército – por eso nos llaman la pequeña Suiza – ¡y uno de nuestros presidentes era un poeta famoso!

Gramática ➡151 ➡W12

Comparatives

To compare things use:

más ... que (more ... than)   *menos ... que* (less ... than)

tan ... como (as ... as)   *tanto ... como* (as much ... as)

mejor = better   *peor* = worse

mayor = greater (also 'older')   *menor* = lesser (also 'younger')

A ¿Cómo se comparan?

1 ¿Cuál es el país más grande/pequeño/largo/angosto?

2 ¿Cúal tiene más/menos habitantes?

3 Compara los países latinoamericanos con España.

Gramática → 165

Cardinal numbers

Remember:

● The number one is *uno* in Spanish, but it changes to *un* before a masculine noun and *una* before a feminine noun:
uno, dos, tres
un hombre, una mesa
veintiún hombres (note the accent),
veintiuna mesas

● *unos, unas* = approximation
unas cincuenta personas – about 50 people

● *Ciento* changes to *cien* before nouns and the words *mil* and *millones*.
cien euros; cien mil habitantes
Note that *millones* is followed by *de* before another noun: *cien millones de premios*

● From 200 onwards the hundreds have a feminine form:
doscientas personas, quinientas libras

Ordinal numbers

● From eleventh onwards cardinal numbers are normally used.
Carlos quinto (V) but *Alfonso doce* (XII)

● Remember: *primero* and *tercero* shorten to *primer/tercer* before masculine singular nouns.

3a Escucha el programa sobre Colombia. Escribe los datos usando los siguientes títulos.

- ● Situación geográfica
- ● Productos
- ● Superficie
- ● Industrias
- ● Población/ habitantes

- ● Cultura
- ● Gobierno
- ● Capital
- ● Clima
- ● Otro

3b Busca información sobre otro país latinoamericano. Haz una presentación oral a la clase siguiendo los dos ejemplos de 2a y 3a y usando los títulos de 3a. Habla durante tres minutos nada más.

Sudamérica: Perú

4a Lee la carta de Roberto y completa su ficha personal.

Nombre _____	Aficiones _____
Edad _____	Profesión _____
Nacionalidad _____	Idiomas _____
Familia _____	

4b Describe a Roberto.

Ejemplo: Es un chico que vive en Pisco ...

4c Escribe una carta similar con información sobre ti.

Hola, ¿qué tal? Me llamo Roberto y vivo en Pisco a unos 220 km de Lima, la capital peruana. Tengo 17 años y estoy cursando el bachillerato al mismo tiempo que ayudando en el restaurante de mi abuelo que se llama La Charanga.

Roberto

Nuestra familia vive aquí desde hace años, aunque somos de la sierra, y todos hablamos quechua, el idioma indígena, al igual que español. Tengo dos hermanos y tres hermanas y nos queremos mucho aunque nos vemos todos los días.

Soy bastante alto de ojos negros y pelo liso. Me encanta la vida aquí en la costa porque siempre hay algo que hacer – hay muchas fiestas y las montañas están cerca. Me fascina hacer senderismo en los Andes o salir a las islas de Ballestas en el velero con mi padre. Solemos pescar y a veces hago buceo. Nunca me aburro y pienso quedarme aquí siempre, aunque a muchos de mis amigos les aburre la rutina y quieren viajar o estudiar en el extranjero.

Caras conocidas

◆ *Cada región y país produce sus personajes famosos.*
A ver, ¿cuántas caras reconoces?

1a ¿Cuántos personajes reconoces?

1b 🎧 Escucha la discusión e identifica a las personas.

1c Contesta a las preguntas sobre Clara, Belén y Fabián.

1   ¿A quién ha escogido?

2   ¿Qué ha hecho?

3   ¿Por qué le gusta?

1d Completa una ficha personal para los demás personajes.

1e 👥 A jugar con un(a) compañero/a: ¿Quién soy yo?

La persona A elige a un personaje.

La persona B hace preguntas sobre sus datos personales para identificarlo.

La persona A sólo puede contestar 'sí' o 'no'.

Gramática   ➡160 ➡W38

Compound tenses using *haber* (1) – the perfect

● Revise when to use and how to form the perfect tense.

● Remember that *haber*, to have, is **only** used as an auxiliary.

● The two parts of the verb must stay together – never separate them with pronouns or negatives. *Hoy me he levantado temprano pero todavía no me he vestido.*

● Learn the irregular past participles. How many can you write out from memory?

Ⓐ Translate the following sentences into Spanish.

1   Although he has danced all over the world he has always returned to Havana each year.

2   Who have you chosen?

3   Why did you like them?

4   As the older sister she has received more attention than her younger sister.

5   His photo has become an icon for many people.

2a  Escucha la entrevista.

2b Escoge el interrogativo adecuado y anota las preguntas.

2c Escoge la respuesta adecuada (A–H).

| ¿Cuál? | ¿Cuándo? | ¿Cuánto? | ¿Qué? |
| ¿Dónde? | ¿Cómo? | ¿Quién? | ¿Por qué? |

A Fue en Melbourne, Australia, en 2001.

B Soy de Oviedo, capital del Principado de Asturias, en el norte de España.

C Aparte de mi padre es, sin duda, Michael Schumacher.

D Nací el 29 de julio de 1981, así que soy Leo.

E Tenía unos trece años, creo.

F Porque es un progreso natural si uno es fanático del deporte de automovilismo.

G Muy orgulloso de ser el primer español en subir al podio.

H Bueno, obtuve mi primera victoria en kárting.

2d Escribe la entrevista y practícala con un(a) compañero/a.

3a Lee el texto y completa una ficha personal siguiendo el ejemplo de la página 11.

Mario Testino nació en Lima en 1954 y estudió en Estados Unidos. Tiene dos hermanas. En 1976 viajó a Londres donde se instaló vendiendo portafolios a modelos jóvenes. Se hizo famoso con las fotos de Diana, la princesa de Gales, y publicó su libro *Any Objections?* en 1998. Habla español, inglés y francés. Además de su pasión por la fotografía es aficionado a la gastronomía.

3b Busca en Internet datos sobre otros personajes célebres hispanos que conozcas y presenta la información a la clase siguiendo los ejemplos de arriba. Decidid una lista final de los diez más famosos, interesantes o representativos.

3c ¿Quién es tu personaje español favorito? Un(a) compañero/a va a entrevistarte. Por turnos practica la entrevista.

Gramática ➡ 157 ➡ W39

Regular verbs in the preterite

The regular preterite tense is formed by adding:
-é, -aste, -ó, -amos, -asteis, -aron
to the stem of regular -ar verbs.
-í, -iste, -ió, -imos, -isteis, -ieron
to the stem of regular -er/-ir verbs.

● Some verbs are not really irregular but they do change their spelling to preserve the same sound as in the infinitive, for example in the first person singular: *saqué, pagué, empecé, averigüé*

And in the third person singular and plural:
leyó – leyeron; oyó – oyeron; cayó – cayeron; creyó – creyeron

Ⓐ Write down the infinitives for the verbs just listed.

Ⓑ Read the text in 3a again and note down examples of regular verbs in the preterite.

Ⓒ Listen to the interview in 2a again and note down the examples you hear of regular verbs in the preterite.

La España actual

◆ *España ha cambiado mucho desde la muerte de Franco y hoy en día se proyecta hacia el futuro. He aquí unas imágenes emblemáticas.*

1a Escucha e identifica la imagen.

1b Escoge un titular adecuado para cada imagen.

1 Ferrán Adriá, cocinero célebre
2 Zara: nuevo concepto de moda
3 Fiestas típicas y modernas
4 La energía del futuro
5 Arquitectura clásica y futurística
6 Un viaje veloz
7 La agricultura antigua modernizada

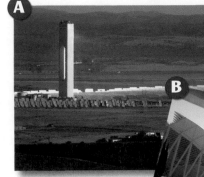

Gramática ➡ 149 ➡ W10

Agreement of adjectives

- In Spanish, adjectives agree with the word described: *las mujeres español**as***
- Adjectives ending in a consonant add *-es* for the plural: *los platos tradicional**es***
- Some adjectives shorten before masculine singular nouns: *un **buen** negocio*

Position of adjectives

- Most adjectives go after the noun they describe: *Tiene un estilo elegante.*
- Some can be placed before or after the noun: *Es un muchacho joven; es un joven muchacho.*

- Some even change their meaning depending on whether they are placed before or after the noun: *¡El pobre chico! Nació en una familia pobre.*
- A very few always come before the noun; these include numbers, possessive adjectives and qualifiers.
- When there is more than one adjective:
  – If they are equally important, put them after the noun and join them with *y/e*.
  Es una persona modesta y rica.
  – If one is less closely connected to the noun, put it before it.
  Tiene un pequeño coche francés.

(A) Find examples of the above in the texts below and then make up further examples of your own.

1c Empareja el texto con la foto que representa.

1d Busca en Internet y escribe textos para las demás fotos.

1
Los fenicios introdujeron el olivo en España antes que los romanos y actualmente España es el productor más grande del mundo de aceitunas y aceite de oliva. Pero el cultivo ha cambiado mucho y aunque se siguen cultivando frutas cítricas – naranjas y limones sobre todo – ¡hoy en día hay partes del sureste del país que parecen una sola bolsa plástica!

2
Nacido el 14 de mayo de 1962 en L'Hospitalet del Llobregat, Barcelona, Ferrán Adriá Acosta empezó su vida profesional fregando platos en el Hotel Playafels de Castelldefels. A los 19 años se fue a la mili donde decidió ser cocinero. Hoy en día se ha vuelto tan famoso que hay que esperar por lo menos un año para conseguir una mesa en uno de sus restaurantes – El Bulli en Roses, El Taller en Barcelona o La Hacienda Benazuza en Sevilla.

3
La central solar de Sanlúcar la Mayor, de 115 metros de alto, se levanta como un gigantesco obelisco en pleno campo andaluz, a unos 25 kilómetros de Sevilla. Produce suficiente energía para abastecer a 60.000 hogares. 624 espejos enormes concentran los rayos del sol para calentar agua que se convierte en vapor y que al pasar por turbinas produce electricidad.

4
En 1992, con motivo de la Exposición Mundial de Sevilla, se inauguró el AVE de Madrid a Sevilla. Un viaje que antes duraba horas, ahora se hace en menos de dos horas 25 minutos. Si el tren llega con un retraso de más de cinco minutos, ¡le devuelven el valor del billete! La red del AVE ya se extiende hasta Málaga y Barcelona y se proyectan otros ramos a Bilbao y Lisboa de modo que la Península Ibérica estará conectada del norte al sur y del oeste al este.

Gramática en acción

Recuerda ➡ 146

Genders

- All nouns in Spanish are either masculine or feminine.

- Knowing the gender of a noun is very important as it has a 'knock-on' effect for the whole sentence. It helps you to:
  – choose the correct determiner:

  el/la/los/las   un/una/unos/unas
  del/de la   al/a la
  este/esta   estos/estas
  nuestro/a/vuestro/a

  – choose the correct pronoun:

  lo/la/le/los/las/les

  – make adjectives agree correctly
- Here are some typical endings for nouns:

Masculine	-o -e -l -r -u -y
Feminine	-a -ción -sión -ión
	-dad -tad -tud -dez
	-ed -ei -iz -sis -umbre

A From memory write a list of masculine and feminine words with the typical endings given above. How many can you think of in two minutes? Compare your list with your partner.

B Look through all the texts so far and find further examples; then look for exceptions and make a list and learn them.

C Why do we say *el agua fría* and *tengo mucha hambre?* Write down the rule and learn some further examples.

Recuerda ➡ 156, 160

Tenses: preterite versus perfect

He terminado.   Terminé hace tiempo.

- Use the perfect tense as you would in English to refer to something that **has recently happened** – an action which began and ended in the same period of time as the speaker or writer is describing.
- Use the preterite tense to refer to actions or events **started and completed** in the past or which took place over a defined period of time but are now completely finished.

D Look at these sentences and identify which tense is used.

1 He won the Hungarian Grand Prix in 1999.
2 He has won many titles.
3 He has danced all over the world.
4 He danced last night in London.
5 I got up at six but I haven't got washed yet.
6 I have already done my homework this morning.
7 Well, I did it last night.
8 I ate too much yesterday so I haven't eaten anything yet today.

E Now write out the verbs in Spanish.

A

B

1a S  Escucha y contesta a las preguntas para cada foto.

1 ¿Cómo se llama?

2 ¿Dónde se encuentra?

3 ¿Por qué es conocida la persona?

1b Escribe tres datos más sobre cada foto.

2 S Escucha y toma notas sobre unas regiones de España.

- la situación geográfica
- la gente
- otro(s) detalle(s)

3 Repasa las páginas anteriores y describe a una persona o una imagen. Un(a) compañero/a tiene que adivinar de quién o de qué se trata.

4 Escribe un autorretrato.

Se pronuncia así S

Vowels (a e i o u)

A Listen and practise the vowels.

Alba Arbaláez abre su abanico amarillo amablemente.
Enrique Esquivel escoge el edredón más elegante.
Inés Iglesias indica que es imposible ingresar allí.
Óscar Ordóñez odia las hojas otoñales.
Umberto Umbral usa un uniforme ultramoderno.

B Invent other examples and practise them.

Técnica

Learning strategies

Verbs

◆ Make some verb cards or charts to help you learn the verbs *ser, estar, tener, hacer* and *ir* in different tenses. Add to these as you meet more tenses.

Vocabulary

◆ Set out each word clearly, highlighting the gender.

◆ Always learn meaning, pronunciation, gender and spelling.

◆ Follow these stages: look, say, cover, write and check.

◆ Choose a way that suits your learning style: look for pairs, learn opposites, make up word families, make word webs of concepts; use notebooks, cards or recordings.

◆ Keep separate logs:
 – words you need to be able to recognise
 – words you must know by heart and be able to use.

◆ Finally, remember you don't need to learn every word you come across!

A Note down and learn the ten most important new words you have come across in this unit.

La familia y las relaciones personales

By the end of this unit you will be able to:

- Examine different types of relationships with family members and friends
- Discuss the values of young people
- Talk about the causes of conflict between generations
- Comment on specific differences between the generations in Spain
- Discuss the importance of marriage and the family in today's society
- Use exclamations
- Use possessive pronouns
- Use the imperative
- Adapt information from texts
- Form and use the present subjunctive with verbs of wanting, requesting and advising
- Use prepositions correctly

Situaciones difíciles

¿Es posible que los jóvenes vivan en armonía con los padres?

1a 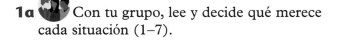 Con tu grupo, lee y decide qué merece cada situación (1–7).

¿Y qué?　**¡Caramba!**　**¡Qué pena!**　**¡Trágame tierra!**

1b Escoge una de las situaciones de 1a. Cambia los verbos a la tercera persona y escribe un párrafo para explicar exactamente lo que pasó y las consecuencias.

1c Prepara y representa la escena con un(a) compañero/a.

1 Le dije a mi madre que no fumo, pero encontró mis cigarrillos en el bolsillo de mi chaqueta.

2 En un mes la factura del móvil fue de €150, y mi padre es quien la paga.

3 Mi madre tiene novio nuevo y los dos quieren salir conmigo y con mi novio.

4 Me hice el piercing del ombligo y no se lo dije a mi madre, pero luego se infectó y tuve que confesar.

5 A los dieciséis años no aguantaba vivir más con mi madre, entonces fui a vivir con mi novio.

6 A mi madre no le gusta que no le diga cuando voy a llegar tarde, pero me paso por completo.

7 Si mis padres quieren regañarme, voy a mi dormitorio y hablo con mis amigos en el "chat".

Gramática ➡ 155 ➡ W14

Exclamations

¡Qué horror! ¡Qué hijo tan ingrato!
How awful! What an ungrateful child!

● Always put an exclamation mark at the beginning and end.

● Don't forget the accent on the exclamative word:
¡Qué desastre! ¡Cómo me molesta!
¡Cuántas mentiras dice!

● When the adjective follows a noun, *más* or *tan* is needed:
¡Qué chico más guapo! ¡Qué situación tan complicada!

2 Escribe una frase exclamativa para estas situaciones:

Frases clave

romántico	tierno
necio	impulsivo
simpático	antipático
violento	

3a Escucha a los tres adultos. ¿De cuál de estas escenas hablan?

3b Escucha a los jóvenes. ¿De qué escena hablan? ¿Cuál es su excusa?

4 Imagina que tus padres te regañan por uno de los siguientes incidentes. Escribe tu versión de lo ocurrido.

a Te montaste en moto sin permiso.

b Tu profesor llama a tu casa para hablar con tus padres sobre algo que pasó en el instituto.

c Compraste un perro sin decirle nada a tu madre.

Entenderse con la familia

◆ *¿Con quién compartes más: con la familia o con los amigos?*

1a Escucha a los cinco jóvenes. Decide si hablan de la **familia** o de **amigos.**

1b Escucha otra vez. ¿Sus comentarios son positivos o negativos?

1c Utiliza las frases clave para explicar a un(a) compañero/a cómo te llevas con tu familia o tus amigos.

Frases clave

Me llevo bien/mal/mejor con …

Discutimos a veces a causa de …

(No) confío en ellos, por ejemplo cuando …

Con mis padres/amigos siempre …

2a Lee el texto sobre la familia de Montse. Relaciona cada generación con su descripción.

1 Los primeros en recibir una educación

2 Los primeros que no tuvieron que hacer un esfuerzo para mejorar su vida

3 Los primeros en ir a vivir a la ciudad

sus abuelos	**sus padres**
los jóvenes de hoy	

Considero que me llevo bien con mi familia pero a veces no me explico por qué no nos entendemos. He tratado de investigar las diferencias entre nuestras formas de vida:

2 Mis padres

Mis padres crecieron en la ciudad. Sus padres insistieron en que sus hijos recibieran lo que ellos no habían recibido: una educación adecuada. Eran a la vez la generación con nuevas libertades sociales, y el poder económico para disfrutarlas. Nuevos conceptos surgieron: el ocio, los derechos de las mujeres, las vacaciones, invertir para la vejez, comprar una casa en el campo.

1 Mis abuelos

Mis abuelos paternos nacieron y se conocieron en un lugar que se llama Zamarramala, pero dejaron el campo para irse a vivir a Barcelona, en busca de mejores condiciones de vida. Mucha gente se había ido ya a América o a Europa. Para ellos la ciudad era un lugar extraño, pero cualquier trabajo era bueno si les permitía dar de comer a la familia.

3 Mi generación

Siento que vivimos en un mundo cambiado. Es un mundo internacional. Mi padre trabaja para una empresa alemana. Mi generación va de vacaciones a Australia, y en el instituto estudio dos idiomas extranjeros. Pero tal vez no doy la prioridad que debería a mis estudios. Mi generación es la primera que parece contenta con lo que tiene. No tenemos ganas de cambiar el mundo, pero me pregunto si nuestro mundo no va a seguir cambiando a pesar de nosotros.

Montse Sagunto

2b ¿Quién habla? ¿Montse, su madre o su abuelo?

1 "Lo más importante es la familia y el trabajo."

2 "He visto grandes cambios en la sociedad."

3 "Soy española, europea, y ciudadana del mundo."

2c Busca ejemplos en el texto para confirmar tus respuestas.

Gramática → 149 → W28

Possessive pronouns

● *El mío, el tuyo, el suyo, el nuestro, el vuestro, el suyo* are used to replace a noun:

*Mi padre es más rico que **tu padre**.→*
*Mi padre es más rico que **el tuyo**.*

● Remember that the ending of the adjective or pronoun agrees with the object or person possessed, not the owner.

*Mi **madre** es más distraida que **la suya**.*

*Sus **abuelos** no conocían a los **nuestros**.*

Ⓐ Choose the correct form for these sentences.

1 Mi abuela vivía en una casa cerca *del nuestro/ de la mía*.

2 Mi padre no está contento que yo tenga un coche mejor que *el mío/el suyo*.

3 En la casa de mi amigo tienen un televisor idéntico *al nuestro/a la nuestra*.

4 Su vida es muy diferente *a la nuestra/al nuestro*.

3 Sustituye las palabras subrayadas con la forma correcta del pronombre posesivo.

Ejemplo: 1 la suya

1 Montse dice que sus abuelos tenían una vida muy diferente a <u>su vida</u>.

2 Los padres de Montse tuvieron una educación mejor que <u>sus padres</u>.

3 Montse dice que la generación de sus padres era más trabajadora que <u>su generación</u>.

4 Montse dice: "La generación más apática es <u>mi generación</u>."

5 Su padre dice: "La generación más afortunada es <u>tu generación</u>."

4 Prepara un juego de tarjetas así:

la familia
los amigos — el trabajo
el ocio — la libertad — el dinero
viajar — la educación
los derechos

Pon las tarjetas en forma de diamante, colocando arriba lo más importante y abajo lo menos importante. Si quieres mover una tarjeta, tienes que explicar por qué. Organiza las tarjetas según lo que opinan:

1 Los abuelos de Montse

2 Los padres de Montse

3 Tu perspectiva personal

Ejemplo: "Creo que la familia es lo más importante para sus abuelos porque …"

5a Explica la diferencia entre la vida de Montse y la de sus padres. Menciona:

● sus expectativas   ● sus valores
● sus expectativas   ● posibles conflictos

5b Escoge un punto de vista para defender en un debate:

"Los problemas entre las generaciones son normales y universales."

"Los problemas entre las generaciones son provocados por cambios específicos en la sociedad."

Gramática → 162 → W60

Imperatives

You use the positive form of the imperative to give commands and instructions:

infinitive	tú	vosotros/as	usted	ustedes
comprar	compra	comprad	compre	compren
comer	come	comed	coma	coman
subir	sube	subid	suba	suban

Irregular verbs in the *tú* form:

decir – di   hacer – haz   oír – oye   poner – pon
salir – sal   tener – ten   venir – ven

Ⓐ Use each imperative form to tell a member of your family what to do.

◆ *¿Hasta que la muerte nos separe?*

Gramática   ➡161 ➡W53

The subjunctive mood

A good way to think of the subjunctive in Spanish is that it is used where the two halves of a sentence don't fit together smoothly. It is not a tense but a verbal mood and is used a lot in Spanish but not very often in English.

In Spanish you use the subjunctive with verbs of wanting, requesting and advising.

In English these sentences seem normal:

I want you to help me.

My parents don't want me to be a dentist.

In Spanish, they sound very strange before you've even finished:

I want you – *Te quiero*

My parents don't want me – *Mi padres no me quieren*

You have to put the whole sentence together, keeping sight of what it really is that you want:

I want that you should help me. (Not 'I want you.')

Quiero **que me ayudes**.

My parents don't want that I should be a dentist. (Not 'My parents don't want me'.)

Mis padres no quieren que **sea dentista**.

Gramática   ➡163 ➡W61

Negative imperatives

You also use the subjunctive for **all** negative commands:

infinitive	tú	vosotros/as	usted	ustedes
comprar	**no** compres	compréis	compre	compren
comer	**no** comas	comáis	coma	coman
subir	**no** subas	subáis	suba	suban

Note how the positive and negative forms for *usted* and *ustedes* are the same.

A Put together the halves of these sentences.

1 Mi profesor quiere   a que le llame por teléfono.
2 Mi madre no quiere   b que haga mis deberes.
3 Mi amigo quiere   c que le ayude con los deberes.
4 Mi perro quiere   d que suspenda mis exámenes.
5 Mi hermano quiere   e que le compre un hueso.

B Make positive and negative commands using the verbs in the second parts of the sentences above.

Gramática   ➡161 ➡W53

The formation of the subjunctive

- To form the present tense of the subjunctive add the following endings to the stem of the verb:

  -ar: -e -es -e -emos -éis -en:

  habl**e** habl**es** habl**e** habl**emos** habl**éis** habl**en**

  -er/-ir: -a -as -a -amos -áis -an:

  com**a** com**as** com**a** com**amos** com**áis** com**an**

  sub**a** sub**as** sub**a** sub**amos** sub**áis** sub**an**

- Verbs that change their spelling keep this pattern throughout:

  coger → *cojo* = *coja cojas coja cojamos cojáis cojan*

- Radical-changing verbs follow their usual pattern:

  jugar → *juego* = *juegue juegues juegue juguemos juguéis juegen*

- Verbs like *tener* (*tengo*), *hacer* (*hago*) and *conducir* (*conduzco*) which have an irregular first person singular keep the irregular stem for all persons in the subjunctive:

  teng**a** teng**as** teng**a** teng**amos** teng**áis** teng**an**

- The following verbs have irregular stems:

ir: vaya	dar: dé	estar: esté
ser: sea	saber: sepa	haber: haya

A Read these sentences and indicate which verbs are in the subjunctive:

1 Quiero que me hables más a menudo.
2 Insisto en que llegues a casa antes de las once.
3 Esperamos que vaya a la universidad.
4 Me aconseja que no salga con ese chico.
5 Mis padres no permiten que fume en casa.
6 No quiero que mi hermana entre en mi dormitorio.

B Explain why you think the subjunctive is used in the sentences above.

C Translate the sentences into English.

1a Lee los textos sobre el divorcio y busca las palabras que significan:

se vuelven	te hace falta
acaban	una fase
requiere	motivo
soportar	aconsejamos
jamás	

1b ¿Cuál de los textos dice lo siguiente?

1 Es mejor contar con padres divorciados que tener padres que están siempre riñendo.

2 Protege tu confianza personal.

3 Arregla tus asuntos financieros.

4 Es una oportunidad para conocer gente nueva.

5 Que tus padres se separen, no es excusa para descuidar tus estudios.

6 Busca ayuda emocional.

7 Procede oficialmente.

8 No pienses que eres el responsable de la situación.

1c Selecciona los puntos más importantes para aconsejar a estas personas:

No quiero que mis padres se separen.

Ya no quiero vivir contigo.

2a Escucha a Mónica, Edgar e Inma. Toma notas sobre su situación.

2b Explica a un(a) compañero/a cuál es la situación de uno de los jóvenes. ¿Qué le recomendarías? ¿Qué recomendarías a sus padres?

---

1 **Pediatría →Consejos →Divorcio**

Respuestas para los jóvenes sobre cuestiones de bienestar emocional

"Mis padres se quieren divorciar."

- Tus padres se convierten en "ex marido" y "ex mujer" pero no se convierten en ex padres.

- Es preferible que tus padres se separen a que sigan peleándose.

- Puedes hablar. Necesitas entender. Tienes derecho a preguntar.

- El divorcio es asunto de los adultos. Tú no tienes la culpa de su decisión.

- Los pensamientos y sentimientos negativos no son malos.

- Todo necesita tiempo.

- No es fácil adaptarte a los cambios. Pero en la vida siempre hay cambios.

- El divorcio de tus padres no es la causa de que no te vaya bien en el instituto.

- Tus padres no quieren que te vaya mal.

---

2 Cibervida → "Tomo de todo, menos consejos" → "¡Salud!"

Os prometéis que no os ibais a separar nunca, pero cuando la rutina y la monotonía logran romper el lazo de amor, muchos jóvenes terminan divorciándose.

No te olvides de que el divorcio es sólo una etapa, una etapa hacia una nueva vida. No debes encerrarte ni caer en la depresión, sino que debes prepararte para asumir tu autonomía. Para sobrellevar el divorcio te recomendamos:

- Informar a tu familia y tus amigos que estás divorciándote.
- Pedir el divorcio legalmente.
- No utilizar a los hijos como intermediarios.
- Poner en orden tus cuentas.
- Ahorrar dinero.
- Hacer terapia.
- Cuidar tu autoestima.
- Estar abierto a nuevas relaciones o nuevos amigos.

Amistades y conflictos

◆ *¿Es una cuestión de valores?*

1a Escucha y decide de cuál icono hablan.

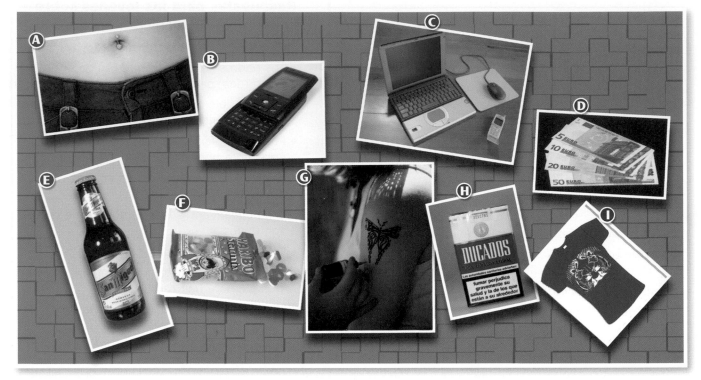

1b Lee y completa la ficha para los tres jóvenes.

Los iconos mencionados	El icono más importante	Razones

Héctor

Yo creo que el dinero es lo que mejor simboliza a esta generación. Los jóvenes dependen de la paga que reciben semanalmente de sus padres y no tardan mucho en gastársela. Quieren rebelarse, sí, pero más contra sus padres que contra la sociedad. Todo lo que hacen para rebelarse cuesta dinero: beber, comprarse ropa, tecnología, salir. Sólo piensan en gastar, o aun más, estar a la moda. De hecho, creo que son menos rebeldes que sus padres.

La ropa, los piercings, los cigarrillos son importantes, sí, pero para mí el móvil es más importante. Los jóvenes somos por naturaleza muy comunicativos, los chicos casi tanto como las chicas. Con el teléfono nunca estás solo, aun menos con los mensajes y las fotos que puedes enviar. Es algo realmente nuestro: los padres no lo entienden. Mi madre tiene móvil, pero siempre lo lleva apagado.

María Elena

Marco Antonio

¿Sabes qué? Yo creo que serían las chucherías, los dulces que comemos todo el tiempo sin darnos cuenta. Es una forma de recordar que en el fondo somos niños. Los tatuajes y los piercings son lo mismo, pero más pesado. Es una forma de rebelarse, sí, pero también de reclamar atención. Comer tantos dulces es una forma de negar las responsabilidades … las consecuencias, un poco como fumar, si quieres. No queremos hacer lo que nos mandan, pero tampoco queremos actuar como adultos.

1c Cierra el libro y trata de explicar lo que ha dicho una de las personas del ejercicio 1b.

2a ¿Cuáles son tus propios iconos? Explica por qué son tan importantes.

2b ¿Cuáles serían los iconos de la generación de tus padres? Explica por qué.

3 Utiliza la información de la página 24 para escribir una respuesta a las siguientes preguntas:

- ¿Qué es lo que une a los jóvenes?
- ¿Qué es lo que provoca conflictos con los padres?

Técnica

Adapting information from texts

When you use information from texts, it is important to re-organise it coherently.

- Make a list of points. It will help if your points focus on the main ideas, not the specific examples.

A Separate these into ideas and examples:

el alcohol	Internet	el tabaco
la comunicación	la tecnología	los dulces
la rebeldía	el dinero	el móvil
el consumismo	la ropa	los tatuajes

- Each of your points needs to contribute to the whole answer. Watch out for conflicting points of view and handle them carefully.

B Read these examples and complete the grid.

Los jóvenes …
1 quieren rebelarse.
2 quieren tomar sus propias decisiones.
3 no quieren que les traten como niños.
4 son muy conscientes de su imagen y quieren sentir que pertenecen a un grupo y no son diferentes de los demás.
5 no quieren que les digan qué tienen que hacer.
6 no quieren actuar como adultos.

Algunos dirían que …	pero se podría decir que …
Los jóvenes no quieren que les traten como niños.	Los jóvenes no quieren actuar como adultos.

La paradoja es que …	y a la vez …

- When you do give examples, be clear what they are showing. Look at the difference:

"Otro ejemplo es el dinero."

"Otro ejemplo del consumismo de los jóvenes es su actitud hacia el dinero."

"Un ejemplo es el tabaco."

"A los jóvenes les gusta rebelarse. Eso se ve en el uso del tabaco, que …"

C Make better use of these examples:

1 Por ejemplo, los jóvenes quieren comprar un coche.

2 Un ejemplo es la ropa.

3 La cortesía y el respeto son otro ejemplo.

- Change the verbs from the first person to the third.
Somos muy comunicativos → Son muy comunicativos

D Complete these sentences:

1 A los jóvenes no les interesa …

2 A los jóvenes les importa mucho …

3 A los jóvenes les fascina …

- Use expressions that sum up or introduce information:

Muchos jóvenes …

Algunos dirían que …

Podrías pensar que …

Según …

La familia y la realidad

◆ *¿Existe la familia típica?*

1 Lee y decide quién es. Contesta Joaquín, José, Ana o Leila.

1 Vive solo/a, pero está buscando a alguien.

2 Vive con mucha gente, y está buscando a alguien especial.

3 No vive solo/a, ha tenido novio/a pero no vivían juntos.

4 Vive solo/a y antes vivía con alguien.

5 Antes estaba casado.

6 Antes escondía su forma de ser.

7 Da más importancia al trabajo que a una pareja.

8 Da más importancia a los amigos que a una pareja.

9 Se preocupa por el dinero, aunque tiene suficiente.

10 No tiene mucho dinero, pero no se preocupa.

José Abad, 55 años, dependiente

Pensaba ¿qué he hecho yo con mi vida? Nada me importaba hasta el día en que me atropelló un taxi en Valencia y estuve al borde de la muerte. Para empezar, tengo mis hijas, ya mayores e independientes. Mi matrimonio se acabó hace años, al mismo tiempo que mi carrera de ingeniero con una multinacional que quebró. Mi hija me recomendó el portal de encuentros match.com. Me ha alegrado la vida conocer a tantas mujeres, pero sigo buscando a ese alguien especial.

Joaquín Martín, 19 años, estudiante

¿Lo más importante que me ha pasado este año? Mudarme a Madrid y salir del armario … Lo de preparar los exámenes me está matando, pero en las residencias universitarias la gente es más abierta. Me gusta mi manera de ser, mi manera de ver las cosas. Y si conozco a más personas como yo, o encuentro a alguien con quien pasar el rato, mucho mejor … Cuando llegué a Madrid y vi las carrozas del Día del Orgullo Gay, flipé. Después de tanto años de aplicar la ley del silencio, la sociedad está cambiando.

Ana Varela, 34 años, actriz y música

Suena raro decir que una de las razones por las que sigo viviendo en casa de mis padres es la independencia. Pero es que comparto la casa con ellos como otro adulto más. Necesito mi espacio, tengo mis propias manías que no todos aguantarían. He tenido parejas, pero siempre cada uno ha vivido en su casa. Cuando me vaya a mi propia casa, no será para casarme ni convivir con alguien, sino porque me convenga profesionalmente. Pago alquiler, pero tengo la seguridad de que no me van a echar a la calle si llega el fin de mes y no alcanzo. De todas formas casi siempre me sobra para hacer algún viaje o salir con mis amigos.

Leila Guzman, 26 años, administradora de hotel

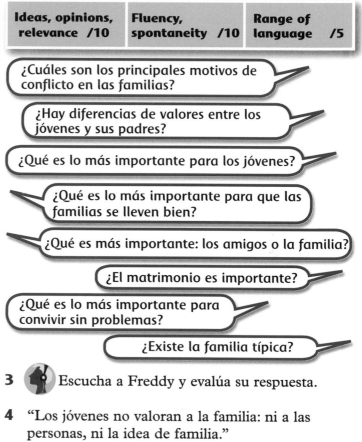

Llevo dos años viviendo sola. Antes vivía con mi novio, y así ahorraba dinero; bueno, no lo ahorraba, más bien lo gastábamos: en la casa, en restaurantes, en vacaciones … Ahora, una vez pagada la hipoteca, el teléfono y la compra, no me queda mucho a fin de mes. Pero ¿qué importa?, si en mi vida soy yo la que decido. Voy adonde quiero ir: a conciertos, a museos, de paseo, y sobre todo, tengo amigos de intereses diferentes, todos divertidos.

2 Utiliza esta unidad para preparar respuestas a las siguientes preguntas. Evalúa a un(a) compañero/a.

Ideas, opinions, relevance /10	Fluency, spontaneity /10	Range of language /5

¿Cuáles son los principales motivos de conflicto en las familias?

¿Hay diferencias de valores entre los jóvenes y sus padres?

¿Qué es lo más importante para los jóvenes?

¿Qué es lo más importante para que las familias se lleven bien?

¿Qué es más importante: los amigos o la familia?

¿El matrimonio es importante?

¿Qué es lo más importante para convivir sin problemas?

¿Existe la familia típica?

3 Escucha a Freddy y evalúa su respuesta.

4 "Los jóvenes no valoran a la familia: ni a las personas, ni la idea de familia."
¿Estás de acuerdo con esta afirmación? Escribe una respuesta.

Gramática ➡151 ➡W18

Prepositions

- Prepositions often express place or time:

en	a	cerca de	sobre	debajo de
por	durante	antes de	desde	hasta
hacia				

- Spanish does not always use the same prepositions as English:

  en coche by car   *en casa* at home

- Watch out for *a*. Sometimes in English the 'to' is omitted:

  I gave Jenny the message.   *Di el mensaje **a** Jenny.*

- In Spanish it may be an extra 'personal' *a*:

  Vi a María. I saw María.

A Identify the preposition and explain its use in the following examples.

*Example: 1 The preposition is **a**. It means 'at' or 'to' but here it means 'in'.*

1 Llegué a Madrid.

2 salir del armario

3 lo de preparar los exámenes

4 Estuve al borde de la muerte.

5 el día en que

6 portal de encuentros

7 Sigo buscando a ese alguien especial.

8 casa de mis padres

9 no será para casarme

10 la seguridad de que

Gramática en acción

Recuerda → 162

The subjunctive

The subjunctive is about joining sentences together. That is why there is often a *que* linking parts of the sentence. It shows which part of the sentence is wished for or commanded, instructed or advised.

It is often possible to avoid using the subjunctive, but you miss the opportunity to show off the complexity of your language. If you deliberately set out to use the subjunctive, you will probably get it right.

Recuerda → 162

Imperatives

Revise how to form positive and negative commands (pages 21 and 22).

Note also that reflexive forms for *vosotros* drop the final *d*:

levantad + os = levantaos

sentad + os = sentaos

The final *s* is also dropped in the *nosotros* form:

levantémonos   *sentémonos*

Exception: *irse = idos*

A Identify the verb in the subjunctive and explain why it is in the subjunctive.

1 Mi padre no quiere que me haga un piercing.

2 Insisto en que me dejes copiar los deberes.

3 A mi madre no le gusta que vengas a mi casa.

4 Prefiero que no vayas a la fiesta.

5 Necesito que mi padre me dé la paga.

B Put each verb into a category:

advising   ordering   wishing

C Make sentences, changing the verb to the subjunctive.

Quiero	que	Mi padre va a pagar el móvil.
Esperamos		Es mi verdadero padre.
No me gusta		Mis padres me regañan.
Me aconsejan		Mis padres pueden vivir juntos.
Necesito		Mi madre no tiene un nuevo novio.

D Make sentences which are relevant to your circumstances using the phrases below.

Mis padres esperan/quieren que
Mis padres insisten en que
Necesito que   + subjunctive
Mi hermana me ha aconsejado que
Mis padres me piden que
Prefiero que

Consejos para los recién casados

No os gritéis nunca.
No olvides "los detalles".
Resolved vuestros problemas antes de ir a la cama.
Deja al otro "ganar" en una discusión.
Olvida los errores del pasado.
Admite tus errores y pide disculpas.
No olvides lo difícil que es reconocer los defectos.
No guardes rencor.
No os acostéis enojados.
Evita alzar la voz.
No niegues tus faltas.
Por lo menos una vez al día, recuerda decir algo cariñoso.
No te empeñes en ganar una pelea.
Critica solamente con amor.

E Lee los consejos e identifica los imperativos **negativos** y **positivos.**

F Cada consejo se repite de forma diferente. Empareja las frases equivalentes.

Ejemplo: Deja al otro "ganar" en una discusion = No te empeñes en ganar una pelea.

G Imagina que eres el abuelo/la abuela de unos novios que se van a casar. Escríbeles una carta para darles consejos útiles.

1  Escucha el programa de radio. Decide si las quejas que siguen son de Rogelio o Lupita. La otra persona:

1 No ayuda con las tareas domésticas.

2 No dice adónde va cuando sale.

3 Le interroga.

4 Trabaja hasta muy tarde.

5 No cocina bien.

6 Es celoso/a de su trabajo.

2 Prepara un programa similar donde se enfrenten los jóvenes y sus padres. Utiliza las situaciones de la página 18.

3a Lee la información y llena una ficha así, con los números de los cursos que corresponden.

	Curso(s)
1 Tienen que ver con el cuerpo.	4
2 Tienen que ver con la ropa.	
3 Tienen que ver con la comida.	
4 Tienen que ver con la independencia exagerada.	
5 Tienen que ver con el cuarto de baño.	
6 Tienen que ver con el mundo exterior.	
7 Tienen que ver con el rechazo del estado adulto.	

extra Completa las actividades en las Hojas 1–5.

3b Inventa una serie de cursos para jóvenes de tu edad.

El Instituto de la Tía Julia del "Hombre Nuevo"

Ofrecemos los siguientes cursos para hombres:

1. Tú y la electricidad: Los beneficios de llamar a un electricista.
2. Flores – dónde se compran y cómo regalarlas.
3. Planchar la ropa – no es peligroso.
4. Ama tus pies: Córtate las uñas.
5. Cómo sobrevivir: Abrir una lata.
6. Cómo colocar un rollo nuevo de papel higiénico.
7. Cómo cerrar la tapa del retrete.
8. El control remoto de la tele: combatir la dependencia.
9. Sugerencias para no intentar parecer más joven que tus hijos.
10. En la calle: Cómo preguntar a los peatones cuando te pierdas.
11. Cómo doblar la ropa. Uso de la percha, paso a paso.
12. Uso de la cesta de ropa sucia.
13. ¿Qué se hace con los calzoncillos usados si no se tiran en una silla?
14. La relación entre una cama incómoda y comer galletas al despertarse.

Antes

Después

2 ¡Salud!

By the end of this unit you will be able to:		Página	Tema
◆ Relate modern lifestyles to health	◆ Use the perfect infinitive	30	Conductores distraidos
◆ Analyze government health campaigns	◆ Use different strategies when listening	32	El alcohol
◆ Discuss the problems of addiction	◆ Use the subjunctive for doubt or improbability	34	Las adicciones
◆ Consider the ingredients of a healthy life		36	Salud es vida
	◆ Pinpoint information in a text	38	Una vida "Zen"
	◆ Use demonstrative adjectives and pronouns	40	Gramática en acción
	◆ Use continuous tenses	41	A escoger
	◆ Write a summary in English		
	◆ Use indirect speech		

Conductores distraidos

El alcohol y el tabaco pueden causar accidentes ...

1a 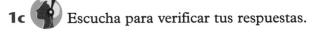 Con un(a) compañero/a pon en orden las etapas del efecto del alcohol en el conductor.

- Sumamente peligroso conducir
- Etapa de alarma
- Etapa de riesgo
- Imposible conducir
- Peligroso conducir

1b Asocia dos de los siguientes efectos físicos con cada etapa.

1 Reducción del buen juicio
2 Estupor
3 Excitabilidad
4 Agresión
5 Riesgo de coma
6 Reflejos muy confusos y lentos
7 Reducción de la percepción del riesgo
8 Confusión
9 Vista doble
10 Pérdida de inhibiciones

1c Escucha para verificar tus respuestas.

2 Mira la caricatura y explica la situación.

3a Mira las imágenes. Explica a un(a) compañero/a de qué trata cada una.

3b Escucha y pon las imágenes en orden de acuerdo con lo que oyes.

3c Escucha otra vez y completa las frases.

1 El riesgo que corren los fumadores es ...... más alto.

2 En primer lugar, fumar puede tener ......

3 Además también el conductor puede distraerse ....

4 En muchos casos el riesgo resulta del ....

5 Un ...... de los accidentes de tráfico se atribuye al fumar.

3d Explica a un(a) compañero/a el problema y sus causas.

3e Prepara un anuncio informativo oficial para advertir de los riesgos de fumar mientras se conduce.

El alcohol

◆ *¿Bajo la influencia?*

1a Lee el folleto de abajo e identifica dónde se mencionan las siguientes ideas:

1 beber sin exceso
2 conducir después de beber
3 la imagen que fomenta la publicidad
4 tomar tus propias decisiones

1b Identifica los imperativos positivos y negativos. Ver las casillas Gramática en las páginas 21 y 22.

Ejemplo: "Bebe agua. No bebas vino".

1c ¿"Vive" o "Vida"? Decide a qué texto se refieren estas frases.

1 Es un anuncio de una bebida.
2 Es un anuncio informativo oficial.
3 Promueve el consumo de alcohol.
4 Intenta seducir al consumidor.
5 Intenta advertir al consumidor.
6 Personalmente, no me convence.

¡Vive!

Los accidentes no son accidentes. Decides tú.

- Si has bebido, no conduzcas.
- No te montes en un coche con un conductor que haya bebido.
- Evita que un amigo bebido coja el coche.

La seguridad de todos depende de la prudencia de cada uno.
La publicidad que nos invade nos incita a consumir alcohol. Reflexiona sobre los argumentos: Popularidad, atracción sexual, madurez, juventud, felicidad, diversión, sofisticación, placer.
Provoca el deseo, porque provoca la compra.

- Piensa en bebidas sin alcohol.
- Bebe poco a poco, alternando con bebidas sin alcohol.
- No participes en las "rondas".
- Olvídate de las mezclas explosivas.

Debes saber que NO hay un límite de seguridad de consumo de alcohol en menores de edad.

Párate a pensar cuánto alcohol consumes.
Decides tú. La diversión no debe costar la vida.

La calidad de *Vida*

La cantidad es tu responsabilidad.

1d Compara la publicidad con el aviso sobre el alcohol. ¿Cuál tendría más efecto sobre los jóvenes?

1e Utiliza el texto del anuncio informativo "Vive" para criticar el anuncio "Vida".

Frases clave

advertir	incitar	provocar
evitar	seducir	

Gramática → 160 → W66

The perfect infinitive

- The verb *haber* can be used in the infinitive with the past participle:

haber bebido   to have drunk

- These expressions with *al/de* are harder to translate into English:

al haber bebido	on having drunk, when (someone) has drunk
de haber bebido	on having drunk, if (someone) has/had drunk

- In Spanish you use the perfect infinitive when you would use the gerund (-ing form) in English.

después de haber bebido   after drinking

- You also need the perfect infinitive in the following phrases:

must have	should have
may have	could have

Catalina debe haber bebido demasiado.

Catalina must have drunk too much.

Deberían haber cogido un taxi.

They should have got a taxi.

Podría haber conducido.

I could have driven.

- The past participle with *haber* never changes its ending. When it is used as an adjective it does agree.

He organizado una fiesta.   *La fiesta está organizada.*

A Translate these sentences into English:

1 Rafa dijo haberse puesto el cinturón de seguridad.
2 De haberlo sabido, yo no hubiera subido al coche.
3 Debería de haber ido a mi casa en taxi.
4 De haber bebido, no hubiera conducido.

B Translate these sentences into Spanish using the perfect infinitive:

1 To have drunk so much was a bad idea.
2 To have driven home was very dangerous.
3 On arriving home, he went to bed.
4 He should have drunk water.

Técnica

Listening skills

- Read any questions in advance of listening to see if they help you work out the structure of the text or the focus of the task. Think about the information the questions require and try to anticipate vocabulary.

- When listening for the first time:
  - keep track of who is speaking.
  - keep track of what question you are on.
  - listen for words or information you were expecting.

- Invent your own system of abbreviations.

- Constantly revise whether you can make sense out of what you hear.

- If you have heard the sound of a word accurately, think about how it would be spelt in Spanish. Could you be hearing several words as one?

- If you can stop and repeat your own recording, alternate between focusing on important detail, and on making broad sense of the overall section.

2 Escucha y escoge la opción correcta.

1 El botellón es un fenómeno
   a reciente
   b tradicional
   c pasado de moda

2 Tiene lugar en
   a un supermercado
   b un lugar público
   c un bar

3 Muchos jóvenes
   a no tienen dinero
   b no tienen la edad para entrar en un bar
   c van a un bar

4 Los jóvenes preferirían
   a organizarse oficialmente
   b ir al cine
   c ir a un bar

3 ¿Los jóvenes son responsables en su actitud hacia el alcohol? Escribe a favor y en contra de esta afirmación.

Las adicciones

◆ *¿Engancharse o liberarse?*

1a Lee el artículo. ¿Quién dice …?

1 La sociedad tiene que ayudar a los drogadictos.

2 La sociedad tiene que actuar contra los drogadictos.

3 Los adictos no pueden tomar decisiones.

4 Los adictos deciden tomar drogas.

5 Los drogadictos no quieren drogarse.

6 Los drogadictos quieren escapar de su adicción.

7 Los adictos no quieren dejar de picarse.

1b Las opiniones son directamente contradictorias. Considera los siete puntos del ejercicio 1a. ¿Con qué puntos estás de acuerdo?

1c Escribe las frases con las cuales estás de acuerdo. Empieza con "Creo que …".

Ejemplo: Creo que la sociedad tiene que ayudar a los drogadictos.

Gramática ➡️162 ➡️W55

The subjunctive: doubt and improbability

The subjunctive is used when two parts of a sentence don't sit well together. For example, 'I don't think the subjunctive is difficult' consists of two phrases: 'I don't think' + 'The subjunctive is difficult'. 'The subjunctive is difficult' directly contradicts what I am actually trying to say. I can weaken that part of the sentence by using the subjunctive:

*No creo que **el subjuntivo sea difícil**.*

Whenever you use a sentence to cast doubt, the main verb is in the indicative, and the subjunctive is used to subordinate what it is you don't believe in.

Dudo que los adictos sean "enfermos".

Es poco probable que los adictos quieran seguir así.

No reconocen que necesiten ayuda.

1d Escribe las frases con las cuales no estás de acuerdo. Empieza con "No creo que …". Necesitas usar el subjuntivo.

El Debate

El toxicómano: ¿Criminal o Paciente?

Irma Sánchez:

No creo que los drogadictos busquen tratamiento médico.

Para ellos drogarse es su estilo de vida y considero poco probable que quieran cambiar. De hecho suelen ser individuos que mantienen que es su derecho decidir cómo actuar, sin tener en cuenta las consecuencias. No reconocen que tienen un problema y reivindican sus derechos.

Sabiendo que perjudica la salud, y que es ilegal, insisten en picarse. No creo que se pueda decir que son "enfermos". Son criminales.

Iván Gómez:

¿Realmente puedes creer que tratar a un drogadicto como a un criminal le ayude?

No acepto que la amenaza de detener y castigar a un adicto vaya a cambiar su situación.

Es casi imposible que se salve de su dependencia sin tratamiento.

Una persona que vive con una dependencia física no quiere más que aliviar esa dependencia. El drogadicto lo hace picándose, pero a la vez confirma su adicción. ¿No ves que lo que realmente necesita es una forma de liberarse de este círculo vicioso?

Frases clave

Dudo que …	No creo que …
Es poco probable que …	No acepto que …
Es imposible que …	¿Cómo puedes pensar que …?
No reconocen que …	

2a Lee las opiniones 1–8 de al lado. ¿Cuáles están de acuerdo con la intervención del gobierno?

2b Relaciona estas afirmaciones con las opiniones 1–8.

a Dudo de que al gobierno le importe nuestra salud. Quiere ganar votos simplemente.

b Si fumo, no creo que afecte a los demás. El gobierno quiere imponerse en mi vida.

c No creo que el gobierno quiera atacar el tabaquismo sino a los fumadores.

d Es probable que dentro de unos años esté prohibido fumar.

e Yo pienso que el gobierno no debería hacer más que simplemente informarnos.

f No creo que sea justo que los fumadores reclamen los servicios de salud, que todos pagamos.

g Creo que el gobierno no debería hacer más que reducir el impacto de la publicidad negativa.

h No creo que el gobierno pueda negar su responsabilidad hacia los fumadores.

3a Escucha a Inma, Pili y Mateo. ¿Están a favor o en contra de prohibir fumar en lugares públicos?

3b Explica tu propia opinión a un(a) compañero/a.

3c Escribe un párrafo con argumentos a favor y en contra de la prohibición de fumar en lugares públicos.

Fumar perjudica gravemente su salud y la de los que están a su alrededor

3251765

DUCADOS

Las autoridades sanitarias advierten:

fumar perjudica gravemente su salud y la de los que están a su alrededor

1 "Empiezan con una campaña de 'educación', pero logran cambiar las actitudes y diez años más tarde pueden prohibir otra parte de nuestro estilo de vida."

2 "Los gobiernos quieren asociarse con ciertos valores, proyectar cierta imagen. Campaña de salud pública, o campaña electoral: es lo mismo."

3 "La sociedad sufre las consecuencias: el gobierno tiene que actuar."

4 "Un pequeño acto de rebeldía que sólo me perjudica a mí. ¿El gobierno quiere protegerme, o quiere controlarme?"

5 "Yo no sé si las campañas están en contra del tabaco o en contra de los fumadores. Quieren imponer unos valores, un estilo de vida."

6 "No debemos separar el gobierno del resto de la sociedad. Todos tenemos una responsabilidad hacia los otros."

7 "La responsabilidad del gobierno se limita a asegurarse de que disponemos de la información adecuada para tomar nuestras propias decisiones."

8 "Estamos rodeados de material publicitario. El gobierno intenta mantener el equilibrio."

Salud es vida

◆ *¿Es lo mismo estilo de vida que calidad de vida?*

1a Las siguientes tareas te ayudarán a comprender el texto.

1 Compara las dos fotos. ¿Cuál es la "dieta mediterránea"?

2 Lee los títulos. ¿Trata de buenas o malas noticias?

3 Busca los tipos de comida mencionados en el texto:

- ● tipos de comida: legumbres, etc.
- ● categorías generales: grasas, etc.

4 ¿Se mencionan algunas personas en el texto?

5 Busca los problemas de salud que se mencionan.

6 Decide cuál es el tema principal de cada párrafo.

1b Busca información en el texto para completar esta ficha.

La dieta española es saludable	La dieta española no es saludable

1c Utiliza la información para contestar a la pregunta: "¿La dieta española es saludable?"

Técnica

Pinpointing information

Here are some things to be aware of when looking for information:

1 Find facts containing numbers or statistics or time references.

2 Look for events or changes.

3 Look for technical words or definitions.

4 Look for explanations and specific examples.

5 Beware of long sentences packed with several important pieces of information.

Comer para vivir. Vivir para comer.

La dieta mediterránea se pierde

Hace cincuenta años los expertos observaron que los habitantes pobres de los países mediterráneos gozaban de una expectativa de vida mayor que la de los nórdicos más ricos. Aunque no pudieron explicar ese fenómeno, la "dieta mediterránea" se puso de moda.

Es una dieta rica en verduras, legumbres y pescado. Pero también en aceite de oliva. Hoy los científicos nos dicen que éste es el secreto: el aceite contiene sustancias que reducen el colesterol.

Sin embargo, este descubrimiento coincide con otro menos positivo: Hoy, sólo el 2,6 por ciento de los niños españoles se alimenta con esta dieta. El consumo de verduras, fruta, patatas y lácteos ha disminuido. La cantidad de carne, snacks, dulces y chucherías ha aumentado. Para algunos niños aquellos dulces son su principal fuente de energía.

Se nota un aumento de la obesidad en los niños, lo que refleja los cambios en su dieta. En lugar de una dieta que mantiene el equilibrio entre los alimentos básicos, estas nuevas costumbres favorecen el consumo de grasas saturadas, y alimentos que sólo aportan calorías vacías.

Los adultos tienen que aceptar parte de la responsabilidad. Los comedores escolares parecen carecer de criterios nutricionales adecuados. El impacto de la publicidad anima a los niños a consumir productos poco saludables, y los padres ceden a los caprichos de los niños.

Gramática ➡ 148 ➡ W13

Demonstrative adjectives and pronouns

● Spanish has three different words for this/these or that/those:

este (near me)	*ese* (near you)	*aquel* (further away)
esta	*esa*	*aquella*
estos	*esos*	*aquellos*
estas	*esas*	*aquellas*

● When they act as an adjective, there is no accent.

este niño	*esa dieta*	*aquellos expertos*

When they act as a pronoun, there is an accent.

éste (this one)   *ésa* (that one)   *aquéllos* (those ones)

● *Esto* and *eso* are different. They don't refer to a particular word. They sum up a whole idea. Note that they don't need an accent.

Esto es imposible.   *Eso es ridículo.*

A Make a list of the demonstrative adjectives and pronouns in the text on page 36.

B Explain the differences between the words in your list.

2a Lee el texto y busca cómo se dice:

1 always wanting more
2 Don't forget the importance of free time.
3 The secret is to keep a balance.
4 Don't seek out additional stress.
5 Adverts offer us more and more tempting products.
6 Too much work takes away our time.

2b En estas frases las ideas están revueltas. Corrígelas.

1 En el trabajo	reserva tiempo para descansar
2 En el tiempo libre	aprovecha el tiempo juntos
3 Durante el día	evita obsesionarte
4 Con la familia	evita una agenda atestada

2c Busca en el texto ejemplos específicos de cómo aprovechar la vida.

3a Escucha a Maritza y completa una ficha así:

Tareas	Actividades	Descanso
√√		

¿Cómo aprovechar la vida?

No confundas nivel de vida con calidad de vida: Es siempre querer tener más, y nunca contentarte con lo que ya tienes.

Divide tu día en tres: Se necesitan ocho horas para dormir, ocho horas para relajarte, además de ocho horas para trabajar. No olvides la importancia del tiempo libre. El secreto es mantener el equilibrio.

El tiempo libre no tiene que significar llenar tu agenda de actividades. No busques el estrés adicional de conducir de una cita a otra, cumplir compromisos sociales, ganar concursos deportivos.

Aprende a decir "no" al consumismo. La publicidad nos ofrece cada vez más productos seductores, que nos llevan a mantener un tren de vida por encima de nuestros recursos. La sobrecarga de trabajo nos quita tiempo para descansar o para estar con nuestros seres queridos.

3b Describe tu día típico a un(a) compañero/a. Menciona el trabajo, el ocio, el descanso y la comida.

Una vida "Zen"

◆ *¿Es fácil sentirse bien?*

1a Lee los tres textos. ¿Sofía, Mariano o Lety? ¿Para quién es más importante …?

1 la comida   4 el cuerpo

2 la identidad   5 el tiempo

3 la familia

1b 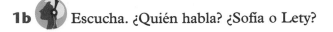 Escucha. ¿Quién habla? ¿Sofía o Lety?

1c Explica a un(a) compañero/a cuáles de los aspectos de la actividad 1a son más importantes para ti.

1d Escribe el perfil de una persona a quien no le preocupa ni la dieta, ni el ejercicio, ni la identidad.

Sofía Sangsu

Estoy buscando el éxito, el dinero, la fama … y cada día me siento más insatisfecha. Creo que descubrir tu verdadera identidad es el secreto de la felicidad. He visitado Japón y la India, he leído mucho, y he pensado sobre ello. Los ricos practican yoga o pilates como si fuera gimnasia, pero, para conseguir beneficios, tienes que ponerte objetivos, hacer meditación y relajarte. Así estarás cuidando tu cuerpo, pero también la mente, que es lo más importante.

Mariano Carriquí

Hace ocho años estaba trabajando demasiado, casi estaba viviendo en la oficina, y durmiendo muy poco. Claro que no podía seguir así … me estaba poniendo enfermo y no me daba cuenta. Un día decidí que no aguantaba más. Estaba ignorando la salud, que es lo más importante, y es mejor prevenir que curar. Cambié de trabajo y ahora dedico más tiempo al ocio, a mi esposa y a mis hijos.

Lety Galvan

Dicen que en España la comida biológica es carísima, pero yo estoy viviendo en Nueva York y enfrente de mi casa hay una tienda de comida orgánica y lo que puedes comprar en esas tiendas no se puede comparar con la calidad que encuentras aquí en cualquier tienda de barrio. La fruta aquí es más sabrosa, y no es necesario pagar precios especiales. Lo importante es saber lo que comes. Igualmente tienes que saber lo que te pones en la piel. Yo uso cosméticos pero me aseguro de que todos sus componentes sean naturales. No me complico la vida, pero sí me cuido.

Gramática ➡ 159 ➡ W43

Continuous tenses

● These indicate what is, was or will be happening, just as in English.

● Use the required tense of *estar* and the present participle of the main verb, formed as follows:

ar – ando   er – iendo   ir – iendo
Exceptions: *leyendo   durmiendo   divirtiendo*

The present participle is often used with *pasar* to express how you spend time.
Paso horas divirtiéndome en las fiestas, bebiendo y escuchando música.

It is often used with *seguir, ir* and *llevar.*
Sigue fumando aunque ya está prohibido.
Los precios irán subiendo cada día más.
Llevaba cinco años estudiando medicina.

The imperfect continuous is used when indicating an interrupted action.
Estaba comiendo cuando llegaron mis amigos.

A Read the texts on page 38 again. Find and translate all the examples of the continuous tenses used.

Gramática ➡ 160 ➡ W46

Indirect speech

This is used to report or explain what somebody is saying or has said without quoting them directly. Take care with sequencing your tenses and changing the verbs (first to third person). Remember to change other parts which relate to the speakers in your sentence.

"Cambié de trabajo y ahora dedico más tiempo al ocio, a mi esposa y a mis hijos."
Dijo que *cambió de trabajo y ahora dedic**a** más tiempo al ocio, a **su** esposa y a **sus** hijos.*

A Put these examples into indirect speech:

1 "No me complico la vida, pero sí me cuido."

2 "Me estaba poniendo enfermo y no me daba cuenta."

3 "He visitado Japón y la India, he leído mucho, y he pensado sobre ello."

Técnica

Writing a summary in English

◆ Look at the requirements of the task. Does it focus on one aspect of the text? Is there a maximum number of words?

◆ Read the text carefully and make a list of the points you are going to make. These points should be taken from the Spanish text.

◆ Decide if you need to follow the structure of the original, or if you can pull ideas together logically.

◆ Think about the changes to person and tense referred to in the box on indirect speech on this page.

◆ Write your summary, balancing clear points with reference to examples from the text.

◆ Read it through and make sure it works as a piece of writing.

A Write one sentence summing up the information about all three people on page 38.

B Write one sentence to sum up each person.

C Write a 120 word summary of the experiences of the three people on page 38. Focus on how their lives have changed.

Gramática en acción

Recuerda ➡ 160

The perfect infinitive

After *haber* the participle never changes. When it acts as an adjective, it needs to agree.

A Decide if the past participle should change or not.

1 Ha <u>bebido</u> tres botellas de cerveza.
2 Los jóvenes <u>bebido</u> no deben conducir.
3 La niña <u>herido</u> viajaba en el coche.
4 Faustina debería haber <u>cogido</u> un taxi.
5 Los coches <u>accidentado</u> iban demasiado rápidos.

B  Write a list of consequences for each picture.

Example: **A** *Al haber comido demasiados dulces, vomitó ... De haber vomitado, le regañaron ... Después de haberle regañado, no le dejaron ir a la fiesta ... De no haber podido ir a la fiesta, se quedó en la casa a comer dulces.*

A

B

C

Recuerda ➡ 162

The subjunctive for doubt

With expressions of doubt, you need to use the subjunctive for the part of the sentence you don't believe.

C Complete these sentences, putting the verb into the subjunctive.

1 Dudo de que los jóvenes (ser) irresponsables.
2 No creo que el gobierno (deber) controlar nuestra vida.
3 No es muy probable que el fumar (contribuir) a los accidentes.
4 Dice que es imposible que (tener) un accidente.
5 No reconoce que (estar) borracho.

D Give your opinion on the following points. If you do not agree, you need to use the subjunctive.

Example: No creo que el azúcar sea adictivo.

El azúcar es adictivo.

El deporte es peligroso.

El aceite de oliva es saludable.

La música puede dañar el oído.

Los médicos no saben nada.

Es tonto fumar.

El ejercicio es más importante que la dieta.

Recuerda ➡ 159

The imperfect continuous

You can use *estaba* + present participle to make the continuous form of the imperfect.

E Imagine you have had an accident. Explain to the doctor what you were doing and what happened to you.

1 Lee el artículo sobre la comida biológica y contesta a las preguntas.

   1 ¿Por qué esta comida tiene tres nombres alternativos (ecológica, biológica y orgánica)?

   2 ¿Qué es la comida biológica?

   3 ¿Cuáles son sus ventajas principales y sus inconvenientes?

   4 ¿Puedes deducir lo que significan las siguientes palabras sin buscarlas en el diccionario?

sabor	productos lácteos
abonos	guardar
harina	recurrir a

2 Escribe 150 palabras sobre el siguiente tema:

Un amigo dice que su vida acelerada le deja agotado, casi enfermo. Escríbele una carta para hacerle preguntas específicas y para darle consejos.

3 Mira la imagen y contesta a las preguntas.

   1 Explica el concepto del *commuter*.

   2 ¿Te gustaría viajar un par de horas al trabajo cada día?

   3 ¿Dónde se vive mejor? ¿En el campo o en la ciudad?

   4 ¿Qué recomienda la caricatura?

   5 ¿Qué piensas de la idea?

La comida biológica

Es una moda que no ha hecho más que empezar. No se ha determinado todavía cómo se llama: comida ecológica, o biológica, u orgánica. Crece la demanda de productos cultivados sin pesticidas ni herbicidas.

Además de respetar el medio ambiente, guardan intactos su sabor y sus vitaminas. En lugar de fertilizantes industriales, por ejemplo, se recurre a abonos naturales.

Los alimentos disponibles incluyen verduras y frutas, pastas, arroz, patatas y harina. Y no solamente las plantas, sino también carnes y productos lácteos.

El problema es que no siempre es fácil encontrarlos y que son un poco más caros que los convencionales.

Haz el viaje al revés: Vive en la ciudad, trabaja en el campo.

4 Contesta a estas preguntas.

   ● ¿Tienes un estilo de vida saludable?

   ● ¿Cuáles son los factores de riesgo para la salud de los jóvenes?

   ● ¿Crees que es necesario que el gobierno te diga cómo vivir?

   ● ¿Qué es más importante: dieta o ejercicio?

   ● ¿Qué es más importante: cuerpo o mente?

extra! Completa las actividades en las Hojas 26–30.

1a Lee el texto sobre cómo casarse en Argentina. Haz corresponder las mitades de las frases.

1 Antes de casarte

2 Si quieres casarte por la iglesia

3 A los 21 años los solteros

4 Si te divorciaste en otro país de habla no hispana

5 A los 16 años las mujeres

6 A los 16 años los hombres

7 Si uno de tus padres no está presente

8 Si quieres más de dos testigos

9 Después de la boda los invitados

a pueden casarse con el permiso de los padres.

b tiran arroz.

c necesitas tener los documentos traducidos.

d hay un costo.

e pueden casarse con la autorización de un juez.

f tienes que comprobar tu estado de salud.

g tienes que buscar información en otro sitio.

h necesitas su permiso por escrito.

i pueden casarse sin el permiso de los padres.

1b Contesta a estas preguntas. Explica tus respuestas.

- ¿A qué edad piensas que es mejor casarse?
- ¿Crees que es correcto que los jóvenes necesiten permiso para casarse? ¿Hasta qué edad?
- ¿Hay otras situaciones en las que crees que el permiso de los padres es necesario?
- ¿Qué piensas de la importancia del matrimonio civil? ¿Y del matrimonio religioso?
- ¿Qué piensas del divorcio?

2 Escucha. ¿Cuáles de estos 13 puntos se mencionan?

3 Escribe una carta de parte de un bebé a sus padres, explicando qué es necesario para que salga adelante en la vida.

Registro Civil de Argentina
Información para los que quieren casarse

Ya tomaste la decisión de casarte. Lo demás es muy fácil. Te decimos cómo es el trámite del matrimonio.

Sólo se requiere un par de visitas al registro civil, y una al hospital para unas pruebas de sangre y orina. (Sólo se trata de la cuestión legal, aquí no se incluyen los pasos a seguir para la ceremonia religiosa.)

Los novios solteros y mayores de edad deben presentarse con la tarjeta de identidad.

Si eres divorciado, debes llevar también la partida de matrimonio original con la inscripción del divorcio. Nota: Si te casaste o te divorciaste en el extranjero, necesitarás los documentos traducidos al español y autorizados por la administración argentina.

Las mujeres de 16 a 20 años y los hombres de 18 a 20 deben llevar su acta de nacimiento y documentos de los padres. En el acto de celebración del matrimonio, los padres tienen que dar su autorización. En el caso de edades inferiores se necesita obtener una dispensa de un juez competente. Si un padre está presente y el otro ausente, hay que presentar una autorización del padre ausente debidamente legalizada.

La ceremonia no tiene costo, pero si quieren que firmen el registro más de dos testigos, hay que pagar 15 pesos por cada uno. Los invitados compran el arroz.

TReaT Me RiGHT!

1 Spot bad habits early.

2 Don't pretend you are perfect.

3 Be strict but consistent.

4 Don't treat me like a baby.

5 Don't spoil me.

6 Don't be scared to say sorry to me.

7 Tell me what I've done wrong in private.

8 Don't forget I can't explain very well.

9 Avoid making rash promises.

10 If you nag, I won't listen.

11 Go easy on my mistakes.

12 Let me learn the hard way.

13 Don't make up answers when you don't know.

4a Lee el texto y los puntos a–g. Decide si:

i   son propiedades de las bebidas energéticas

ii son propiedades de bebidas isotónicas

iii no se dice

    a Son nuevas.

    b Son efectivas para recuperarse por la mañana, después de haber bebido.

    c Se beben en lugar de bebidas sin alcohol en las discotecas.

    d Contienen más cafeína que una taza de café.

    e Contienen ingredientes naturales y artificiales.

    f Se conforman al estilo de vida de los jóvenes.

    g Ayudan al cuerpo a funcionar.

4b Escribe un resumen del texto en unas 100 palabras, mencionando los siguientes puntos:

- los ingredientes y los efectos de las "bebidas energéticas"
- dónde y por qué se beben
- su relación con el estilo de vida de los jóvenes
- sus diferencias con las bebidas "isotónicas"

5 Mira la publicidad.

- ¿De qué trata?
- ¿Cuáles son los puntos de información más importantes?
- ¿Es efectiva en persuadir?
- ¿Qué opinas de este tipo de anuncios?

Las bebidas energéticas

Se encuentran a la venta en todas partes, desde las discotecas hasta las gasolineras. Son el último grito en la vida "diseñada": Son las bebidas energéticas.

En las fiestas nocturnas, han reemplazado a los refrescos. Tienen una mezcla de sabores artificiales, vitaminas, cafeína, ginseng, y otros ingredientes energéticos.

Tienen nombres como Reanimator, Explosive, o Toro Rojo. Pretenden estimular el cuerpo y aliviar el cansancio.

Incrementan la capacidad para reponerse de los efectos del alcohol, de la resaca. Sustituyen a los productos cola, y al tradicional café.

Se adaptan a la vida acelerada de los jóvenes, ansiosos de evitar la somnolencia, o de estimular la actividad constante. Trasnochar bailando, conducir sin dormirse, estudios de última hora, una agenda social atestada, gimnasio, teléfono, Internet.

Son muy diferentes a las bebidas isotónicas, ya populares entre los deportistas. Esas bebidas proporcionan agua, vitaminas, sales que se pierden en el sudor. No estimulan el cuerpo, sino que permiten al deportista mantener su nivel más alto de rendimiento físico.

3 Los medios de comunicación

By the end of this unit you will be able to:

- Talk and write about TV ratings, channels and programmes
- Discuss the role of radio and TV
- Discuss the impact of advertising on people's lives
- Discuss the role of the written press
- Use different negatives
- Use verbs of liking/disliking + infinitive or noun
- Recognise and use the irregular preterite (radical changes)
- Use the subjunctive with expressions of possibility and impossibility
- Listen for detail
- Recognise different registers of language
- Extend your vocabulary using suffixes, antonyms and synonyms

¿Pegado a la televisión?

¿Qué papel desempeñan los medios de comunicación en la vida tuya?

1 Encuesta: Lee y contesta a las preguntas.

Dime lo que lees, ves, escuchas y te diré quién eres ...

1 Lees el periódico
 a a veces
 b cada día
 c rara vez

2 Compras revistas
 a cada semana
 b de vez en cuando
 c cada mes

3 Escuchas la radio
 a a diario
 b a menudo
 c pocas veces

4 Te conectas a Internet
 a todos los días
 b 2 ó 3 veces por semana
 c una vez a la semana

5 Usas el móvil
 a poco
 b bastante
 c mucho

6 Ves la tele
 a un mínimo de 3 horas al día
 b un poco todos los días
 c a veces durante la semana

Puntuación

1	a:4 b:6 c:2		4	a:6 b:4 c:2
2	a:6 b:2 c:4		5	a:2 b:6 c:4
3	a:6 b:4 c:2		6	a:6 b:4 c:2

2 Discusión en clase.

1 ¿Qué medio de comunicación es el mejor para ...?

a informar b relajar c entretener d instruir

la tele   la radio
Internet   la prensa

2 ¿Qué consideras más importante? ¿Un anuncio ...

a que informa? b que divierte? c que choca?

*tunero = al día/de moda *mogollón = muchas
*al loro = informado

Resultados

Menos de 20 puntos
Estás súper contento con tu propia compañía y no dependes demasiado de los medios de comunicación.

Entre 20 y 29 puntos
Tienes *mogollón de ideas propias pero también te gusta estar al día.

Más de 30 puntos
¡Estás al loro! Eres *tunero a morir pendiente a todas horas de lo que está pasando a tu alrededor.

1 TVE 1		**2** La 2		**A** Antena 3		**•** Cuatro		**5** Telecinco		**6** La Sexta	
18:25	España directo	18:00	Everwood	5:55	El Ti3mpo	16:45	Channel Nº 4	17:00	Yo soy Bea	17:00	El Rey de Queens
20:00	Gente	18:55	Gomaespuminglish	16:00	Madre Luna	18:20	Alta tensión	18:45	Está pasando	17:30	Ley y Orden
21:00	Telediario 2	19:00	One Tree Hill	17:15	A3Bandas	19:20	Money, money	20:15	Allá tú	18:25	Navy CIS
21:55	El tiempo	19:55	Al 2 Noticias expres	19:15	El diario de Patricia	20:30	Noticias Cuatro	20:55	Informativos	19:20	Jag: Alerta roja
22:00	Herederos	20:00	Dos hombres y	21:00	Antena 3 Noticias 2	21:30	El hormiguero		Telecinco	20:20	LaSexta Noticias
23:45	Repor		medio	22:00	Los hombres de Paco	22:00	House	21:30	Camera Café	20:55	Padre de familia
00:45	Supervivientes	20:35	Smallville	00:00	Los hombres de Paco	00:55	Noche Hache	22:00	Los Serrano	21:25	El intermedio
01:45	Telediario 3	21:30	Lotería diaria	02:15	Antena 3 Noticias 3	02:05	Cuatrosfera	00:45	El colecionista de	22:00	Cine (por
02:00	Minutos musicales	21:35	Documentos TV	02:30	Supernova	03:15	Marca y Gana		imágenes		determinar)
02:25	Noticias 24	22:45	Serie	05:00	Repetición de	05:15	Shopping	02:15	Aquí se gana	00:00	Buenafuente
		23:15	Mil años de románico		programas			03:15	Inforcomerciales	01:20	Entourage: juego
		23:45	LA 2 Noticias								de Hollywood
		00:30	El tiempo							02:20	Ganas de ganar
		00:35	Cámara abierta								

concursos telenovelas debates telediario programas infantiles música

series tertulias retransmisiones deportivas programas culturales dibujos animados programas de cotilleos

Gramática ➡ 155 ➡ W36

Negatives

*no   nada   nadie   nunca/jamás   ni … ni
ninguno (ningún), ninguna   tampoco*

The negative works in the following ways:
a *no* before the verb: **No** *me gustan Los Simpsons.*

b *no* + negative word after the verb:
No *veo la tele nunca.*

c Negative word before the verb: **Nunca** *veo la tele.*

d Negative word on its own:
No veo la tele. ¿Tú la ves? Yo **tampoco**.

A Escucha y anota las palabras negativas.

B Escucha otra vez y anota la forma
negativa que se emplea (**a, b, c, d**).

Ejemplo: 1 = *c, a*

C Con un(a) compañero/a inventad diálogos
similares y hablad sobre lo que veis y no veis en
la tele. Usa los negativos de arriba.

3a **D** Mira los tipos de programas. ¿Cuántas
palabras conoces ya? Busca en un diccionario las
que no conozcas.

3b Escribe una lista de programas ingleses que
representen estos tipos de programas.

3c Busca en Internet nombres de programas
españoles para cada categoría.

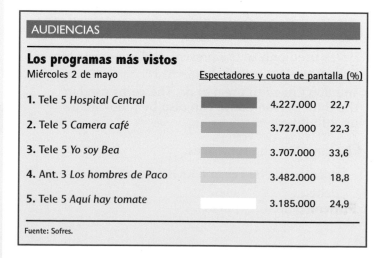

AUDIENCIAS		
Los programas más vistos Miércoles 2 de mayo		Espectadores y cuota de pantalla (%)
1. Tele 5 *Hospital Central*		4.227.000 22,7
2. Tele 5 *Camera café*		3.727.000 22,3
3. Tele 5 *Yo soy Bea*		3.707.000 33,6
4. Ant. 3 *Los hombres de Paco*		3.482.000 18,8
5. Tele 5 *Aquí hay tomate*		3.185.000 24,9

Fuente: Sofres.

Los programas más vistos

◆ *¿Quién es el líder de medios? La batalla por las audiencias.*

1 Lee la página "Cartas al director" y contesta a las preguntas.

1 ¿Por qué critica a los canales comerciales J.C. de Cantabria?

2 ¿Los resúmenes semanales te parecen buena idea?

3 ¿Estás de acuerdo con el último texto?

4 ¿Estás de acuerdo con la crítica de J.C.? ¿Por qué?

5 Escribe un resumen semanal de lo que ha pasado en tu telenovela favorita esta última semana.

6 En qué concurso televisivo te gustaría tomar parte? Da tus razones.

7 ¿Por qué o cómo te gustaría ser famoso?

Gramática ➡164 ➡W64

Verbs in the third person + noun

Some verbs are commonly used in the third person. The subject may be singular or plural so the verb ending changes accordingly. *Gustar, encantar, interesar, molestar* and *preocupar* often follow this pattern:

Me gusta la radio. No me gustan las noticias.

A Make up sentences using the verbs listed above in the singular and plural to say which programmes you like or dislike.

Verbs + infinitive

In the letter *Quince minutos de fama* you can see examples of verbs that are followed by an infinitive:

querer   poder   tener que
deber   soler

(*Soler,* used only in the present and imperfect tenses, indicates what usually happens.)

You don't need to use *a* or *de.* The verbs used in the third person above can also be followed by an infinitive.

B Complete the sentences:

A mi modo de ver la televisión
debe …   suele …
tiene que …   puede …

CARTAS AL DIRECTOR

No somos cifras

Nosotros, los televidentes, somos gente real, no cifras de audiencia. Sin embargo, las emisoras comerciales, cuyo número crece cada día, piensa en nosotros como números o dinero. No ponen atención a la calidad y creatividad de los programas que emiten.

J.C./Cantabria

Del episodio diario al resumen semanal

Me parece muy acertado que ahora vayan a poner un resumen de mis telenovelas favoritas al final de cada semana. Los jóvenes estudiantes o trabajadores no siempre tenemos tiempo de ver las emisiones de programas cinco veces a la semana. Estoy cien por cien de acuerdo con esta decisión del canal.

F.S./C.elec.

Selección final

Con un meticuloso proceso de selección en el que, de miles de aspirantes, se eligieron a 120 personas después de varias semanas de *castings* por toda la geografía española, se ha seleccionado a doce finalistas. Eso dice la propaganda pero a mi modo de ver no es cierto. Meticuloso no es. Tampoco comparto la opinión de que este es un programa justo para todos los concursantes.

R.V./A Coruña

Quince minutos de fama

Todo el mundo quiere vivir sus quince minutos de fama en la pantalla, claro que sí. Eso es lo que se suele decir para convencernos que la tele puede traernos la felicidad y la oportunidad de aparecer ante el gran público. ¡Pero también la fama nos puede cubrir de vergüenza! De modo que debemos cuidarnos de esa idea de que todos tenemos que o queremos llegar a ser famosos.

P.G./C.elec.

Frases clave

Vale	A mi modo de ver
De acuerdo	Claro que sí
Me parece muy acertado	En cambio
Sin embargo	
No comparto tu opinión	

2a 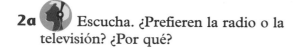 Escucha. ¿Prefieren la radio o la televisión? ¿Por qué?

2b Escribe tres frases a favor de la tele y tres a favor de la radio.

Técnica

Listening for detail

Here are some strategies to help you pick out detail in listening exercises:

◆ Before listening, look at exactly what the questions say.

◆ Think of other ways of expressing the ideas in the question: *mucho dinero/muy caro*.

◆ When you listen, it may seem as if **all** the options are mentioned. However, watch out for negatives – *no, tampoco, ni siquiera, nadie, nunca* – and for ideas that are mentioned as possibilities: *quizás, tal vez, es posible que*.

◆ Look out for specific examples that correspond to the question.

◆ Look for sentences that sum up or explain: *De hecho …*

◆ If it is a short piece, listen through completely first, then go back and review the detail, section by section.

A Think how you dealt with activity 2a above. Did you listen out for detail or general information to set the scene? Did you invent any abbreviations to help you note down the reasons in 2b?

B Now complete activity 3. Anticipate the vocabulary you might need for the different kinds of programmes and invent some abbreviations before you listen.

3 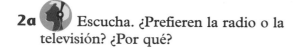 Escucha y clasifica los programas. Mira la lista de tipos de programas en la página 45.

La televisión está haciendo mucho daño a mi generación.

4 Mira la caricatura. Tú, ¿qué opinas?

5 Encuesta de clase.

¿Quién prefiere la tele y quién la radio? ¿Por qué?

¿Cuántas horas pasan tus compañeros/as viendo la tele y escuchando la radio?

¿Qué tipo de programa prefieren?

Presenta los resultados con un gráfico y explícalos.

Frases clave

El X por ciento + *singular verb*

Cinco de cada diez personas + *plural verb*

La tercera parte/La mitad/La cuarta parte + *singular verb*

¿Telebasura o programas educativos?

◆ *¿Cómo mantener un equilibrio entre la libertad de expresión y la responsabilidad de la televisión?*

1a Escucha las opiniones sobre los programas de telerrealidad y toma notas.

1b Lee las frases e indica si están de acuerdo o no con tus notas.

1. Dos personas dicen que les fascinan y no les importan las escenas explícitas.
2. Todos dicen que no toman los programas en serio.
3. A los jóvenes les divierten bastante.
4. La mayoría prefiere ver algo divertido a ver programas serios y deprimentes.
5. La mitad dice que les hace olvidar la realidad de sus propias vidas.
6. Solamente una persona está en contra.

1c Escucha otra vez y anota primero las opiniones negativas y luego las positivas.

1d ¿Tú, qué opinas? ¿Los programas de telerrealidad son chocantes o divertidos? ¿Son humillantes y morbosos o de humor y un poco picantes?

2a Lee el texto "La caja tonta" y explícaselo a un(a) compañero/a, resumiéndolo en inglés.

2b Compara lo que dice el texto con lo que pasa en tu país.

2c Explica cuál es tu propia reacción al texto. Usa las frases clave.

La caja tonta

"Es difícil no creer en la televisión; ella ha invertido más tiempo que tú en educarnos" – eso le dijo Bart, el de los Simpsons, a su vago padre Homer. Era una broma pero una broma que contenía una chispa de verdad. Igualmente, en la vida real, un 45% de los niños españoles ve la televisión, en días laborables, casi durante una hora y media; un 23% la ven por 2 ó 3 horas.

Por lo menos, el padre de Bart le acompaña mientras la ve pero este no es el caso para un 2% de los niños que pasa horas a solas frente a la tele; sólo un 55% de los niños afirma que los padres los acompañan. Se cree que los niños que ven más de una hora de tele al día tendrán más tendencia a la violencia y agresividad cuando cumplen los 20 años. En España los niños pasan 930 horas al año frente al televisor y sólo 900 horas en clase delante del profesor.

Gramática
➡ 158 ➡ W40

The preterite tense: radical-changing verbs

● Some *-ir* verbs change their stem in the third person singular and plural only:

e ➤ i: *pedir – pidió, pidieron* (also *advertir, conseguir, corregir, divertir(se), elegir, mentir, preferir, reírse, repetir, seguir, sentir(se), vestir(se)*)

o ➤ u: *morir – murió, murieron* (also *dormir*)

A Put these sentences into the third person singular/plural.

1. Sentí que el programa era violento.
2. Pedimos la revista de la programación.
3. Seguí viendo la película aunque no me gustaba.
4. Reñimos porque queríamos ver programas diferentes.
5. Preferí lo que vimos ayer.

B Translate into Spanish:

1. The hero died at the end of the film.
2. They slept through the whole news programme.
3. As in all soaps, the main character lied.
4. They dressed as characters from the Simpsons.
5. They repeated my favourite programme last night.

Frases clave

Estoy de acuerdo al cien por cien con …

Habéis dado en el clavo a la hora de decir que …

Me parece muy acertado …

Lo peor de todo es que …

Mi opinión es que …

3a Lee los textos y compara las opiniones. ¿Cuál está más a favor y cuál más en contra de los medios de comunicación de hoy?

1

En la televisión, la violencia es la regla. El telediario contiene violencia real. Si a esto juntamos la violencia ficticia de las películas, es normal que la gente acaba insensibilizándose ante estas imágenes. En una semana dada una persona puede ver 770 asesinatos, 47 torturas, 28 secuestros, 17 suicidios, 1.200 peleas y una multitud de disparos.

Se dice que la televisión y ciertos anuncios fomentan la violencia, la explotación sexual y la perversión. A mi modo de ver este tipo de violencia siempre ha existido. No es más que el reflejo de la sociedad en que vivimos. Pero es muy difícil reconocer esto y, sin embargo, es más facil echarle la culpa a un objeto inanimado, ya sea la caja tonta, el ordenador, el móvil o una revista pornográfica.

Si aceptamos que la violencia forma parte de la sociedad, hay que buscar la razón de su existencia – en familias disfuncionales; en el aburrimiento que produce un sistema educativo que mata la creatividad o que insiste en el aprendizaje de memoria; en una sociedad que no ofrece modelos responsables ni estables a la gente vulnerable.

No obstante es la falta de responsabilidad y supervisión de los padres lo que es más significativo en el caso de los niños. Ante todo tenemos que educar a la gente y desarrollar su capacidad crítica. Es cierto que quien tiene el mando tiene el poder.

2

No acepto los términos "tele, radio, o prensa – basura". Existen programas y artículos mejor o peor hechos o escritos que gustan más o menos a la gente. Mi opinión es que es un debate artificial que exponen los que tienen miedo de la libertad de expresión.

Somos contradictorios porque criticamos a los medios de comunicación pero al mismo tiempo exigimos cada vez más imágenes sensacionalistas. ¿Por qué tuvo éxito instantáneo Gran hermano? Porque acertó con un formato tan sencillo y barato – nosotros, el público, viéndolo todo, 24 horas al día gracias a las cámaras.

¿Sin embargo cuántos ejemplos positivos de la actuación de los medios de comunicación se le ocurren a uno al instante? La educación a distancia, sea por radio, televisión o Internet, es algo que ha ayudado a millones de personas globalmente.

Los medios de comunicación son espejos de la realidad social en la que vivimos. Los medios son imprescindibles y necesarios; nos instruyen y educan; nos informan y hasta previenen cosas malas; pero debemos aprender a usarlos para el beneficio del género humano, y no al contrario.

En fin, no matemos al mensajero que también puede traer mensajes positivos.

3b Habla con un(a) compañero/a luego anota los argumentos a favor y en contra de los medios de comunicación de hoy.

3c Contesta a las preguntas.

1 ¿Cuál es el problema según el primer texto?
2 ¿Cómo lo refuta el segundo texto?
3 ¿Según el primer texto qué no queremos reconocer?
4 ¿Según el segundo texto por qué somos contradictorios?
5 En tu opinión, ¿la televisión tiene un papel positivo en la vida de hoy?

Técnica

Synonyms and antonyms

Knowing two ways of saying the same thing or writing answers using your own words are both important when answering exam questions. Collect words of similar and opposite meanings to extend your vocabulary lists.

A Reread the texts above and find synonyms for the following:

1 la agresión   4 encontrar
2 el espejo   5 sin embargo
3 sin vida

B Now find antonyms for the following:

1 disgustan   4 fracaso
2 la opresión   5 complicado
3 rechazamos

Anuncios y publicidad

◆ *Hay campañas eficaces pero al mismo tiempo hay mucha propaganda intrusa.*

Gramática → 162 → W53

Further uses of the subjunctive

You have seen the subjunctive used for:

● wanting things to happen or stopping things happening with verbs of wanting, wishing, requesting, advising and ordering

● doubt and probability

The subjunctive is also used in expressions of possibility or impossibility:

Es posible que ...   *Es imposible que ...*

A Read the following sentences and indicate the verb in the subjunctive.

1 Es imposible que termine este proyecto a tiempo.

2 Es posible que saque buenas notas para esta asignatura.

3 No es probable que llegues antes que yo.

4 Quiero que veas las noticias a las diez.

5 Insisto en que cambies de canal.

6 Dudo que mi padre me permita que salga contigo.

7 Nos piden que bajemos el volumen.

8 Me aconseja que grabe el documental.

9 ¿Prefieres que te lea la revista o que ponga la tele?

10 Mi hermano no puede impedir que critique el programa.

11 ¡No quiero que sigas viendo tanta telebasura!

12 Mi hermana necesita que la acompañemos al concurso.

B Classify each sentence according to whether it expresses:

a a wish/hope

b a request/advice/an instruction

c possibility/impossibility

d doubt/probability

C Translate the sentences into English.

1a Haz el test.

¿QUÉ TIPO DE CONSUMIDOR(A) ERES?

1 Cuando sales de compras
   a escribes una lista de lo que necesitas y te quedas con ella
   b compras cualquier cosa sin pensarlo mucho
   c compras nada más los productos en oferta

2 Cuando lees un reportaje sobre un producto
   a sales a comprarlo en seguida
   b lo comparas con otros productos similares
   c anotas los detalles importantes

3 Cuando hay rebajas
   a no haces caso de ellas
   b vas directo a comprar lo que sea
   c vas a ver lo que haya de interés

4 Cuando oyes una propaganda
   a no pones atención
   b la repites de vez en cuando
   c te quedas cantando o repitiéndola

5 Cuando sales a comprar ropa nueva
   a piensas bien en lo que necesitas
   b tratas de combinarla con lo que tienes ya
   c compras la última moda aunque no te conviene

6 Una publicidad te llama la atención
   a por lo que está escrito
   b por el colorido y diseño
   c por el producto que expone

1b  Por turnos con un(a) compañero/a compara y discute tus respuestas.

Ejemplo: A Tú, ¿qué pusiste/escogiste/decidiste para el número uno?

   B Yo puse/escogí/decidí que ... ¿y tú?

1c ¿Te dejas influir mucho/bastante/poco por la publicidad? ¿Cómo te describirías? ¿Eres una persona.

● que se deja impresionar?

● controlada?

● segura de sí misma?

1 Estudia el anuncio y prepara tu comentario.

   1 ¿De qué trata? ¿Cuál es el tema?

   2 ¿A quién va dirigido el anuncio?

   3 ¿Cuáles son las palabras clave del eslogan?

   4 ¿Te interesaría esta clase de vacaciones? ¿Por qué?

   5 ¿Qué importancia tienen las vacaciones en tu opinión?

Vacaciones en invierno

Pueden …

… escoger los mejores destinos

… viajar fuera de temporada

… pagar menos

… disfrutar de una inolvidable escapada

… ir a esquiar o gozar de un centro de ocio …

2a ¿Qué impacto tienen las campañas publicitarias? Escucha el reportaje y busca la siguiente información. Toma notas.

   1 Dos ejemplos de publicidad buenos

   2 Dos ejemplos de publicidad malos

   3 El impacto que tiene la censura según el autor del reportaje

   4 Las fechas importantes para España

   5 Las metas de dicha publicidad

   6 El medio de alcanzarlas

2b ¿Es práctica la censura de la publicidad? Discute en clase.

Técnica

Language of persuasion

Adverts are a good example of the way we use language to persuade, advise, request, order or tell people to do things. Verbs like *querer, gustar, preferir* and *necesitar* are often needed.

◆ Comparatives and superlatives are another form of language used to persuade:

  Es más fácil que …

  No necesita menos que …

  Resulta tan limpio como …

  Es la solución más práctica.

  Son los programas más interesantes.

  Es el mejor de todos los helados.

◆ Repetition helps to persuade as well:

  No necesitas nada – ni X ni Y ni Z.

  Me gusta mucho, pero mucho, muchísimo.

◆ Questions often help to focus your attention:

  ¿Adónde irás este verano?

◆ Note that the verb 'to think' can have several meanings – to believe, to have an opinion, or to consider – so you need to choose in Spanish between *creer, opinar* and *pensar*.

A Look at the advert on the left and complete the sentences using the verb forms given.

   1 Quiere que …

   2 Dice que es preferible que …

   3 Nos persuade de que …

   4 Espera que …

   5 Desea que …

escojamos	viajemos
paguemos	vayamos
gocemos	hagamos

La prensa

◆ *Hay una variedad enorme de periódicos y revistas ...*

1a 🎧 Escucha e identifica los títulos.

1b Clasifica los títulos.

- diario
- semanal
- quincenal
- mensual
- noticias de gran formato
- deporte
- moda
- pop
- cotilleo
- interés general

1c Busca otras publicaciones en Internet y escribe una frase sobre tres publicaciones serias y tres del corazón o de humor.

1d 👥 Con un(a) compañero/a clasifica y compáralas con las que lees o las que hay en tu país.

2 🅳 Busca otras palabras.

Ejemplo: redacción – redactor – redactar

1 redacción
2 título
3 periódico
4 leer
5 edición
6 reportaje

3 Lee los titulares. Clasifícalos según sus características:

a serios y objetivos
b emotivos y dramáticos
c divertidos y frívolos
d picantes y obscenos

Técnica

Different registers of language

We all use different kinds of language depending on

◆ the effect we want to have
◆ the subject we have chosen
◆ whether we are speaking or writing
◆ the situation, be it formal or informal.

A Make a list of some recent programmes you have watched or heard. Which of categories a–d (activity 3 above) would you put them into? What kind of language did they use?

B Newspaper and magazine headlines need to attract your attention. How do they do this?

C Apply the words below to different types of media articles or programmes.

Ejemplo: Panorama = analítico y objetivo

serio   emotivo   formal
informal   divertido   dramático   sensacional
político   deportivo   analítico   objetivo

D In what type of article or programme would you find the following words and phrases?

Ejemplo: me flipa = revista joven o programa juvenil de cotilleo

mogollón   me flipa   me mola   a tope
súper bien   grandes reportajes   en portada
goooool de Raúl   cartas de la semana
con referencia a   en cuanto a la entrevista con

Loco por el Barça

La red pierde los cables

amores, mentiras y ... ¡grandes sorpresas!

Ferrovial sobrevuela las turbulencias.

INGENIERÍA A TAMAÑO MICROCHIP

Nadal bate los récords

Los mejores desnudos del verano – póster

Pasión entre Alex y Carlos

4 Lee el texto y contesta a las preguntas.

1 ¿De qué se queja el artículo?

2 ¿Qué discrepancia en la ley destaca?

3 ¿Cómo describe el periodismo de hoy?

4 ¿Te gusta la prensa rosa y el cotilleo?

5 ¿Crees que la prensa de hoy es responsable?

La intimidad ya no existe

Usar trucos* para sacar titulares exclusivos es inmoral y poco ético. Emplear una cámara oculta y un micrófono escondido además es intrusivo. El derecho a la intimidad es un derecho fundamental en el artículo primero de la Constitución. Por lo tanto hay que preguntarse si es legal utilizar una cámara oculta para realizar algunas informaciones. ¿Por qué los periodistas, sean de televisión, de prensa o de radio, salen indemnes* al control de las autoridades cuando en cambio la policía está sometida a un control riguroso y exhaustivo? La investigación periodística ya no requiere ningún esfuerzo. Con este truco de la cámara oculta se puede coger el camino más corto y ganar mucho dinero por cualquier artículo o programa sin arriesgarse. Y demos un paso más allá – hoy por hoy no hay que buscar el chanchullo* siquiera – se planta la cámara delante de alguien y se inventan historias sentimentales para luego decir que son exclusivas. La cámara oculta ya no es un instrumento para llegar a la verdad; se ha convertido en la forma misma del periodismo.

*trucos	tricks
*indemnes	unharmed
*chanchullo	fiddle, sleaze

5 Compara estos reportajes sobre el mismo tema (A1 y A2).

1 ¿Cómo describen el tema?

2 ¿Qué verbos usan?

3 ¿Cuál de los dos contiene lenguaje formal?

4 ¿Cuál de los dos te llama más la atención? ¿Por qué?

Gramática ➡165

Suffixes

Suffixes are widely used in spoken Spanish. They are added to the end of nouns and sometimes to adjectives and adverbs to give a particular emphasis or shade of meaning. There are several different types:

● diminutives: -ito/a/s, -illo/a/s = little (dear, sweet, pretty)
Isabelita, Andresito, una mesilla de noche, pequeñito, bajita
ín/ines/ina(s) = no real sentiment attached – simply indicates small size
pequeñín, maletín

● augmentatives: -ón/ones/ona(s), -azo/a/s, -ote/ota/s = big (great, too big, clumsy)
un portón, una mujerona, un golazo, las manotas, grandote

● pejoratives: -ucho/a/s, -acho/a/s, -uzo/a/s, -uco/a/s, -(z)uelo/a/s = worst (horrible, unkind), expresses scorn and contempt

● Some suffixed words are now words in their own right:
bolso → bolsillo, palabra → palabrota, silla → sillón

Ⓐ Work with a partner and write down some examples you already know.

Ⓑ Look up these words and find the diminutive, augmentative and pejorative forms.

1 casa	3 maleta	5 papel
2 chico	4 ojos	

Ⓒ How do you think these suffixes could be used in advertising?

A1

Invasión adolescente – las actrices más jóvenes de Hollywood han salido rebeldes. No aceptan cualquier guión y miden sus pasos profesionales. Su trabajo se impone en algunos de los estrenos más taquilleros.

A2

Jugar a las muñecas – las **adolescentes provocativas** y sensuales fueron llamadas durante décadas 'josephines' y ahora se presentan a mogollón a los papeles más sexys de Hollywood. ¡Así nos hechizan con su look de **Lolita!**

Gramática en acción

→ 155

Recuerda

Negatives

Remember these points when using common negatives:

- *Ninguno* shortens to *ningún* before a masculine singular noun:

  No hay ningún programa de música en la tele esta noche.

- *Ninguno/a* agrees with the noun it describes:
  Tampoco hay ninguna telenovela, ningún concurso ni ninguna retransmisión deportiva.

- No other negatives agree with their noun.

- You can use two or more negative words in the same sentence (see the examples above).

- *Nadie, nada* and *ninguno* can be used with *que* and an infinitive or a verb in the subjunctive:
  No hay nada que ver en la tele esta noche.
  Los concursos no presentan a nadie que me interese.
  No seleccionan a ningún finalista que valga la pena.

A Copy and complete the sentences with appropriate negatives.

1 No ponen ...... telenovela .... concurso esta noche.

2 No me gusta ...... programa de ese canal.

3 No he visto ...... el programa que mencionaste.

4 ...... lo he visto yo.

5 A ...... le gusta aquella emisora.

6 No veo .... me gusta aquí en la revista.

nadie	nunca	ninguna	nada
ningún		tampoco	ningún
que	ni		

B Translate sentences 1–4 into English and 5–8 into Spanish.

1 Ni siquiera me interesan los deportes.

2 ¿Nadie ha visto el mando? Nadie.

3 Nunca ponen nada que me entusiasme.

4 Ningún debate político me interesa en las noticias.

5 Nothing has changed then!

6 You never liked the news, did you?

7 You didn't even put it on.

8 Neither the news nor documentaries!

C Your turn: write five sentences saying what you are **not** going to do this week. Use five different negatives.

Recuerda

→ 164

Verbs + infinitive

A considerable number of verbs in Spanish can be used with a second verb in the infinitive. Remember:

- If the subject of both clauses is the same, use an infinitive after the main verb:

  ¿Quiere usted viajar?
  ¿Necesita comprar un coche nuevo?

- With two-verb constructions including *permitir, dejar, prohibir, consentir, aconsejar, mandar, ordenar* and *rogar* you can use the infinitive even when the subject is not the same:

  Nos prohibió salir pero nos permitió ver la tele.

But don't forget the subjunctive:

- If there are two different people involved and one is trying to influence the other you use a subjunctive in the subordinate clause:

  Quiero que compres este perfume tan suave.

D Read the following sentences and list a) verbs followed by an infinitive; b) infinitives.

1 Le gusta relajarse viendo retransmisiones deportivas.

2 Prefieren escuchar la radio.

3 ¿Quieres poner otra emisora?

4 Puedes cambiar de canal si quieres.

5 Me encanta ver los documentales sobre animales.

E Translate the sentences above into English.

1a Escucha y clasifica lo que oyes según sea:

- informativo
- chisme/cotilleo
- pronóstico del tiempo
- deportivo
- propaganda

1b Anota dos datos extra sobre cada uno.

2 Lee los dos párrafos y contesta a las preguntas.

1 Busca una palabra de la actividad C de la casilla Técnica (página 52) para describir cada texto.

2 ¿En qué tipo de prensa crees que los encontrarás?

3 ¿Cuál de los dos te llama más la atención? ¿Por qué?

B1

Ayer culminó su cambio de estrategia con la distribución de un proyecto de resolución de la ONU que pide la creación de una fuerza multinacional y la fijación de un calendario electoral. Todo apunta a que el cambio en la política es consecuencia del aumento de la violencia y del creciente número de bajas y al incremento de los gastos de reconstrucción del país.

B2

¡NO queremos más; ya no podemos más! La gente está hasta la coronilla de ver tantos cadáveres. Basta ya – y con eso se acaba el dinero ...

3 Lee los argumentos y clasifícalos según estén a favor o en contra de los medios.

1 Les gusta contar las cosas a su manera.

2 Son una herramienta increíble de información.

3 Permiten comunicarse fácilmente.

4 A veces son incendiarios.

5 Nos entretienen.

6 Dicen mentiras y exageran la verdad.

7 Pierdes mucho tiempo navegando en Internet.

8 Uno se puede educar desde casa.

4 Inventa una publicidad usando este eslogan: "Abróchate el cinturón; abróchate a la vida".

5 Sondeo de audiencia. ¿Quién ve las noticias? Pregunta a tus compañeros/as.

Los informativos de TVE mantienen el liderazgo en abril

Casi 3 millones de personas convierten el Telediario 1 en el más visto* de España.

Gracias por compartir tantas noticias con nosotros.

*2.869.000 telespectadores diarios, según datos de Sofres

1 ¿Tú ves las noticias? ¿Cuántas veces al día/a la semana?

2 ¿Por qué (no) ves las noticias?

3 ¿Es importante tener canales de noticias 24 horas al día?

4 ¿Qué tipo de noticias te llaman más la atención?

5 ¿Crees todo lo que ves en el telediario?

6 ¿Qué impacto tiene en tus emociones?

7 ¿Te hace pensar más en asuntos/te influye?

8 ¿Crees que los canales muestran prejuicios políticos en sus emisiones del telediario?

6 "Lo mejor de la caja tonta es que nos divierte, relaja e informa después del día laboral." ¿Cómo será el futuro de la televisión? Presenta tus ideas a la clase.

 extra! Completa las actividades en las Hojas 1–5.

4 La generación conectada

By the end of this unit you will be able to:

- Describe and comment on examples of new technology
- Discuss the reasons for adopting new technology
- Talk about internet usage and 'rules'
- Decide whether technology is changing today's society

- Use *se* to avoid the passive voice
- Use irregular verbs in the preterite
- Identify verbs followed by the infinitive and by a preposition
- Use the imperative
- Recognise the use of the subjunctive for wanting/not wanting things to happen
- Recognise the use of the subjunctive for value judgements and emotions
- Employ different strategies for reading

¿Estás 'conectado'?

¿Es lo último? ¡Quiero uno!

La generación conectada

1 Lee y relaciona las descripciones con las imágenes de los aparatos.

1 Es un bolso que se carga con energía solar. ¿Para qué sirve? Pues, así se recargan todos los diferentes aparatos que se llevan en el bolso: MP3, teléfono, PDA, cámara de fotos …

2 Cuando se conecta al portátil, emite fragancias suaves. Se puede escoger entre rosa, lavanda o jazmín.

3 Es un mando a distancia para los perros. Con él, se emiten señales independientes a la oreja izquierda o derecha del perro. Así se controla su movimiento hacia delante o hacia los lados.

4 Se enchufa al móvil. Es un auricular tradicional para los que prefieren el estilo de los años 70. También permite evitar la radiación que se emite al hacer una llamada.

5 Parece un monstruo, pero es un teléfono. Con este aparato se hacen llamadas a través de Internet. Cuando suena el teléfono, sus manos se agitan, y cuando habla el interlocutor, su boca se mueve en sincronización con las palabras.

2 Escucha. ¿De qué aparato hablan? ¿Qué opinan?

Gramática ➡164 ➡W63

Using *se* to avoid the passive voice

● You can use the passive voice in Spanish, but it is more common to avoid it by using *se*.

El aparato se conecta al ordenador.
'The gadget connects itself to the computer.'
The gadget is connected to the computer.

A Find all the sentences with *se* on this page. Translate them as in the example above, giving the literal meaning and then a better translation.

3 Escoge uno de los aparatos. Inventa un nombre y prepara una presentación para promocionarlo. Luego votad para ver quién ha sido más convincente. Sólo cuatro de los aparatos existen realmente, el otro es inventado.

4 Inventa otro aparato y escribe una descripción.

La tecnología está de moda

◆ *¿Por qué motivo adoptamos nueva tecnología?*

1 Lee el texto. ¿Verdad o mentira?

    1 La juez descargaba música para uso personal.

    2 Condenaron a 'J.M.L.H.' a dos años de prisión.

    3 'J.M.L.H.' compartía la música con otros usuarios.

    4 El señor no compartía la música para ganar dinero.

En un reciente caso en Santander, la juez dijo que descargar música de Internet para uso personal no es ilegal. El Ministerio Público puso una demanda a un señor anónimo, "J.M.L.H." de 48 años por haberse bajado ficheros de MP3 de Internet. Quiso probar que no lo hizo para uso personal, sino que iba a intercambiar la música con otros internautas. El Ministerio pidió dos años de cárcel, pero tuvo que aceptar que aunque el señor sí compartía la música en una página web, nunca quiso vender las canciones para ganar dinero.

2a Escucha y decide si habla el representante de una compañía discográfica o el señor 'J.M.L.H.'.

2b Escucha otra vez y apunta sus ideas. Luego haz un debate con un(a) compañero/a.

Gramática   ➡158 ➡W40

Irregular verbs in the preterite

● Refer back to page 13 for a reminder of how to form the preterite of a verb.

A Look at these preterite forms. What infinitive have they come from?

di	*hice*	*traje*
dije	*pude*	*tuve*
estuve	*puse*	*vi*
fui	*quise*	
fui	*supe*	

● A group of verbs have unusual stems, and the spoken stress falls on the penultimate syllable. This is called the 'strong preterite':

hice	*quise*	*puse*	*pude*
estuve	*tuve*	*supe*	

● Their endings follow the pattern:

puse	*pusiste*	*puso*
pusimos	*pusisteis*	*pusieron*

B Translate these sentences into Spanish:

    1 <u>She said</u> that it is not illegal.

    2 <u>He put</u> the music on a web page.

    3 <u>He did</u> it, but not for money.

    4 <u>They couldn't</u> prove that he was selling the music.

    5 <u>They had to</u> accept what (*lo que*) the judge <u>said.</u>

3 Lee las descripciones 1–3 y mira las fotos. Decide de qué dispositivo hablan.

❶ Carece de botones porque funciona mediante una pantalla táctil de 2,4 pulgadas. Tiene una memoria de 4GB y viene con juegos precargados. Puedes meter música, libros digitales y vídeo en formato MPEG-4.

❷ Combina dos aparatos en uno. Es un móvil de última generación con un reproductor de música de 4GB. Con los altavoces opcionales, se puede convertir en un mini-equipo de sonido.

3 Este juguete multimedia que cabe en tu bolsillo sirve para todo: escuchar música, ver fotos y vídeos o para jugar en la pequeña pantalla. Además, tiene micrófono, radio, y, con él, puedes bajarte páginas web y documentos. Algo interesante: el menú viene en castellano, catalán, euskera y gallego. Un aparato *made for Spain*.

4 Escucha a Raúl, Jesús y Celia. Escoge un aparato para cada persona.

5 Mira las frases clave. ¿Puedes encontrar otras palabras de informática en esta página?

Frases clave

borrar	*to delete*
cargar	*to load/to charge*
descargar	*to download*
manejar	*to handle*
un altavoz	*a speaker*
un aparato	*a machine/gadget*
un dispositivo	*a machine/gadget*
un fichero	*a file*
un internauta	*a web surfer*
un portátil	*a laptop*
un reproductor	*a player*
un teclado	*a keyboard*
una pantalla	*a screen*
inalámbrico	*wireless*

Gramática ➡164 ➡W65

Verbs followed by the infinitive or by a preposition

● Some verbs can be followed by another verb in the infinitive. Other verbs are followed by a preposition. Some of the most common are:

acabar con	to do away with
acabar de + inf	to have just
acabar por + inf	to end up
comenzar a + inf	to start to
consistir en	to consist of
decidir + inf	to decide to
dedicarse a + inf	to dedicate yourself to
empezar a + inf	to start to
insistir en	to insist on
ir a + inf	to be going to
pensar + inf	to be thinking of
pensar de	to think of (opinion)
pensar en	to think about
poder + inf	to be able to
ponerse a + inf	to start to
querer + inf	to want to
tener ganas de + inf	to feel like
tener que + inf	to have to
volver a + inf	to do something again

e.g.
¿Piensas comprar un ordenador?
Are you thinking of buying a computer?
Acabo de comprar un ordenador nuevo.
I have just bought a new computer.

A Organise the verbs above according to what follows them.

B Listen to the speakers in activity 4 again and note down all the infinitives.

C Listen and note down the verbs that come before the infinitives.

6 Explica qué aparatos tecnológicos tienes y por qué los tienes.

La blogosfera

◆ *¿Quién eres en el mundo virtual?*

1 Relaciona las palabras con las definiciones.

| artículo | discusión | editar | historial |

un bloguero   los newbies   los chaters   un friki

los troles   los usuarios títeres

a los contribuidores nuevos que no conocen las reglas y pueden cometer errores

b un obsesionado a quien le fascina la tecnología

c una persona que escribe una bitácora en Internet, o que contribuye a las páginas de otras personas

d contribuidores que no respetan la ortografía española y que escriben palabras de forma abreviada

e no existen realmente, sino que son identidades múltiples controladas por una persona

f personas que contribuyen a un blog con la intención de molestar a los otros usuarios con SPAM o insultos

2 Escucha y verifica.

Gramática   ➡162 ➡W60

Imperatives

Revise pages 20 and 21 on how to form and use the imperative.

A Find all the positive imperatives in *Las Reglas del Blog* (page 61). Explain how they are formed.

B Find all the negative imperatives and explain how they are formed.

C Write these rules in Spanish:

1 Don't delete files on the hard drive. *(borrar)*

2 Don't spill tea on the keyboard. *(derramar)*

3 Carry your bagels in CD boxes. *(llevar)*

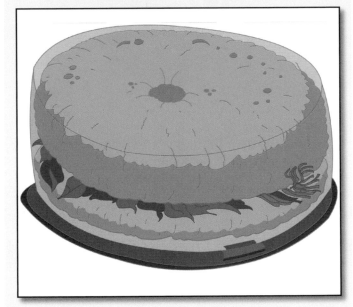

un bagel en una caja de CDs

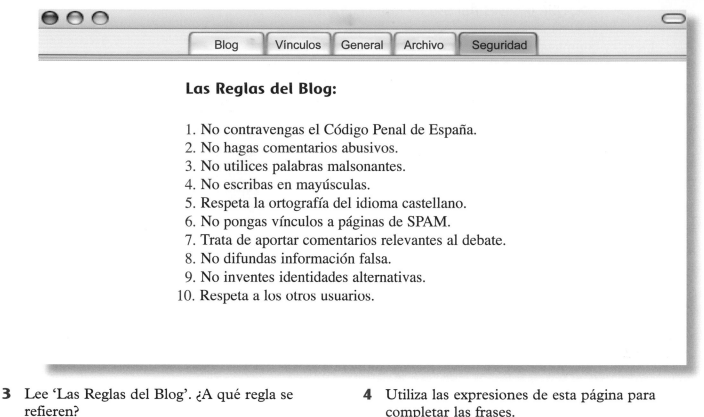

| Blog | Vínculos | General | Archivo | Seguridad |

Las Reglas del Blog:

1. No contravengas el Código Penal de España.
2. No hagas comentarios abusivos.
3. No utilices palabras malsonantes.
4. No escribas en mayúsculas.
5. Respeta la ortografía del idioma castellano.
6. No pongas vínculos a páginas de SPAM.
7. Trata de aportar comentarios relevantes al debate.
8. No difundas información falsa.
9. No inventes identidades alternativas.
10. Respeta a los otros usuarios.

3 Lee 'Las Reglas del Blog'. ¿A qué regla se refieren?

a   No se deben poner mensajes ilegales.

b   No escribas al estilo SMS.

c   No se permite insultar.

d   Escribe con letras minúsculas.

e   No digas mentiras.

f   Se prohíbe poner enlaces a páginas "basura".

g   Utiliza lenguaje decente.

Gramática ➡162 ➡W55

The subjunctive – wanting/not wanting things to happen

● On page 22 you saw how to use the subjunctive to say what you want to happen:
Quiero que **compres** *este perfume.*

● In activity 4, there are some more expressions for wanting things to happen or not happen. They also take the subjunctive.

Ⓐ Find the subjunctives in activity 4.

Ⓑ Work out the meaning of the expressions in **bold**.

4 Utiliza las expresiones de esta página para completar las frases.

Ejemplo: No escribas con mayúsculas … para evitar que grites.

1   … para **impedir que** el sitio se llene de contenidos basura.

2   … para **asegurar que** los mensajes sean legibles.

3   … para **permitir** que todos participen.

4   … **para que** los otros usuarios no se ofendan.

5   … para **asegurar que** tu texto sea coherente.

5   Diseña un cuestionario para ver si tus compañeros son blogueros, newbies, chaters o frikis.

6   Con un(a) compañero/a contesta a las siguientes preguntas.

● ¿Cuáles son los problemas de los blogueros?
● ¿Las reglas son necesarias?
● ¿Eres bloguero, trol, newbie, chater o friki?
● ¿Qué piensas de los blogs?

Tecnología: Los hechos

◆ ¿Qué piensas del uso de la tecnología?

1 Lee el texto y completa las siguientes frases. Escribe con tus propias palabras.

Ejemplo: *La gran mayoría de los jóvenes tienen influencia en su casa a la hora de comprar aparatos tecnológicos.*

1 La gran mayoría de los jóvenes …

2 El 62% de los jóvenes …

3 Las chicas …

4 Los chicos …

5 El "chat" …

6 Las compras en Internet …

7 Las llamadas telefónicas …

Sondeo sobre los jóvenes españoles

Casi el 90% de los jóvenes españoles contribuye a las decisiones de compra de tecnología en su casa. Un 35% de los jóvenes navega por Internet varias veces al día, y otro 27% lo hace por lo menos una vez cada día.

Para un 60% la diversión es lo más importante. Internet es importante para los estudios, pero no tanto como para comunicarse, escuchar música o para jugar. El 42% de las chicas valora Internet para los estudios, comparado con tan sólo el 28% de los chicos. Entre los usuarios de Internet, el 49% utiliza el correo electrónico varias veces al día. Las chicas lo utilizan más que los chicos.

El 57% de los jóvenes descarga música a su MP3 casi cada día. Es más común entre los chicos que las chicas. Internet es una manera de ponerse en contacto con los amigos y de conocer a gente del mundo entero. Alrededor del 80% de los jóvenes ha utilizado Internet para comunicarse por un "chat".

Un 63% afirma que en los últimos seis meses no ha hecho compras por Internet. Citan la falta de seguridad como motivo. Lo que más se compra son ficheros de MP3. El 89% tiene teléfono móvil y el uso de los mensajes es superior al de las llamadas.

Gramática ➡162 ➡W56

The subjunctive for value judgements and emotions

● On page 22 you saw how to form the subjunctive and how to use it for wanting people to do something.

● It is also used when giving value judgments or expressing emotions.

It is important that you buy a new phone.
*Es importante que **compres** un teléfono nuevo.*
It is ridiculous that you spend so much time on the internet.
*Es ridículo que **pases** tanto tiempo en Internet.*
I love it that you get my messages.
*Me encanta que **recibas** mis mensajes.*

A Make your own sentences then translate them into English.

1 No me importa que	**a** los jóvenes naveguen por Internet en el trabajo
2 Me fascina que	**b** los chicos no quieran estudiar
3 Es escandaloso que	**c** puedas ver vídeos en el ordenador
4 Me sorprende que	**d** no tengas móvil

2 Da tu opinión sobre los resultados del sondeo sobre los jóvenes. Necesitarás cambiar el verbo al subjuntivo. Utiliza las frases clave.

*Ejemplo: **Me choca que** los jóvenes **contribuyan** en las decisiones de compra de tecnología.*

Frases clave

Me choca que …	Me preocupa que …
¡Qué bien que …!	Me sorprende que …
Es muy normal que …	Es una lástima que …

3 Lee y decide si estás de acuerdo. Da tu propia opinión.

1 Lo más interesante de los reproductores MP3 es que las chicas escuchen la música en la calle mucho más que los chicos.

2 Es preocupante que puedas dañarte el oído si escuchas música demasiado alta.

3 Es una lástima que las tiendas de discos tengan que cerrar.

4 Es inevitable que los CDs desaparezcan.

5 ¡Qué bien que la música se comparta en lugar de venderse!

4 Escucha a Raquel, Ngozi y Marco. Toma notas para contestar a la pregunta: ¿Son sus opiniones típicas de los españoles?

Raquel

Ngozi

Marco

5 Utiliza las frases clave para escribir lo que piensas de los tres jóvenes.

Tecnología y sociedad

4

◆ *¿La tecnología cambia la sociedad?*

Técnica

Using reading strategies

◆ Before trying to read word by word, it is useful to get to know the whole text first.

Here are some strategies you can try with any text:

a Look for numbers, people or places.

b Look at the title or pictures, then look for words that are to do with that topic.

c Find words that you can work out from English (cognates).

d Find lists, speech marks, exclamation marks or question marks.

e Look for words that hold long sentences together: 'not only … but also …' 'if … then …' 'both … and …'

f Find specific examples that are easier to understand than explanations.

g Watch out for language being used non-literally.

A Decide which are the most effective strategies for starting to read this text.

1 Lee el texto y decide si estos fenómenos son una **realidad**, una **posibilidad** o si **no se han hecho realidad**.

1 La tecnología ha cambiado el mundo.

2 Internet lleva al aislamiento social.

3 Internet permite la invasión de la privacidad.

4 Internet tiene demasiada influencia.

5 Los jóvenes conocen a gente de países diferentes.

6 Los jóvenes se apoderan de la nueva tecnología.

7 Los jóvenes han creado un nuevo lenguaje.

8 Las grandes empresas persuaden a los jóvenes para comprar cada vez más tecnología.

9 Los jóvenes imponen sus demandas a las empresas.

10 Los jóvenes pueden bajar música gratis.

¡Menos logos, Caperucita!

El desarrollo de Internet y de los teléfonos móviles ha cambiado nuestro mundo. Al comienzo muchos gritaron ¡Lobo, lobo!, advirtiéndonos de muchos peligros, sobre todo para los jóvenes: el aislamiento social y la incapacidad de relacionarse con seres humanos; la intimidad amenazada por la piratería o la prepotencia de los gobiernos; la manipulación y el lavado de cerebro de los más vulnerables.

Las encuestas niegan todo esto rotundamente.

Gracias a Internet, los jóvenes están en contacto permanente con los amigos. Es más, hacen amistades nuevas con gente que comparte sus intereses. Tienen un conocimiento más amplio del mundo y una esfera social que desconoce los límites geográficos o políticos.

Los jóvenes inventan nuevas formas de relacionarse, mediante el uso de móviles. Los mensajes SMS son el paradigma de su capacidad para adaptarse a una nueva tecnología. Han terminado inventando su propia versión del idioma para comunicarse de forma rápida y eficiente con sus amigos en todo momento y en cualquier lugar.

Lejos de ser víctimas crédulas que compran cualquier invento para estar a la moda, los jóvenes se fijan, no en el aparato, sino en el servicio. Si las grandes marcas quieren aprovecharse de la nueva tecnología, los jóvenes insisten en que se mejore la calidad y se baje el precio. Vemos cómo las compañías de música tienen que cortejar a los jóvenes para que compren sus productos, si no quieren que vayan a descargarlos o compartirlos sin pagar en otro sitio.

¡Vaya, qué móvil tan viejo tienes, abuelita!

2a Escucha y decide si es verdad o mentira.

1 Los videojuegos nunca tienen efectos positivos.

2 El límite definitivo de tiempo de juego debería ser de una hora.

3 Los videojuegos pueden producir problemas de salud.

4 Afectan emocionalmente a muy pocos jóvenes.

5 Los juegos pueden ser adictivos.

2b Empareja las mitades de las frases.

1 Los que juegan demasiado	**a** son de niños que no pueden dejar de jugar
2 Los introvertidos	**b** juegan varias horas al día
3 Los expertos	**c** machistas o violentos
4 Algunos jóvenes	**d** dicen que se puede jugar un tiempo razonable
5 Los epilépticos	
6 Hay juegos	**e** pueden beneficiarse
	f tienen problemas en el instituto
7 Los casos preocupantes	**g** pueden sufrir una crisis

3  Con un(a) compañero/a contesta a las siguientes preguntas. Utiliza tus propias ideas y los ejemplos de esta unidad.

● ¿La tecnología es realmente útil?

● ¿Los jóvenes compran tecnología para estar a la moda?

● ¿Cuál es la tecnología más importante para los jóvenes?

● ¿La tecnología mejora la calidad de vida?

● ¿Necesitamos más tecnología?

● "La tecnología cambia, pero la vida sigue igual" – ¿es verdad?

4 Escucha a Rebeca y Luke contestando a una de las preguntas. Evalúa sus respuestas.

Ideas, opinions, relevance /10	Fluency, spontaneity /10	Range of language /5

5 ¿La tecnología domina la vida de los jóvenes? Organiza las siguientes ideas para construir tu argumento. Luego utiliza lo que has aprendido en esta unidad para escribir una respuesta a la pregunta.

● La tecnología puede parecer ridícula.

● El precio excesivo de los aparatos que quieren comprar los jóvenes

● Los problemas potenciales de Internet

● Las formas de superar los problemas

● Los aspectos positivos de la tecnología

● Las actitudes de los jóvenes

Frases clave

Diría que …	I would say that …
Se podría decir que …	You could say that …
Lo que pasa es que …	What happens is that …
Lo que me llama la …atención es que …	What I notice is that …
Un ejemplo de X es …	An example of X is …
Si piensas en X puedes ver que …	If you think about X you can see that …

Gramática en acción

Recuerda ➡ 162

Imperatives

- When you want to use an imperative, remember that positive and negative imperatives have different endings. See pages 20 and 21 for a reminder of how to form them.

Llama a tu madre al móvil.

Vende tu tocadiscos en Internet.

No llames a tu madre al móvil.

No vendas tu tocadiscos en Internet.

A Read the suggestions for protecting your laptop and match the sentence halves. There are several possibilities.

1 Lleva
2 No dejes
3 Anota
4 Haz
5 No lleves
6 Pon
7 No olvides

c tu portátil cuando vayas a la piscina o al gimnasio.

g una etiqueta en el portátil con tu nombre y teléfono.

B Write some suggestions for protecting your mobile. Use the verbs in activity A to help you.

Recuerda ➡ 162

Uses of the subjunctive

You have met two uses of the subjunctive:

1 Saying what someone wants to happen – *Quiero que compres un ordenador nuevo.*

2 Giving value judgements or expressing emotions – *Es una lástima que no tengas teléfono.*

C Read and decide why the subjunctive is used in each case:

Wanting/not wanting	Value judgement/ emotion
Ejemplo: 1	

1 Quieren que todos estudien informática.
2 Necesito que me llames.
3 ¡Me sorprende que funcione tu aparato!
4 Me fascina que puedas alquilar películas en Internet.
5 Voy a prohibir que traigan teléfonos a mi clase.

D Complete these sentences with verbs in the subjunctive.

1 Quiero que me ...... ese teléfono.
2 Me sorprende que no ...... navegar por Internet.
3 Insisto en que ...... un mensaje desde Barcelona.
4 No me gusta que ...... mi foto en tu página web.
5 No es bueno que ...... tanto dinero en tecnología.
6 Es increíble que ...... tan rápido.
7 Es preferible que no ...... tanto tiempo en el ordenador.

pasar   comprar   enviar   ser   saber
gastar   poner

66

A escoger

4

1 🎧 Escucha a Erica y decide si las siguientes frases son verdaderas, falsas o si no se dice.

1 Se conocieron mediante una página en la red.

2 Ahora on esposos.

3 Sólo ella tiene hijos.

4 Erica tiene cuatro hijos.

5 Los nietos de Erica no aceptan a Juan Manuel.

6 Fue bastante difícil adaptarse a vivir juntos.

7 Son muy tradicionales en su relación.

8 Juan Manuel no cocina muy bien.

2 ¿Eres adicto al móvil? Haz el test.

Tienes movilitis si:

▪ Mandas un sms a una amiga que está sentada a tu lado

▪ Los profesores te pillan hablando por teléfono en clase

▪ En el cine suena un móvil: ¡Es el tuyo!

▪ Cada semana bajas una melodía de moda como nuevo aviso de llamada

▪ Tu amigo compra un teléfono nuevo entonces sales y compras uno mejor y más caro

3 Lee el texto y contesta a las siguientes preguntas con tus propias palabras.

1 ¿Para quién es "Universo de Niños"?

2 ¿Qué es?

3 ¿Qué pueden hacer los niños?

4 ¿Cómo ayuda con la educación?

5 ¿Qué se necesita para tener acceso al proyecto?

Universo de Niños
El Proyecto

El programa Universo de Niños permite a los niños hospitalizados conocer el mundo real e imaginario a través de los últimos avances de las tecnologías de informática.

Pueden crear historias y personajes para participar en aventuras virtuales o juegos, y para comunicarse con otros niños. La facilidad de video-conferencia ofrece la posibilidad de continuar la educación sin perder clases mientras esté en el hospital o en casa.

Los niños pueden tener acceso a Universo de Niños mediante ordenadores inalámbricos, equipamiento multimedia, y programas de imágenes tridimensionales.

Los mundos imaginarios incluyen: Los Dinosaurios, Los Aztecas, La Luna, Los Cuentos de Hadas, Las Tiendas. Así los niños de diferentes edades pueden explorar y viajar a pesar de sus enfermedades.

4 Contesta a las siguientes preguntas con tus propias palabras.

1 Me sorprende que los mayores utilicen la tecnología con confianza.

2 Con la tecnología los niños enfermos pueden explorar el mundo.

3 Puedes perder mucho tiempo navegando por Internet.

4 El mundo real es mejor que el mundo virtual.

extra! Completa las actividades en las Hojas 16–20.

1 Lee el artículo y contesta a las preguntas.

  1 ¿De qué sugiere el autor que podemos olvidarnos?

  2 ¿Qué explicación da?

  3 ¿Qué otros cambios indica?

  4 ¿Por qué crees que llamaron a la tele "un aparato peligroso"?

  5 ¿Tú, qué opinas?

El futuro de la tele

"Cualquier cosa a cualquier hora y en cualquier lugar" – así será la tele del futuro.

Podemos olvidarnos de la programación tradicional porque pronto dejará de funcionar como hasta ahora. Se quedará obsoleta porque en todo momento podremos elegir de entre un banco digital de programas que consistirá de todos los programas de los últimos cincuenta años. Podremos hacer nuestra propia programación a cualquier hora, día y noche. Ya hemos comenzado a ver todo en una pantalla plasma enorme, en el móvil o en el ordenador portátil.

Más de ochenta años después de que Logie Baird inventara "un aparato tan peligroso", usando unas agujas de tejer, un poquito de cera y cuerda, la poderosa televisión – nuestra ventana al mundo – se está revolucionando.

---

2 Escucha las opiniones sobre la prensa de hoy y completa las frases.

  1 La prensa consiente en   **a** hablar de la gente célebre.

  2 Deben aprender a   **b** buscar la forma más vaga y no hacer ningún esfuerzo.

  3 Tratan de persuadir a la gente de que   **c** respetar la intimidad de cada uno

  4 No parecen tener miedo de   **d** reírse de los acontecimientos actuales.

  5 Hoy por hoy consiste en   **e** apreciar lo que pasa en el mundo.

  6 Varias revistas no dejan de   **f** inventen un escándalo.

  7 Ciertos periódicos ayudan a   **g** ser condenados por falta de moralidad.

  8 La prensa satírica nos enseña a   **h** manipular la verdad.

3 Lee el artículo y completa las frases con tus propias palabras.

  1 El señor Harvey Ball …

  2 La empresa nueva quiso …

  3 Los empleados …

  4 El dibujo hoy …

¿Quién inventó el smiley?

La famosa cara formada por una boca sonriente y dos puntitos para los ojos sobre un círculo amarillo fue creada en 1963 por Harvey Ball, copropietario de una firma de publicidad y relaciones públicas. Su propósito era tratar de unificar y apaciguar a los empleados de dos compañías diferentes que habían formado una sola empresa y que no se llevaban bien. Les persuadieron a todos de que se preparasen a hacer una "campaña de amistad" y así surgió la idea del archifamoso rostro sonriente que esos empleados llevaron en una chapa. El señor Ball tardó menos de diez minutos en dibujar la cara y cobró 45 dólares por su trabajo. Del pedido inicial de cien chapas se pasó a miles en pocas semanas y a millones después de unos meses. Quién sabe cuántos millones o billones van ya porque el smiley se ha convertido en uno de los iconos de la cultura popular del siglo XX.

4a ¿Qué hemos ganado con todas estas nuevas tecnologías? Escucha y anota solamente los puntos de vista positivos.

4b Escucha otra vez e indica qué palabras completan mejor la frase.

1 Se habla de la posibilidad de mantenerse

   a siempre b cada día c a veces d a menudo en contacto con la familia y los amigos.

2 Se dice que la otra cara de la moneda es que todo el mundo puede

   a escaparte b recordarte c publicarte d llamarte en cualquier momento.

3 Se teme que cause daño a los

   a jóvenes b mayores c adultos d viejos.

4 Se cree que ofrece más

   a sensibilidad b dificultad c curiosidad d flexibilidad.

5 Lee el texto y contesta a las preguntas.

1 Haz una lista de todas las palabras clave sobre la tecnología.

2 Da tres recomendaciones positivas y tres negativas basando tus ideas en el texto.

3 ¿De qué problema trata el artículo?

EL ORDENADOR INDISCRETO

Los ordenadores de segunda mano están llenos de datos confidenciales de sus antiguos propietarios. Dos informáticos del MIT han descubierto que mucha de esta información puede extraerse fácilmente. Tras estudiar 158 discos duros desechados, descubrieron 5.000 números de tarjetas de crédito, registros financieros personales, historiales médicos y gigabytes de correo personal entre otras cosas menos interesantes. Aunque algunos propietarios habían intentado borrar sus datos, éstos seguían ocultos en algún lugar del disco, al alcance de cualquier experto. Los técnicos quieren alertar con esta investigación a los usuarios de informática: no venda su ordenador sin limpiarlo correctamente.

6a Lee el artículo y busca la frase que significa:

1 you only need
2 which doesn't cut out
3 it's a new challenge
4 download a few songs
5 make them aware
6 to no effect
7 still hasn't caught on
8 of about
9 at the tail end of
10 computer literacy

¿Eres ciberpirata?

Hoy tenemos toda la música y el cine que queremos al alcance de un clic del ratón. Sólo hace falta tener una línea de Internet que nos permita navegar y no se descuelgue cada pocos minutos, y podemos descargarnos todo sencilla y cómodamente. Este tipo de piratería es un nuevo desafío al que se enfrentan las multinacionales, y las pérdidas alcanzan billones. Los cinco grandes sellos ya han comenzado una cruzada contra algunos servidores por violación de las leyes de derechos de autor.

Hasta ahora no han perseguido a particulares, casi siempre jóvenes que descargan unas pocas canciones o películas, pero sí quieren concienciarles de que están cometiendo un acto delictivo. Les interesa perseguir a las personas que controlan las plataformas de intercambio de archivos pero sus intentos no han surtido efecto por el momento. Tampoco ha dado resultado la idea de dejar que se pueda comprar o descargar legalmente en línea por razones obvias – ¡la piratería sale más barata! Sin embargo en España la piratería digital aún no se ha generalizado y es la piratería física la que causa unos daños en torno a los 200 millones de euros anuales, es decir el 25% del volumen de ventas musicales. Además hay que tener en cuenta la todavía baja penetración de ordenadores y conexiones a Internet que existe en el país, ¡todavía estamos a la cola de la alfabetización digital en Europa!

6b ¿Hay que defender los derechos de autor a toda costa?
Discute el tema con un(a) compañero/a, luego prepara una presentación breve.

6c ¿Cómo ha cambiado la situación desde que se escribió este artículo? ¿Cómo seguirá cambiando?

7 "Los mensajes de móvil están matando la lengua."
Escribe dos listas de argumentos: una a favor y otra en contra del mensajeo.

By the end of this unit you will be able to:

- Discuss and write about all kinds of films, directors and actors
- Discuss and write about different types of theatre
- Discuss and write about famous musicians and their styles

- Put forward opinions and beliefs; agree and disagree
- Use the imperfect tense correctly
- Use object pronouns (both direct and indirect) correctly
- Speak from notes
- Use the pluperfect tense correctly
- Understand how to approach speaking stimulus material
- Recognise and use a mixture of past tenses and understand how to sequence them
- Use *lo* and *lo que* correctly

La cultura popular

¿Quién es quién en el mundo de la cultura popular? ¿A ver cuántos nombres reconoces?

1a Lee las etiquetas y emparéjalas con la persona adecuada.

Ejemplo: 2B

1 Gael García Bernal
2 Paz Vega
3 Luís Buñuel
4 Alejandro Amenábar
5 Julio Iglesias
6 Shakira

1b Busca información sobre los siguientes personajes y escribe frases similares.

Pedro Almodóvar
Antonio Banderas
Carmen Maura
Carlos Saura
Chenoa
Manu Chao
Salma Hayek

D cantautora roquera colombiana que sigue escribiendo su propia música aunque ahora lo hace tanto en inglés como en español

A actor mexicano, protagonista de *Amores Perros* y *Diarios de Motocicleta*

E joven director que dirigió el thriller psicológico, *Abre los Ojos*, que recordaba algunas películas de Hitchcock y se llevó al cine americano bajo el título *Vanilla Sky*

B actriz española que ha logrado triunfar en la conquista de América

C cantante de baladas que todavía no ha pasado de moda pero ha sido sobrepasado en fama por su hijo, Enrique

F padre (ya difunto) del cine español, este director colaboró con el pintor Salvador Dalí al principio de su carrera

2a Lee y analiza el póster del cine.

2e Discute y contesta a las preguntas.

- ¿Qué películas han sido las más taquilleras durante los últimos seis meses?
- ¿Cómo las calificarías?

El Ranking – puntuación	
☆☆☆☆☆	obra maestra
☆☆☆☆	muy buena
☆☆☆	buena
☆☆	regular
☆	mala
X	horrible

2b Escucha y rellena los espacios en el diálogo.

- ¿Qué tipo de cinéfilo eres? ¿Qué género prefieres?
- Pues, me encantan **(1)** … .
- ¿Quién es el director?
- **(2)** …, pero no sé quién escribió el guión.
- ¿Quiénes son los intérpretes?
- **(3)** … son los protagonistas.
- Vale. ¿Y el argumento?
- Bueno, trata de **(4)** …

2c Practica el diálogo con un(a) compañero/a, reemplazando la información 1–4 con tus propios datos.

Frases clave

impactante	trata de
chocante	cuenta la historia de
extravagante	escribir el guión
emocionante	rodar una película

2d Escucha unos diálogos más y para cada persona anota:

- **a** qué tipo de película prefiere
- **b** el director
- **c** los intérpretes
- **d** de qué trata

Se pronuncia así S

Remember when learning new vocabulary to learn how to say the word as well as to spell it.

- If the word ends in a vowel, the stress falls on the penultimate (next to last) syllable:

  *ha**b**lo*   *me**s**a*   *independ**i**ente*

  Words ending in an *s* or an *n* follow the same pattern:

  *ha**b**las*   *ha**b**lan*   *me**s**as*   *independ**i**entes*

- If the word ends in a consonant (except *s* or *n*), the stress falls on the last syllable.

  *hab**lar***   *acti**tud***   *cor**ral***

  If you want the stress to fall on a different syllable, you must use an accent:

  *jar**dín***   *ú**ltimo***   *jó**venes***

- Accents can also be used to show the difference in writing between two words that sound identical:

  más (more)   *mas* (but)   *qué* (what)   *que* (that)

A Which words require an accent and which are correctly written?

1	pelicula	**4**	romantico
2	fantasia	**5**	actor
3	comedia	**6**	mexicano

Protagonistas del mundo del cine

◆ *Directores, actores, actrices, guionistas, productores y muchos más … todos trabajan para crear un mundo diferente en la pantalla.*

1a  Lee el texto y busca las frases que significan:

1 production company
2 not only … but also
3 to play the part of
4 the script
5 it's all about
6 in spite of the fact that
7 whatever you do
8 to film a motion picture

1b Escoge la respuesta correcta.

1 La primera película que Bernal rodó como director es
   a *La Buena Onda*   **b** *Amores Perros*   **c** *Déficit*

2 Canana es
   a una película   **b** un director   **c** una compañía productora.

3 Diego Luna fue
   a fundador   **b** guionista   **c** protagonista de Canana.

4 Cristóbal es
   a un personaje   **b** guionista   **c** cineasta de la película.

5 La acción se desarrolla durante
   a un año   **b** un mes   **c** un día.

6 El tema de la película es
   a cómico   **b** romántico   **c** fantástico.

Gael García Bernal

Estudiaba en la Central School of Speech and Drama de Londres cuando Alejandro González Iñárritu le invitó a rodar *Amores Perros*, sensacional película que lanzó el movimiento de la "Buena Onda" del cine latinoamericano.

Gael García Bernal no es sólo un buen actor. Lo interesante es que también ha fundado una compañía productora, Canana de México, con algunos de sus amigos, entre ellos Diego Luna. *Déficit* es una de sus primeras películas. Lo mejor es que Bernal no sólo dirige la película sino que también desempeña el papel del protagonista Cristóbal y su buen amigo Kyzza Terrazas escribió el guión.

Se trata de un día en la vida de Cristóbal, chico popular y ricachón, estudiante de Harvard que en una fiesta en las afueras de la Ciudad de México intenta seducir a Dolores, una belleza argentina, a pesar de que ya tiene novia.

Al mismo tiempo lo que nos interesa sobre todo es cómo se desarrolla su relación con Adán, jardinero que fue amigo de Cristóbal en el pasado. Se han ido separando por las divisiones de clase y raza implacables de la sociedad mexicana. Los eventos de un solo día marcan la vida de Cristóbal para siempre.

"Lo que sea que hagas implica un punto de vista político: así es la vida en Latinoamérica. Lo político nos rodea a todas horas. Lo más importante es hacerse preguntas y tratar de mostrar las divisiones sociales y la corrupción": esto es lo que comenta Bernal de su película.

2a Escucha el programa de radio "Tertulia sobre mujeres del cine actual". Indica las tres frases correctas.

1 Penélope Cruz es de Nueva York.
2 Nació el 28 de abril.
3 Vivía con su abuela cuando era niña.
4 *Goya* ganó un Óscar.
5 *Vanilla Sky* es la versión americana de *Abre los Ojos*.
6 Mónica es su hermana gemela.
7 Victoria Abril es una actriz española.
8 Penélope no habla inglés.

2b Explica por qué las otras frases no son correctas.

2c Escucha otra vez y escribe un resumen en inglés de unas 120 palabras. Menciona:

● la niñez de Penélope Cruz
● sus películas
● sus papeles

3a Lee y decide si las frases que siguen son verdaderas o falsas según el texto.

1 Juan Rulfo era profesor de literatura mexicana.

2 Su hijo es un documentalista joven.

3 Las películas de Juan Carlos han ganado varios premios.

4 Estudió su carrera en Argentina.

5 No pudo ir al Festival de Sundance.

3b ¿Qué piensas que significa el título "De tal palo, tal astilla"? ¿Cómo se dice en inglés?

De tal palo, tal astilla

Juan Carlos Rulfo es hijo de Juan Rulfo, uno de los escritores más importantes de la literatura mexicana, y parece haber heredado de su padre dotes de expresión similares, pero de imágenes visuales y no de palabras escritas.

Se graduó en 1995 en el Centro de Capacitación Cinematográfica de México con un documental corto, *El abuelo Cheno y otras historias*. Después siguieron varios premios y becas y la posibilidad de rodar su primer largometraje *Del olvido al no me acuerdo*.

Lo mejor es que esta película fue seleccionada en el Festival de Sundance, lo que le ayudó a financiar su segundo largometraje *En el hoyo*. Su nombre ya comienza a trascender las fronteras mexicanas para convertirse en uno de los documentalistas internacionales más importantes de la actualidad.

3c Busca en el texto palabras o frases que signifiquen:

1 principales
2 talentos
3 dinero
4 hacer una película
5 escogido
6 cruzar
7 llegar a ser
8 de hoy en día

Speaking: putting forward opinions

Think about these three different ways of presenting opinions:

1 Putting forward both sides of an argument

2 Considering then rejecting a point of view

3 Presenting your own opinion

A Match these phrases to the three different ways:

Creo que …
Hay que considerar que …
No se puede negar que …
No podemos olvidarnos de que …
Se podría creer que …

Se supone que …
Por un lado …
*   por el otro …*
A mi modo de ver …
No solamente …
*   sino también …*

If you want to assert something as a fact, use the indicative. If you are presenting something as a value judgement or an emotion use the subjunctive.

Creo que X es la mejor película del año, y que va a ganar un Óscar/Goya.

No se puede negar que X sea la mejor película del año, pero no creo que vaya a ganar un Óscar/Goya.

B Discuss some recent films you have seen then write your opinions using the phrases above and the **frases clave** below. Try to include as much 'cinema' vocabulary as you can.

lo bueno
lo más difícil
lo peor

lo malo
lo mejor
lo que más/menos me gustó

4 Discute con un(a) compañero/a. ¿Quiénes son los diez actores más importantes de Hollywood?

5 Escribe una crítica sobre una película que hayas visto recientemente. Usa los titulos de abajo.

el director
el guión
el argumento

el guionista
los protagonistas
el comentario

 extra! Completa las actividades en la Hoja 10.

El teatro

◆ *Por medio del drama aprendemos a expresarnos y comprender los sentimientos ajenos.*

1a Lee el texto y busca frases o palabras en español que signifiquen:

- stood out
- known throughout the world
- began to become known
- amongst others
- a travelling group
- which promised so much
- years later
- giant puppets on stilts
- which would be shown

1b Contesta a las preguntas.

1 ¿Quiénes son los dos personajes centrales del texto?

2 Explica sus dos formas diferentes de hacer teatro.

1c Busca otras palabras de la misma familia.

Ejemplo: cine/cineasta/cinematógrafo

1 dramaturgo 4 músico
2 poesía   5 títeres
3 pintor   6 compositor

De La Barraca a La Claca

El teatro del pueblo

De todas las figuras literarias del siglo pasado destaca el poeta dramaturgo Federico García Lorca. No sólo escribió tragedias ya mundialmente conocidas como *Yerma y Bodas de Sangre*, sino también poesías líricas. Gracias a él, el teatro español empezó a hacerse conocido fuera de España. Cuando estudiaba en Madrid conoció a un grupo de intelectuales – el pintor Salvador Dalí, el gran cineasta Luís Buñuel y el músico compositor Manuel de Falla, entre otros.

A principios de 1930 quería llevar el teatro clásico de Lope de Vega y Calderón de la Barca a todos los pueblos de España y decidió formar un grupo itinerante llamado La Barraca. Lo más trágico de todo fue que una vida que tanto prometía acabó cruelmente cuando la Guardia Civil le fusiló a principios de la Guerra Civil en 1936.

Años más tarde, en 1967, otro grupo bastante original – La Claca – fue fundado por Joan Baixas, profesor de arte titiritero. En colaboración con pintores célebres como Joan Miró escribió, dirigió y representó obras fantásticas como *Mori el Merma*, un espectáculo con títeres gigantescos sobre zancos y máscaras enormes y con decorados que se verían representados luego en los Juegos Olímpicos de 1992 en Barcelona.

2a Lee el texto y decide si las ideas de abajo se encuentran en el texto o no. Justifica tus respuestas con tus propias palabras.

1 Todos tenemos derecho a una educación.

2 Es importante condenar a los prisioneros.

3 Antes el teatro no beneficiaba a los prisioneros.

4 Los prisioneros están condenados al olvido.

5 Los prisioneros viajan libremente.

Teatro encarcelado

Como en muchos países del mundo, España tiene una tradición de enseñanza en las cárceles. En 1834, una ley introdujo la idea y más tarde otra ley de 1979 reafirmó que esta era la manera más apropiada de reintegrar a los presos en la sociedad.

Hoy en día los prisioneros estudian una gran variedad de asignaturas y calificaciones y además tienen un programa de actividades extracurriculares que incluye el arte dramático.

En Sevilla hay un grupo llamado "El tubo de escape" que va de cárcel en cárcel presentando obras como *Las cuatro estaciones* de Rafael Mendizábal.

Lo más interesante de este grupo es que todos son prisioneros que están sirviendo una condena larga por delitos como robo o drogas. Javier Pino, director del grupo, era profesor de arte dramático y le pareció buena idea motivar a los presos a expresarse a través del teatro. Lo difícil era que siempre hacían la representación delante del mismo público: sus compañeros de la cárcel. Lo bueno es que ahora todo el mundo ha reconocido los beneficios y los presos ya visitan otras partes de Andalucía – por supuesto siempre acompañados por guardias armados.

2b Escucha la discusión. Toma notas de las opiniones e indica si te parecen positivas o negativas. Haz dos listas: una para lo que dice Jorge y otra para lo que dice Isabel.

2c ¿Con cuál de los dos estás de acuerdo? ¿Qué opinas? Discute con un(a) compañero/a.

Gramática   ➡ 158 ➡ W41

The imperfect

The following endings are added to the stem:

● *-ar* verbs:

habl**aba**	habl**abas**	habl**aba**
habl**ábamos**	habl**abais**	habl**aban**

● *-er* and *-ir* verbs:

com**ía**	com**ías**	com**ía**
com**íamos**	com**íais**	com**ían**
viv**ía**	viv**ías**	viv**ía**
viv**íamos**	viv**íais**	viv**ían**

● Irregular verbs:

ser:	era	eras	era	éramos	erais	eran
ir:	iba	ibas	iba	íbamos	ibais	iban

You use the imperfect tense

– to say what used to happen regularly or repeatedly in the past.

De niño siempre veía las películas de acción porque me encantaban.

– to say what happened over a long (indefinite) period of time.

También escuchábamos discos porque no teníamos ipod.

– to say what was happening (a continuous action).

En Piratas del Caribe 3 los protagonistas se enfrentaban con las mismas amenazas de siempre.

– to describe what someone or something was like in the past.

A los 18 años Shakira tenía el pelo negro.

– to describe or set the scene in a narrative in the past.

La tormenta se acercaba y el viento soplaba.

– to say what was going to happen or what someone was going to do.

Iba a desempeñar el papel de "malo".

A Read the texts on pages 74–75 and find the verbs in the imperfect tense.

3 Describe una escena de una obra de teatro o de una película que hayas visto recientemente.

● ¿Qué pasaba y dónde?

● ¿Cómo eran los protagonistas?

● ¿Qué vestidos llevaban?

● ¿Qué hacían?

● ¿Qué tiempo hacía?

De música y músicos

◆ Hoy gozamos de una fusión increíble de ritmos y estilos en todas las formas musicales.

1 🎧 Escucha la entrevista e indica las frases correctas, luego corrige las incorrectas.

1 El reportaje nombra a cinco cantantes colombianos.

2 Menciona seis clases de premios.

3 Celia Cruz fue invitada a una ceremonia especial.

4 Shakira es cantautora: escribe sus propias canciones.

5 Carlos Vives era guitarrista antes de comenzar a cantar.

Frases clave

Sea como sea	Digan lo que digan
Pase lo que pase	A mi modo de ver
Mi opinión es que	A mi parecer
Sin lugar a dudas	Es cierto que
Hay que reconocer que	

2a 🎧 Escucha el programa de radio y toma notas en español. Anota:

1 tres tipos de música que están de moda

2 dos tipos de música que están pasados de moda

3 una crítica importante

4 un comentario sobre la música regional

2b Usa las palabras de abajo y de la página 73 (Técnica) para escribir tus opiniones de la escena musical del momento de tu país.

3 ¿Cuáles de las palabras de abajo describen mejor estos estilos?

1 la salsa   5 las baladas

2 el rock   6 el hip hop

3 el grunge   7 metal

4 el indie

lírico	bailable	rápido	estrepitoso
agradable	rítmico	vital	

Gramática   ➡ 153   ➡ W23

Object pronouns – direct and indirect

● Direct object pronouns are used for the person or thing directly affected by the action of the verb. They replace a noun that is the object of the verb.

me	te	le/lo/la	nos	os	les/los/las

Escucho música clásica muy a menudo, ¿y tú?

Yo también la escucho, ¡pero no tanto como tú!

● Indirect object pronouns replace a noun (usually a person) that is linked to the verb by a preposition, usually *a* (to).

me	te	le	no	os	les

Enrique me dio su ipod viejo porque sus padres le regalaron uno nuevo.

You also use them to refer to parts of the body.

¿No te duelen los oídos con el volumen tan alto?

● When there are several pronouns in the same sentence and they are linked to the same verb they go in this order:
reflexive – indirect object – direct object

¿Quién te da clases de piano?

Me las da mi madre.

● These pronouns go in front of the verb **but** when the verb is in the infinitive or present continuous form or is a positive command they are attached to the end of the verb.

¿Tienes mi ipod? Sí, voy a dártelo más tarde. No, dámelo ahora mismo.

Note that an accent is needed.

● When two pronouns beginning with *l* (*le/lo/la/les/los/las*) come together then the indirect object pronoun changes to *se* (*se lo/se la/se los/se las*).

¿Y quién le da clases a tu hermano?

También se las da mi madre.

A Write sentences using these verbs, following the example.

Example: Siempre compro los últimos CDs.
            Yo no, los descargo de Internet.

1 ver las emisiones de EastEnders//grabar un vídeo

2 escuchar la radio por la tarde//por la noche

3 hacer mis deberes en seguida//el día siguiente

4 bañarse por la noche//ducharse por la mañana

4a Pregunta y contesta como en el ejemplo.

A ¿Es tuyo <u>el iPod?</u>

B Sí. <u>Me lo</u> regalaron mis padres.

1 de Paco – los CDs/su padre

2 vuestros – las revistas/su hermana

3 de tus hermanos – la tele/mis padres

4b Pregunta y contesta como en el ejemplo.

A Tú, ¿qué le vas a regalar a Pepe para su cumpleaños?

B Un DVD de *Spiderman*.

A Iba a dárselo yo.

B No puedes. ¡Ya se lo he dado yo!

1 María – colección de discos

2 los niños – títeres

3 Juan – CDs

Dos voces de oro

Entre el tenor peruano Juan Diego Flórez y el cantante mexicano Luis Miguel hay un mundo de diferencia – ¿sí o no?

El uno cantaba toda clase de canciones, desde música criolla nacional hasta Elvis porque, según él, si la música tiene buena estructura, es buena, ya sea jazz, ópera o pop. A los 23 años debutó en el Festival de Rossini en Italia y desde entonces ha ido de triunfo en triunfo. Ha dado conciertos por todo el mundo, en la famosa La Scala de Milano y hasta cantó en Kew Gardens (Londres) para el concierto Salvar el Planeta.

El otro, aunque ha cambiado su estilo varias veces desde que debutara a los doce años, sigue ganando aficionados, ya sean de su música pop o de sus baladas latinas. Hasta la fecha ha vendido más de 52 millones de discos, es ganador de cinco Grammy y el primer latinoamericano en llenar el Madison Square Garden de Nueva York.

5a Lee el artículo y completa las frases con tus propias palabras.

1 El artículo compara …

2 A Juan Diego Flórez le gustaba …

3 Su verdadera carrera comenzó …

4 Sus conciertos incluyen …

5 Luis Miguel canta …

6 En su carrera ha …

7 Tiene fama …

5b Escoge a dos cantantes de diferentes estilos y compáralos.

El uno … el otro …
Por un lado … por el otro …
No sólo … sino también …

6a Contesta a las preguntas.

¿Qué tipo de música prefieres? ¿Por qué?

¿Tocas un instrumento? ¿Desde cuándo?

¿Qué consideras bueno o malo de otras clases de música?

¿Quién interpreta mejor el estilo que te gusta?

6b Prepara una presentación oral sobre el artista a quien más admiras y cuya música más te gusta.

Técnica

Speaking from notes

Learning a presentation from memory can make it sound stilted because you are concentrating on the words, not the meaning. It also means you have little flexibility when you get stuck or if the listener starts asking questions.

◆ You need to create a system of notes which concentrates on the points you want to make. These can be in the form of bold headings plus one or two key words or mind maps which help you focus on your ideas. Whichever way suits you its organization needs to be clear.

Structuring a presentation

◆ Make a list of key vocabulary, phrases and language structures – be realistic about which and how many you can use.

◆ Structure your presentation carefully: introduction, main points, then sum up.

◆ Link your phrases together with conjunctions: *así que, no obstante, sin embargo, aunque, cuando*.

◆ Practise and record yourself. Listen carefully to your voice and check your pronunciation.

La expresión musical

◆ *La música tiene el poder de reunir al mundo entero.*

1a Lee el obituario y toma notas para una presentación oral. Repasa la sección Técnica de la página 77. No te olvides de usar tus propias palabras siempre que puedas.

Joaquín Rodrigo, 1901–98

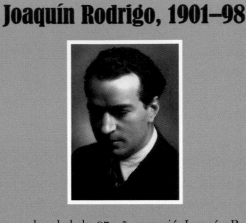

A la avanzada edad de 97 años murió Joaquín Rodrigo, compositor español de fama mundial.

Había nacido en Sagunto (Valencia) en 1901, lo que significa que vivió casi el siglo XX casi entero. De niño contrajo la difteria y se quedó ciego. Según él, esto fue lo que le llevó a la música. Estudió piano y violín en braille y a los 20 años ya daba conciertos. Ya había empezado a componer su propia música para orquesta cuando decidió irse a París donde otros compositores españoles, Granados y de Falla por ejemplo, ya estudiaban.

Allí se casó con una joven turca, Victoria Kamhi. También estudiante de música, ella colaboró en sus composiciones.

De regreso a España pasó hambre y vivió en la pobreza. El estreno en 1939 de su obra maestra Concierto de Aranjuez para guitarra y orquesta le salvó de la penuria. Le nombraron Director de Arte y Propaganda de la ONCE y obtuvo un puesto en el departamento de música de Radio Madrid.

Su música combina tanto lo popular – tradiciones folklóricas y flamencas – como lo clásico y barroco y expresa en notas y harmonías el paisaje español con sus monumentos e historia.

LA DIFTERIA: diptheria

LA ONCE (ORGANIZACIÓN NACIONAL DE CIEGOS): National Institute for the Blind

1b Busca información sobre uno de estos compositores y presenta un resumen de su vida mencionando sus composiciones y estilos.

- Manuel de Falla
- Enrique Granados
- Alberto Ginastera

Gramática ➡160 ➡W45

Compound tenses using *haber* (2) – the pluperfect

- We use the pluperfect tense to indicate an action that had happened and was completed before another action took place in the past.

- It is formed in the same way as the perfect tense (see page 12) but with the imperfect tense of *haber* and then the past participle.

había escuchado	*habíamos escuchado*
habías escuchado	*habíais escuchado*
había escuchado	*habían escuchado*

- Revise the irregular past participles (see page 166).

- Remember that the two parts of the verb must never be separated by pronouns or negatives.

A Reread the text about Rodrigo and pick out the examples of the pluperfect tense.

B Translate these sentences into Spanish.

1 Before he became an opera singer Juan Diego Flórez had wanted to sing pop music, like the Beatles.

2 Luis Miguel had completed a tour of Latin America when he gave this concert in Malaga.

3 I hadn't heard of him before he appeared in New York.

2 Escucha el programa sobre cantautores y sus canciones de protesta. Toma notas para luego hacer una presentación oral titulada "La canción de protesta". Da otros ejemplos tuyos y da tu opinión sobre este estilo de música.

3   Tu corresponsal español(a) está de visita y quiere ir a un festival de música. Ha visto este anuncio y quiere que se lo expliques porque le interesa ir.

World of Music, Arts & Dance
WOMAD
27–29 July
Charlton Park
Malmesbury, North Wiltshire

The festival will feature nine stages and performance spaces, a full programme of workshops for all ages, weekend camping, cinema and a dazzling array of food and merchandise stalls.

Book online: www.womad.org/charltonpark
Box office: 0845 146 1735
Festival information: www.womad.org/charltonpark
Recorded info: 0870 751 96623

Tickets: £120, £100 (students), children 13 and under go free

"A country field with a view across the planet"
Financial Times
"We wanted to change the world."
"I want to smile every time I see musicians from totally different backgrounds making a powerful connection for the first time."
Peter Gabriel, Womad founder

BBC Radio 3 live throughout the weekend

Travel
- by coach (National Express coaches to the festival site from London and Birmingham)
- by train (nearest stations Kemble [7 miles] and Chippenham [12 miles])
- by bicycle (bicycle park £1 charge)
- by road (car share scheme available)

Accommodation
- camping free for all ticket-holders
- hotels and B&Bs in Chippenham, Cirencester, Malmesbury and Swindon

A   Primero debes preguntar sobre:
- sus gustos musicales
- el viaje (cómo piensa llegar)
- la estancia (dónde piensa quedarse)

B   Tienes que explicarle:
- lo que significa WOMAD
- las atracciones que ofrece
- los precios de las entradas
- dónde informarse

C   También se hablará de:
- lo que tendrá que hacer si quiere irse
- las posibles alternativas
- si los objetivos del festival son realistas

Técnica

How to approach speaking stimulus material
- You need to explain what the text is about, so examine the facts and respond to them in your own words as far as possible. Avoid just reading from it.
- Note any opinions. Do you agree? Add some opinions of your own plus reasons why you agree/disagree.
- Be prepared to respond flexibly to any questions asked.
- Remember there are also marks for language, so don't be afraid to correct yourself if you think you have made a mistake.
- Watch out for material which is humorous or ironic.

  You will have plenty of time to read and prepare so make clear, systematic notes.

 extra!   Completa las actividades en la Hoja 20.

Gramática en acción

Recuerda ➡ 148

Lo/Lo que

In English we tend to use the word 'thing' more than we realize. If you do this in Spanish, it makes you sound very English. One way to avoid this is to use *lo* or *lo que*.

- *Lo* means 'the thing', in expressions such as
  lo bueno   the good thing
  lo malo   the bad thing

- *Lo* can also mean 'how', in expressions such as
  No sabía lo difícil que iba a ser.
  I didn't know how difficult it was going to be.

- Sometimes *lo* is difficult to translate, because the word 'thing' wouldn't be right in English.
  lo anticuado   the out-of-date quality
  lo grande   the 'bigness'/size

- *Lo que* means 'the thing that' or 'what':
  lo que no me gusta   the thing I don't like
  lo que no entiendo   what I don't understand

A In the text on Gael García Bernal on page 72 find and translate all the phrases with *lo/la que*.

Recuerda ➡ 158

Iba a ...

You already know how to say what you are going to do using the present tense of the verb *ir* plus *a* and the infinitive of the verb of action.
Voy a escuchar el último CD de Shakira.

Now you can say what you **were** going to do by using the imperfect tense of the verb *ir* plus *a* and the infinitive of the verb of action.
Iba a escuchar el último CD de Chenoa.

B Take turns with a partner:

Person A says what he/she is going to do:
Voy a ir al cine esta noche.
Person B replies with what he/she **was** going to do: *Yo también iba a ir al cine esta noche.*

Recuerda ➡ 157

Past tenses

You have now covered the most commonly used past tenses so revise *Puente* and Units 1–3 to make sure you can recognise them and know how to form them correctly. You also need to be able to recognise the variety of tenses which any text contains.

C Read the texts on pages 74 and 78 again and make a list of the verbs, giving the tense of each.

Recuerda ➡ 157

Sequencing tenses

Having learnt how to recognise a mix of tenses it is now important to be able to produce them in your own writing. You could ask yourself:

- Did the action happen recently? Is it linked to what is happening now?

- Did the action happen over a long period of time in the past?

- Did the action happen repeatedly in the past?

- Did one action happen before another in the past?

- Is the action over and done with?

D Tell your partner at least six things you did this morning before you left home. Use the perfect and/or preterite tense.

E Now write about what you did on one specific day last week. Use a variety of past tenses.

F Now describe the events of a concert or film you went to or saw recently.

Recuerda ➡ 153

Pronouns

When there are several pronouns in the same sentence, they go in the following order:

reflexive ⟶ indirect object ⟶ direct object

The same order applies when the pronouns are joined to the end of an infinitive, imperative or present participle.

G Copy out the tables of pronouns on page 153 and learn them by heart.

1a Lee el texto y decide si las siguientes ideas se encuentran o no.

1 La "autenticidad" de la música depende de sus orígenes locales.

2 La explotación comercial de la música destruye su autenticidad.

3 La música puede evolucionar y extenderse nacional e internacionalmente.

4 El éxito comercial es inevitable y deseable.

5 La música flamenca no podría comercializarse fácilmente.

1b Busca frases en el texto que justifiquen tus respuestas.

2 Prepara una presentación oral sobre la música flamenca. Estructura tu presentación con las ideas de 1a, utilizando hechos y opiniones.

El flamenco

Para el extranjero, el flamenco es la música de España, pero sus raíces están en la región de Andalucía. En realidad se originó en la comunidad de los gitanos. En el flamenco, los ritmos apasionados del sur de España están mezclados con el cante, el baile y la guitarra.

El cante refleja sus orígenes en una minoría oprimida: Es un estilo dramático, poderoso, el grito de dolor de la raza gitana. En la música flamenca auténtica, la guitarra es un simple acompañamiento, y el baile, un elemento agregado para sacar dinero a los turistas.

Con su éxito se está perdiendo la autenticidad de sus raíces. Cuando un estilo se extiende más allá de su comunidad, ¿cobra vida nueva o empieza a morir? El baile flamenco se practica más en el extranjero que en España. El público internacional adora la guitarra pero no entiende la letra ni las tonalidades de las canciones.

Tal vez se puede comparar con los "blues", que dejaron hace mucho de ser la música de los esclavos, y han continuado evolucionando. Hoy se consideran patrimonio de toda la raza humana.

¡Se pronuncia así! S

Intonation

In Spanish your voice should fall

• at the end of a short sentence. *Toco la guitarra.*

• at the end of a question with an interrogative. *¿Qué instrumento tocas?*

It should rise:

• at the end of any other type of question: *¿Tienes una flauta?*

• in the middle of longer sentences: *Tú tienes una flauta y yo tengo una guitarra.*

Sound linking

In Spanish, vowel sounds and consonants slide into each other, which helps to make the sentence flow.

When vowel sounds end and begin consecutive words they are linked together in speech. This is known as *sinalefa*.
Voy_ a_ ir a la_ alcaldía.

Final consonants are linked together with the vowels that follow. This is known as *entrelazamiento*.
Los_ otros niños_ están_ en_ el_ hotel.

A Copy these sentences and indicate the *sinalefa* and *entrelazamiento*.
La música es eterna y alza el ánimo hasta la cumbre de la esperanza.
Los ángeles adornan el altar en lo alto de la iglesia.

B S Listen to these verses from the poem *Martín Fierro* by José Hernández and try to imitate the pronunciation.

Soy gaucho y entiéndaló
Como mi lengua los esplica;
Para mí la tierra es chica
Y pudiera ser mayor.
Ni la víbora me pica
Ni quema mi frente el sol.

Nací como nace el peje,
En el fondo de la mar;
Naides me puede quitar
Aquello que Dios me dio;
Lo que al mundo truje yo
Del mundo lo he de llevar.

Mi gloria es vivir tan libre
Como el pájaro del cielo;
No hago nido en el suelo,
Ande hay tanto que sufrir;
Y naides me ha de seguir
Cuando yo remuento el vuelo.

La vida cotidiana

By the end of this unit you will be able to:

- Discuss and write about the concerns and aspirations of young people

- Understand and discuss issues about housing

- Consider attitudes to shopping

- Analyse transport issues

- Compare attitudes to daily life

- Use the subjunctive mood in past tenses: imperfect, perfect and pluperfect

- Structure paragraphs and longer pieces of writing

- Tackle gap-fill texts

- Use Spanish time expressions, recognising where tense usage is different from English

- Use the personal *a*

- Use relative pronouns

Jóvenes adultos

¿Cuáles son los valores y las aspiraciones de la juventud de hoy día?

1a Haz corresponder los siguientes derechos con las edades correctas.

14 16
18 20
21

En España se puede:

Conducir un coche	Comparecer ante un tribunal juvenil
Conducir una moto	
Conducir un ciclomotor	Comparecer como testigo
Trabajar	
Comparecer ante un tribunal	Beber alcohol
	Abrir una cuenta bancaria

1b Escucha para ver si tus respuestas son correctas.

1c Compara los derechos de los jóvenes en España con los de tu país.

Ejemplo: Los ingleses pueden ... a los 14 años, pero en España ...

pero	
mientras que	**sin embargo**
en cambio	**si bien**
no obstante	**pese a que**

2a Lee estas aspiraciones de un grupo de jóvenes españoles.

  a vivir mi vida

  b ser independiente

  c valerme por mí mismo/a

  d ganar mucho dinero

  e hacer obras caritativas

  f participar en la política

  g ser un ciudadano responsable

  h ayudar al medio ambiente

  i llevar una vida equilibrada

2b 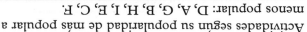 Escucha. ¿En qué orden se mencionan las aspiraciones de 2a?

2c ¿Estás de acuerdo? Ordena las aspiraciones de arriba según tus prioridades.

2d Ahora discute con un(a) compañero/a y añade otras ideas. Primero anotad todas las ideas y luego decidid cuáles merecen la pena y haced una lista definitiva.

  Ejemplo: *tener muchos piercings ???*
               ayudar en el tercer mundo ✓✓✓
               pasar la vida en paro ✗✗✗

3a Estas son las actividades más frecuentes que los jóvenes españoles realizan cuando salen por la noche los fines de semana. Ordénalas de la más popular a la menos popular, según tu opinión.

  A Ir a bailar

  B Ir al cine

  C Pasear

  D Ir a bares o cafeterías

  E Ir a conciertos

  F Practicar algún deporte

  G Ir a casa de algún amigo

  H Ir de "botellón"

  I Ir a un restaurante

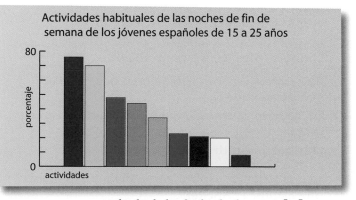

Actividades habituales de las noches de fin de semana de los jóvenes españoles de 15 a 25 años

Actividades según su popularidad de más popular a menos popular: D, A, G, B, I, E, C, F.

3b Lee los resultados de los españoles y compáralos con lo que has escrito.

4 Las aspiraciones y la realidad no siempre concuerdan. Discute con un(a) compañero/a las diferencias y discrepancias entre las actividades 2 y 3.

Viviendas asequibles

◆ *Encontrar dónde vivir a un precio adecuado es una de las preocupaciones más comunes de los españoles.*

1a 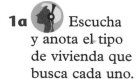 Escucha y anota el tipo de vivienda que busca cada uno.

1b Lee los anuncios y escoge una vivienda adecuada para tres de los clientes de 1a.

1	Afueras de la ciudad: apartamento – ático, 80m², orientación sur, muy luminoso, terrazas, amueblado, garaje exterior, piscina.
2	Chalet adosado, 200m², seguridad 24h, cocina integral, 5 dormitorios, comedor, salón con vistas a las montañas.
3	Precioso estudio completamente equipado, amplia terraza, pleno centro.
4	Bonito piso cerca de la estación de autobuses. Con todos los servicios a mano. 2 dormitorios, 1 baño, 58m². Sin amueblar. Necesita reformas.
5	Magnífico ático a estrenar a tan sólo minutos del centro. 2 dormitorios, 2 baños, garaje y trastero, cocina amueblada.

Creo que ... le va bien porque es ...
Me parece que ... será mejor para ...
  porque está cerca/lejos de ...

2 ¿Qué es mejor para una persona joven: comprar o alquilar? Discute con un(a) compañero/a y luego escribe una lista de consejos. Usa las frases de abajo.

Mis padres esperan que/quieren que/me han aconsejado que ...

En cambio yo les pedí que/les dije que/insisto en que ...

Hay que permitir que/impedir que ...

3 Lee el folleto y explica a una persona española lo que significa "Shelter".

> ### Shelter
> Everyone should have a home – somewhere safe, affordable and permanent. Shelter, founded in 1966, helps more than 170,000 people a year fight for their rights, get back on their feet, and find and keep a home.
> Free housing advice helpline: 08080044
> email: info@shelter.org.uk

4 ¿Cómo serán las casas del futuro?

Gramática   ➡161 ➡W54

The subjunctive mood in past tenses

Remember that the subjunctive is not a tense: it is a verbal mood and is used widely in Spanish. The uses of the subjunctive in the past are similar to its uses in the present.

Ⓐ Analyse the sentences spoken in 2b on page 83 and say when the subjunctive is used and why.

The imperfect subjunctive

● To form the imperfect subjunctive take the 'they' form of the preterite:

-ar	-er	-ir
hablaron	comieron	sintieron

● Remove the -ron ending:

habla-	comie-	sintie-

● Add the following endings. There are two alternative sets.

ra/se	ra/se	ra/se
ras/ses	ras/ses	ras/ses
ra/se	ra/se	ra/se
áramos/ásemos	éramos/ésemos	éramos/ésemos

(note the accents which replace the unaccented *a* or *e*)

rais/seis	rais/seis	rais/seis
ran/sen	ran/sen	ran/sen

● Remember that all verbs with spelling changes or irregular forms in the third person plural preterite will have similar changes in the imperfect subjunctive, e.g *sentir – sintieron*, so the imperfect subjunctive becomes *sintiera/sintiese* etc.

Ⓑ Follow the steps above and write these verbs out in the imperfect subjunctive, choosing either set of endings.

> ***Example***: estar ➔ estuvieron – estuvie + ra/se = estuviera/estuviese

1 poder	3 vivir	5 ser
2 hacer	4 tener	

The perfect and pluperfect subjunctives

To form these, you use the auxiliary *haber* in the present or imperfect subjunctive plus the past participle of the main verb required. Remember to check irregular past participles.

perfect subjunctive	pluperfect subjunctive
haya	*hubiera/hubiese*
hayas	*hubieras/hubieses*
haya	*hubiera/hubiese*
hayamos	*hubiéramos/hubiésemos*
hayáis	*hubierais/hubieseis*
hayan	*hubieran/hubiesen*

A basic guide on how to sequence the tenses

The tense required in the subjunctive depends on the tense used for the main verb.

Main verb **future** tense = subjunctive **present** tense.

Main verb **present** tense = subjunctive **present** tense or sometimes **perfect** depending on the sense.

> *Me alegro (present) de que puedas (present) venir mañana.*

> *Me alegro (present) de que hayan llegado (present) a tiempo.*

Main verb **preterite** or **imperfect** tense = subjunctive **imperfect** or **pluperfect** tense.

> *Dudé (preterite) de que mis padres pudiesen (imperfect) comprar esa casa.*

> *No creía (imperfect) que hubieran ahorrado (pluperfect) suficiente dinero.*

Main verb **conditional** tense = subjunctive **imperfect** tense.

The pluperfect subjunctive is also used to express a wish in the past:

> *¡Ojalá hubiéramos ganado el sorteo!*

C Look at these examples and decide (a) which verb should be in the subjunctive and then (b) which tense the subjunctive should be in.

1 It is a pity that so few young people can afford to buy a house.

2 It will be impossible for them to rent a place in the centre of town.

3 My parents had advised us to live with them for a while longer.

4 However, we asked them to help us a little.

5 They said we should try and save also.

6 Maybe we could find somewhere to share with another couple.

7 María didn't think that would be a good idea.

8 It would be better to wait and see what happens later.

D Translate the sentences into Spanish.

5a Lee el artículo y contesta a las preguntas.

1 ¿Qué tiene de especial este proyecto?

2 ¿Quién lo dirige y dónde se lleva a cabo?

3 ¿Qué aspectos son muy importantes?

4 ¿Qué ha logrado demostrar?

5 ¿Por qué es tan importante para los jóvenes?

La casa de sus sueños

Si tu sueño es vivir en un hogar diseñado por un arquitecto famoso bien lo puedes realizar si eres madrileño, de ingresos moderados y sobre todo si tienes una familia joven.

La EMVS es la autoridad de vivienda pública y ha invitado a arquitectos mundialmente famosos a que trabajen con arquitectos locales para construir viviendas asequibles. Ya van dieciocho proyectos acabados o en camino bajo la dirección de arquitectos de todas partes del mundo.

Sin embargo, dice Pedro Moreno de la EMVS, juzgamos sus diseños y no sus nombres. Por ejemplo, en el norte de la ciudad un grupo de holandeses han construido una torre de veintidós pisos con un hueco gigantesco en medio y con una terraza enorme arriba del todo. Hay para todos los gustos: desde unidades de un solo cuarto hasta duplex familiares y todos parecen espectaculares. Además, la sostenibilidad y la eficiencia energética son conceptos prioritarios, tal como podemos comprobar en el edificio que recientemente construyó un grupo de ingleses con una firma local en el suroeste de la capital, en Carabanchel.

Consiste en bloques de seis pisos alrededor de tres patios y todo ello envuelto en aluminio blanco. Hay unas chimeneas solares que aprovechan el calor del sol para calentar o enfriar los sistemas. Y todo esto con un presupuesto limitado de €6m para 133 unidades.

El proyecto de construcción en Madrid demuestra lo que se puede hacer y el reciente Plan estatal de la vivienda 2005–2008 respalda este proyecto, sobre todo para los jóvenes. Una media del 55% de sus ingresos se destinan a la vivienda, según un estudio reciente del INJUVE. Esto quiere decir que los jóvenes no pueden abandonar su casa familiar, que se ven obligados a mantener un nivel de vida inferior durante más tiempo; que tienen que trabajar más horas para ganar poco más; que su movilidad geográfica se ve limitada; y que no realizan sus aspiraciones profesionales.

5b Sigue el ejemplo de arriba y escribe un artículo para un periódico de un proyecto de viviendas en tu localidad.

6 De compras

◆ *En el mundo del comercio el consumidor es el rey.*

1a Lee las preguntas y busca una respuesta adecuada.

1 ¿Dónde sueles hacer tus compras?

2 ¿Haces la compra semanalmente?

3 ¿Qué te parece el fenómeno de eBay y amazon?

4 ¿Has comprado algo por internet?

5 ¿Te gusta ir de tiendas?

6 ¿Usas una tarjeta de crédito para comprar?

7 ¿Tienes una cuenta bancaria?

8 ¿Crees que es importante ver y tocar lo que se compra?

A No, porque mi padre insiste en que no gaste dinero sino que ahorre siempre que pueda.

B ¡Me parece fenomenal! ¡Se puede comprar de todo!

C Eso es lo que dice mi madre y creo que tiene razón.

D Mi madre se encarga de todo eso, pero creo que la traen a casa mensualmente.

E En realidad no tengo un lugar preferido – lo hago en cualquier momento y en cualquier lugar cuando lo necesario.

F No mucho porque si no tengo dinero no creo que valga la pena.

G Claro que sí: mi padre deposita mi paga semanal allí para cuando vaya a la Universidad.

H No me atrevo porque a mis padres no les gusta la idea pero hace poco vendí unos discos viejos y me salió bien.

1b 🎧 Escucha a un grupo de amigos. Empareja lo que dice cada persona con una pregunta de 1a.

1c 🎧 ¿Quién menciona o sugiere …? Escribe la letra.

- el peligro del comercio en línea
- el robo/hurto de dinero
- la importancia de la compra de alimentos frescos
- el placer de mirar
- el reciclaje de cosas viejas
- la falta de dinero
- la ayuda semanal
- la posibilidad de engaño

Técnica

Paragraphs

To write a paragraph it helps to follow a structure:

1 Introduction

2 Main text:

  a presentation of the situation

  b explanation/information

  c arguments

  d evidence to support your arguments

A When you have read the texts on page 87 identify the different structural points in the paragraphs.

For a longer piece of writing you need to make sure that the first sentence of each paragraph makes clear its relation to what has gone before.

1 Continuing or adding an idea

2 Qualifying an idea

3 Contrasting or denying

B Which of the categories 1–3 above do these phrases fit into?

A pesar de …	El mejor ejemplo sería …
Al mismo tiempo …	
Además …	Más importante aún es …
Sin embargo …	
Claro … pero …	Quizás la verdad es más compleja.
No obstante …	

2a Lee los folletos. Decide si se refiere al folleto "El comercio justo", o al "Compras Club", o a los dos.

1 Haciendo tus compras, puedes ayudar a los necesitados.

2 Va dirigido principalmente a los jóvenes españoles.

3 Ayudará a los jóvenes en otro país.

4 Quiere reclutar voluntarios.

5 Es una organización comercial.

6 Es una organización no gubernamental (ONG).

7 Ayuda en un proyecto de educación.

8 Para ayudar necesitas ir de compras.

2b Escoge uno de los dos folletos. Haz una lista de hechos concretos.

2c Escribe un artículo para un periódico sobre el proyecto que escogiste.

2d Escucha a Inés, Salvador y Ana. ¿A cuál proyecto se refieren?

Convierte tus puntos en sonrisas.

El comercio justo
Directo del productor al consumidor

¿Te acuerdas de la campaña "Ropa Limpia"?
¿Sabes cuánto gana un campesino colombiano cuando gastas €1,20 en una taza de café?

¿Te importa?

Esta carta va dirigida al 16% de los jóvenes que dicen que les gustaría contribuir a alguna organización que trabaje por el beneficio de los demás.

¡Protesta consumiendo!

Lo atractivo del comercio justo es que es fácil apoyarnos. Simplemente escogiendo un producto de cierta marca en el supermercado, puedes asegurar que los productores en los países más pobres no sean explotados.

Unos 1.500 voluntarios trabajan por el comercio justo en España, y cada año se gastan €3 millones en productos: comida, bebidas, ropa y artesanía. Queremos seguir creciendo, con tu apoyo y tu participación.

Búscanos en el Festival Internacional de Benicasim. Tu primera aportación puede ser ayudarnos a escoger un nuevo eslogan. Para votar, entrega esta hoja en nuestra carpa en el FIB.

¡Vota! ☒

Escoge un eslogan:

Queremos comercio con justicia ☐

Comercio, no ayuda ☐

La gente antes que el dinero ☐

Salarios dignos ☐

No a la explotación ☐

Los pobres también pueden hacer las reglas ☐

El comercio libre no es comercio justo ☐

Comercio con justicia ☐

Tienes tu tarjeta de Compras Club para que ahorres tus "puntos". ¿Sabías que realmente pueden servir? ¿Servir para cambiar la vida de un niño nicaragüense comprándole un futuro mejor?

Canjea tus puntos por libros, muebles, aulas, profesores ... una escuela.

Participa en este proyecto solidario de Compras Club, para construir y equipar un centro escolar donde aprenderán a leer y escribir miles de niños.

El valor total del proyecto es de 6,5 millones de puntos Compras Club. Nosotros ya aportamos 2 millones. Necesitamos tu ayuda para que en seis meses entren los primeros niños a comenzar sus clases.

La próxima vez que te pregunten, "¿Quiere convertir sus puntos?", contesta "Sí", y con una sonrisa.

El transporte

◆ *El movimiento, sea de seres humanos o de mercancías, es el motor del mundo.*

1a Escucha la discusión entre un señor y su mujer y contesta a las preguntas.

1 ¿Cuántas quejas se mencionan? ¿Cuáles son?

2 ¿Qué ideas tienen para mejorar el servicio de transporte de su barrio local?

3 ¿Son ideas sensatas, en tu opinión? Explica por qué.

1b Completa las frases 1–6 con los finales a–f.

1 Sería mejor que

2 Hay atascos

3 Ojalá provean

4 Deberían controlar mejor los semáforos

5 No le importan los demás coches

6 Aunque haya carriles especiales

a coches especiales para gente con niños.

b la gente no los respeta.

c cogiera el tren de cercanías.

d dondequiera que vaya.

e para que el tráfico circule más rápido.

f con tal de que los camiones vayan por otro carril.

Técnica

How to tackle gap-fill texts

When dealing with exercises where you are required to fill in a gap to complete a sentence, remember:

◆ Read the sentence carefully.

◆ Pay attention to gender and number.

◆ Pay attention that endings match the person or object talking or being talked about.

◆ Check that the tenses within the sentence are consistent and convey meaning.

◆ Check that your spelling and use of accents is correct.

A Think about how you chose the endings for the sentences in 1b above.

B Choose the correct word to complete each sentence below.

1 Es aconsejable evitar la hora (punto/punta/puntual).

2 En las ciudades (gran/grande/grandes) se necesita zonas peatonales.

3 Es importante que el tráfico (circular/circule/circula) libremente.

2a Usa los verbos de abajo para completar estas frases, luego clasifica las frases según sean un problema o una solución.

1 Es necesario que .... mejor el sistema de transporte.

2 Dudábamos que .... más carriles para bicicletas.

3 Será imposible que .... más zonas de peaje en el centro de la ciudad.

4 Es imprescindible que .... los semáforos en las horas puntas.

5 Me alegro de que .... que pasen camiones por el centro.

6 Ya era hora de que .... el precio de la gasolina.

7 Nunca creí que .... tantos atascos.

8 Es poco probable que .... las multas para las emisiones CO_2.

coordinen	creen
hubiesen evitado	impidan
se organice	construyeran
subiera	hayan prohibido

2b Escribe una agenda "transporte":

● ¿Cuántas veces a la semana usas el coche?
● ¿Para qué?
● ¿Qué distancia recorres?
● ¿Qué otro tipo de transporte usas?
● ¿Cuánto gastas normalmente?

2c Prepara más preguntas para un sondeo y presenta los datos a la clase.

3 Discute con un(a) compañero/a:

1 ¿Qué problemas de transporte hay en tu barrio?

2 ¿Cómo afectan a la gente que vive allí?

3 ¿Qué soluciones propones? Justifica tus respuestas.

4 En parejas discutid y planead el sistema de transporte ideal que vais a presentar a la clase en forma de informe oficial. Explicad los problemas actuales y las soluciones que proponéis.

5a Lee el texto y contesta a las preguntas.

1 Busca cinco cognados.

Ejemplo: empresario – impresario

2 Busca los sinónimos de: reanimar; se cruce; exactamente; normal; granjeros

3 Busca antónimos de: nacional; animada; mucho rato; comenzar; incompatibles

4 ¿Por qué es un proyecto ambicioso?

5 ¿Qué importancia tiene el lugar elegido?

6 ¿Cómo funcionará el nuevo Don Quijote?

7 ¿Por qué es importante tener un período de consulta?

8 ¿Qué opinas del proyecto? ¿Hay algo similar en tu país?

5b Escucha el programa de radio y decide si la gente está a favor o en contra del nuevo aeropuerto. ¿Por qué?

¡Otro Molino para Don Quijote!

Hace varios años un grupo de empresarios españoles consideraba un proyecto pionero – la construcción del primer aeropuerto internacional privado. Al mismo tiempo la CA de Castilla–La Mancha acababa de dar con la idea de revitalizar la zona deprimida entre Ciudad Real y Puertollano situada en pleno centro de la Península donde se entrelaza el eje de alta velocidad Barcelona–Madrid–Sevilla y donde las carreteras unen el norte del país con el sur y la autovía Lisboa–Valencia el oeste con el este. Resulta que tardaron poco tiempo en darse cuenta de que precisamente este lugar era el sitio ideal para su proyecto ambicioso que desde hace años venían discutiendo. Además, Madrid queda a unos 45 minutos y la red de carreteras y de ferrocarril convencional y de alta velocidad convierten el aeropuerto – cuyo nombre será Don Quijote – en un buen centro de distribución para toda clase de productos.

La idea es que esté operativo las 24 horas del día, todos los días del año. Se acaba de completar un período de consulta con diversos grupos ecologistas y agricultores de la región para asegurar la compatibilidad con sus distintas actividades. Por último, se estima que en la primera fase se generarán casi 800 puestos de trabajo y unos 1.500 cuando esté funcionando a pleno rendimiento. Además, el aeropuerto puede promover hasta 7.500 empleos indirectos.

Integración del aeropuerto Don Quijote en las redes de infraestructuras de Castilla-La Mancha y del resto de España

Gramática →164 →W67

Time clauses

- In Spanish there are expressions where you use the present tense when in English you use the perfect:

¿Hace cuánto tiempo que conduces este coche?

How long have you been driving this car?

Acabo de comprar mi primer coche.

I have just bought my first car.

- There are expressions where you use the imperfect in Spanish when in English you use the pluperfect:

Hacía un año que conducías una moto.

You had been driving around on a motorbike a year ago.

Acababa de cambiar su coche.

He had just changed his car.

- The other expressions of time *llevar* and *desde hace* follow the same rule.

Llevo dos años conduciendo este coche.

Conduzco este coche desde hace dos años.

I have been driving this car for two years.

Llevaba cinco años montando en moto.

Montaba en moto desde hace cinco años.

I had been riding a motorbike for five years.

A Find examples of time clauses in the text in 5a, write them down then translate them into English.

B Translate these sentences into Spanish.

1 I have belonged to the group for two years.

2 I have just started to learn to drive.

3 He had a crash when he had just started to learn.

4 We had been members of the group for six years.

5c Debate de clase: Las ventajas de semejante desarrollo sobrepasan los inconvenientes. Usa las frases clave y expresiones de tiempo de arriba.

Frases clave

Es imprescindible que …	Es necesario que …
No creo que …	Es imposible que …
Es poco probable que …	Es hora de que …

5d Escribe unas 150 palabras dando cinco razones a favor y cinco en contra de la expansión de los aeropuertos. Menciona el ejemplo de esta página y otros que conoces de tu país.

Valerse por uno mismo

◆ *La sangre joven no obedece un viejo mandato. (Shakespeare)*

1a Lee la lista de las preocupaciones a las que se enfrentan los jóvenes españoles. ¿Cúales de estos temas te preocupan? ¿Por qué? Ordénalos según tu prioridad.

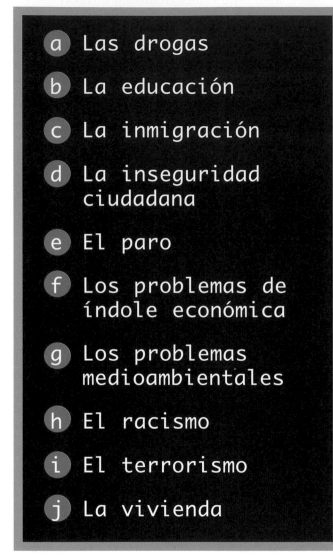

a Las drogas

b La educación

c La inmigración

d La inseguridad ciudadana

e El paro

f Los problemas de índole económica

g Los problemas medioambientales

h El racismo

i El terrorismo

j La vivienda

1b Comparte tu lista con un(a) compañero/a. ¿Hay diferencias?

1c Prepara una breve presentación sobre el tema que más te preocupa. Explica:

- por qué te preocupa
- qué soluciones propones

2a Lee el reportaje. ¿Son vuestras preocupaciones parecidas a las de los jóvenes españoles? ¿A qué se deben las similitudes y diferencias?

2b Debate: ¿Estás a favor o en contra de vivir con los padres hasta los 30? Defiende tu argumento.

Los jóvenes también se preocupan

De acuerdo con los últimos sondeos de opinión realizados recientemente por el INJUVE, el Instituto de la Juventud del Ministerio de Trabajo y Asuntos Sociales de España, la mayor preocupación de los jóvenes es la vivienda, que preocupa al 36% de los encuestados. Este problema se menciona especialmente entre los jóvenes mayores de 20 años. Parece que los hijos del *baby boom* de los años sesenta y setenta rehuyen emanciparse y argumentan que es a causa de la dificultad de acceso a una vivienda y la falta de empleo – su segunda preocupación – lo que hace que un 77% de los menores de 30 años todavía viva en casa con sus padres; sus críticos opinan que la juventud de hoy es egoísta, cómoda y aprovechada.

Aparte de la vivienda y el paro, otro problema que les preocupa es el terrorismo, que aparece como la tercera preocupación. Esto está, por supuesto, vinculado a los acontecimientos de los últimos años y aparentemente preocupa ligeramente más a los hombres que a las mujeres, y la preocupación aumenta con la edad y el nivel de formación de los participantes del sondeo. También entre quienes tienen mayor nivel de formación, aparece en cuarto lugar la preocupación por la inmigración, pues es un tema muy candente en una España que maneja con dificultad el flujo de inmigrantes que llegan a nuestras tierras.

Gramática   ➡152 ➡W20

The personal *a*

When a specific person or animal is the direct object of a verb, the preposition *a* must be placed in front of the noun or pronoun. The *a* is not translated into English.

Quiero mucho a mis padres.

It is not used after *tener*: *Tengo dos hermanos.*

It is not used if the person has not yet been specified: *Se busca una persona que sepa conducir con cuidado.*

Ⓐ Translate the examples above into English.

3 Lee las frases y complétalas con las palabras adecuadas.

1 Los jóvenes viven con sus padres porque no … permitir su propia vivienda.

a pudiesen   **b** puedan   **c** se pueden

2 La percepción del paro … problema social está especialmente extendida entre los jóvenes.

a como   **b** tal   **c** así

3 También las experiencias vitales … como el ocio y la sexualidad se mantienen como asuntos importantes.

a tales   **b** igual   **c** tal

4 El 83% de los jóvenes opina que no hay causa política … que justifique la violencia.

a ninguna   **b** alguna   **c** cualquiera

4a ¿Crees que los jóvenes son buenos ciudadanos? Decide si las siguientes características son del ciudadano ordinario, o del buen ciudadano.

- Actuar con consideración con los vecinos
- Contribuir a la comunidad
- Conducir con cuidado
- Participar en la democracia
- Cuidar el medio ambiente donde vives

4b 🎧 Escucha y compara tus respuestas con lo que escuchas.

4c 🎧 Escucha otra vez. Apunta un ejemplo que se menciona para cada una de las acciones de la lista de 4a.

4d Escribe un artículo titulado "Los buenos ciudadanos del futuro". Usa todos los puntos de gramática que has encontrado en esta unidad.

Gramática   ➡154 ➡W26

Relative pronouns: who, which, that, whom, whose

- The usual word for 'who' or 'which' in Spanish is **que**. It refers back to a noun in the first half of the sentence. It is always used in Spanish and not left out of the sentence as it often is in English.

- Sometimes there is more than one noun in the sentence, and it is not clear which one *que* refers to:

La moto de mi hermano que está en el garaje es verde.

Does *que* refer to *moto* or *hermano*?

You can make this clearer by using *el cual, la cual, los cuales, las cuales*. The gender shows which noun is being referred to.

La moto de mi hermano, la cual está en el garaje, es verde.

- *Cuyo* means 'whose'. It changes to *cuya, cuyos, cuyas*. Think of it as similar to an adjective so it has to agree with the item owned and not the owner.

La chica cuyo coche me atropelló, estaba borracha.

Mis amigos, cuyos padres son muy estrictos, tienen que estar en casa antes de medianoche.

que	that/who/which
el que/la que	the one who/which
los que/las que	those who/which
lo que	that which/what, whatever
el cual/la cual	the one who/which
los cuales/las cuales	those who/which
quien/quienes	who/whom
cuyo/cuya/cuyos/cuyas	whose

A Complete the text below with appropriate relative pronouns.

David Bisbal, … nació en Almería el doce de junio de 1979 y … fama se remonta a la primera edición de *Operación Triunfo* – … se conoce como OT – se ha convertido en un nombre muy conocido en el territorio hispano, … significa mucho para un cantante joven. En su álbum *Premonición*, Bisbal nos sorprendió con un conmovedor tema … se llamaba *Soldado de Papel*, … meta era denunciar el uso de niños en conflictos armados y concienciar de la gravísima violación … esto supone para los derechos humanos y de la infancia.

Gramática en acción

Recuerda ➡ 161

The subjunctive mood in past tenses

- Using the subjunctive mood correctly can be a challenge at the best of times but remember that native speakers use it all the time.

- Remember that the imperfect subjunctive is used in the same type of situations in which the present subjunctive is used, except that the governing verb is typically in a past tense or conditional.

- To form the imperfect subjunctive of a verb we take the 'they' form of the preterite, remove the ending -*ron* and add the following endings:

  -*ar* verbs: either

  -*ra, -ras, -ra, -áramos, -rais, -ran* or

  -*se, -ses, -se, -ásemos, -seis, -sen*

  -*er* and -*ir* verbs: either

  -*ra, -ras, -ra, -éramos, -rais, -ran* or

  -*se, -ses, -se, -ésemos, -seis, -sen*

A Copy these sentences and fill in the gaps with the correct form of the imperfect subjunctive of the appropriate verb.

ser estudiar poder hacer suspender tener

1 Mi madre me pidió que no ...... horas extras el día antes del examen.

2 Yo esperaba que el examen ...... más fácil.

3 Mi madre quería que ...... el día antes del examen.

4 Esperaba que (yo) no ...... el examen de ciencias políticas.

5 ¡Ojalá ...... alcanzar el tren!

6 Mi madre me trata como si todavía ...... ocho años.

B Translate the sentences into English.

C Put the sentences in activity A in a logical order and use them to write a paragraph. Replace the objects where necessary and use connectives to ensure your paragraph makes sense.

Example: *La semana pasada tuve un examen de ciencias políticas ...*

D Translate the paragraph below. Be careful with the tenses of the verbs!

Caroline had long, blond, curly hair. She went to the hair salon and told her hairdresser to cut her hair. Emilio, the hairdresser, suggested she change the colour of her hair. Caroline had always wanted her hair to be different. She had always wanted to look like Victoria Beckham. She decided that she wanted to have short, dark, straight hair. Four hours after she entered the hairdresser's, she left a different woman.

E Describe your ideal partner. Consider these topics. You should use the imperfect subjunctive.

Example: *Me gustaría que mi pareja fuese ...*

- familia
- ingresos
- empleo
- amigos
- pareja
- estudios
- aspecto físico
- personalidad

Recuerda ➡ 152

The personal *a*

This is used before a direct object that refers to a specific person or persons. Remember that *a* followed by *el* will result in the contraction *al*. Revise page 90 .

F Identify the sentences which require *a* before the direct object.

1 Yo buscaba las revistas.

2 Encontré los niños fumando en el patio.

3 Paquito conoció su novia hace tres semanas.

4 ¿No comprendes el problema todavía?

5 Me gustaría conocer la ciudad.

6 El restaurante busca camareros.

7 Los Sres. Sendino tienen tres hijas muy guapas.

8 ¿Quién llamó el médico?

1 Escribe una carta para defender a los jóvenes. Menciona las siguientes ideas.

- Las características típicas de la juventud: dependencia, inmadurez, curiosidad
- Las características de la generación "internet": consumismo, falta de censura, cultura de masas, cambio constante, tolerancia
- Los problemas de los jóvenes de hoy: estudios, casa, trabajo
- Los jóvenes tienen sus propios valores.
- La tolerancia es un valor moral.
- La tolerancia puede percibirse como falta de principios morales.
- La tolerancia de los jóvenes no es indiscriminada: homosexualidad sí, drogas no.
- No quieren luchar por la patria, la política o la religión.
- Causas a defender: Los derechos humanos, la lucha contra el hambre, la libertad, la paz, la justicia, la igualdad y la naturaleza.

2 Escucha la información sobre la nueva ley y completa el texto.

Desde enero de (1) … la nueva ley ha impuesto sanciones más duras:

- Faltas leves: no llevar puesto el cinturón de seguridad, utilizar el móvil etc.
  Sanción: hasta 91€.
- Faltas graves: conducción negligente, exceso de velocidad, etc.
  Sanción: (2) … y posible suspensión del permiso de conducir hasta tres meses.
- Faltas muy graves: conducir ebrio, superar en (3) … la velocidad limitada, etc.
  Sanción: (4) … y suspensión del permiso de conducir hasta (5) …
  Otras: circular sin matrícula, sin documentación o sin haber pasado la ITV.
  Sanción: multa (6) … y posible suspensión del permiso durante (7) …

3 Lee el texto y decide si las frases son verdaderas, falsas o no se dice.

1 Pocos jóvenes mueren en accidentes de carretera.
2 La compañía Línea Directa asegura a muchos jóvenes.
3 Los jóvenes cometen muchas infracciones.
4 Conducir a toda mecha es una de las causas principales de accidentes.
5 Muchos van a más de 30 kmph.
6 La Guardia Civil ha detectado algo macabro.
7 A los jóvenes no les gusta competir.
8 Prefieren medir la velocidad y el tiempo de transcurrir un trayecto.
9 Se divierten conduciendo a una velocidad excesiva.
10 Se ha probado que si sobrepasas la velocidad permitida ves solamente seis de cada diez señales.

¡A TODA MECHA!

Los accidentes de tráfico son la principal causa de muerte entre la juventud española. Por esta razón, la compañía Línea Directa Aseguradora ha realizado un estudio para ver cuáles son las infracciones más comunes entre los jóvenes. La velocidad es sin duda la causa estrella, especialmente entre los 25 y los 35 años; edad en la que en torno al 30% de los conductores supera el límite de velocidad en todos los tipos de vía.

Además, uno de los acontecimientos más macabros detectados por la Guardia Civil es la existencia de un grupo de jóvenes que se dedica a competir con una descerebrada diversión que consiste en cronometrar un tramo de una autovía. Se han registrado velocidades que ponen los pelos en punta.

Está demostrado estadísticamente que cuando se va a más velocidad de la permitida, no se ven cuatro de cada diez señales.

4 Discute con un(a) compañero/a y luego escribe un ensayo de 250 palabras sobre: Macro o micro, los problemas de transporte nos afectan a todos. ¿Cuáles son, en tu opinión, y cómo podemos solucionarlos?

 Completa las actividades en las Hojas 26–30.

1a Lee el artículo. ¿De qué se trata?

De Barquisimeto (Venezuela) a Raploch (Escocia)

La Orquesta Simón Bolívar de la Juventud de Venezuela fue un fenómeno casi único en el mundo de la música.

Fue fundada en 1975 por José Antonio Abreu, quien puso en marcha este proyecto para acercar la música a los niños de los barrios pobres y animarlos a luchar por un futuro mejor a través de la música. Desde sus orígenes, esta iniciativa ha salvado muchas vidas jóvenes destinadas de otro modo a la pobreza de las calles de Venezuela. Hoy en día, este proyecto, conocido como *El Sistema* (una fuente de orgullo nacional), comprende a más de 270.000 niños registrados en unas 220 orquestas por todo el país, aunque los ojos del mundo se enfocan hoy en un joven prodigioso: el director de orquesta Gustavo Dudamel.

Dudamel, originalmente del barrio desafortunado de Barquisimeto en Caracas, empezó su carrera musical tocando el violín. Su extraordinario talento, que rompe con el mito de que se necesita proceder de clase alta para tocar el violín, le ha llevado a liderar la Filarmónica de Los Ángeles.

Debido a su gran éxito, *El Sistema* ha transcendido incluso a la política y recibe un generoso apoyo económico del Gobierno. Asimismo, ha inspirado a 23 países a inaugurar similares programas musicales de educación, entre ellos uno en Raploch (Escocia), que intentan sacar a los niños de la calle y cambiar sus vidas a través de la música clásica. En la orquesta, los jóvenes aprenden a trabajar en equipo, son una comunidad y sus ambiciones y esfuerzos son premiados por la música que producen ellos mismos. ¡Ojalá que dé resultados en el mundo entero!

1b Contesta a las preguntas.

1 ¿Cuál era el objetivo de José Antonio Abreu?

2 ¿Quién es Gustavo Dudamel?

3 ¿Por qué es Dudamel representativo de este proyecto?

4 ¿Cómo sabemos que el programa ha sido un éxito? Menciona dos cosas.

5 ¿Qué tiene de positivo pertenecer a una orquesta?

6 ¿Qué esperanza de futuro expresa la escritora del artículo?

1c ¿Cuál es tu opinión sobre el proyecto? ¿Te gustaría formar parte de un proyecto parecido? Discute con un(a) compañero/a.

2a Reflexiona sobre el lugar que ocupa la música en la vida de los jóvenes. Considera los diferentes aspectos del tema: conciertos, fama de los artistas, uso de MP3, etc. ¿Qué es…

- lo positivo?
- lo mejor?
- lo importante?
- lo interesante?

2a Ahora considera los aspectos contrarios.

3a A veces, la música se puede utilizar como arma de conciencia social. He aquí la primera parte de una canción protesta de David Bisbal. Escúchala y completa lo que falta.

3b Lee y escucha de nuevo la canción de Bisbal. Explica en unas líneas sobre qué protesta.

Soldado de papel

Hay un lugar donde no hay sol,
(1) …….. sin marcha atrás
ni dirección (2) ……..
No, no han crecido y (3) ……..
no han vivido y (4) ……..
y su juego lo destruye el fuego
¡Son niños!
¿Quién puso en tus manos (5) …….. ?
¿Quién con tanta ira te lastima?
¿Cómo pudo la inocencia (6) …….. ?
¿Quién te habrá robado el mundo en un disparo?
¿Quién le puso (7) …….. ?
¿Cómo vive la conciencia con tanto dolor?
Dime (8) …….. , soldado de papel.

4a Lee el texto y completa las frases de abajo con tus propias palabras.

1 La palabra "tuning" quiere decir …

2 Los tuneros son …

3 Lo que les distingue es …

4 Diferentes países se identifican por …

5 A muchos les encanta …

6 Suelen gastar …

4b Escucha la entrevista con un tunero y contesta a las preguntas.

1 ¿Cómo comenzó el tuning en España?

2 ¿Cómo es la situación actual?

3 ¿Qué significa el tuning para la gente que lo practica?

4 ¿Cuánto se gasta por medio más o menos en la afición?

4c ¿Tú, qué opinas del tuning? ¿Qué modificaciones harías a tu coche? ¿Por qué?

ITV = Inspección Técnica de Vehículos (parecida a la MOT británica)

5a Usando las frases claves de abajo escribe cómo deberíamos cambiar nuestra actitud hacia el coche.

5b Discute con un(a) compañero/a:
¿El coche tiene demasiada importancia en la vida actual? Escribe tu respuesta a la pregunta.

Frases clave

Es imprescindible que …	Es necesario que …
Dudo que …	Ojalá …
Es poco probable que …	Aunque …
Basta con que …	Con tal de que …
Es hora de que …	Es mejor que …

Los tuneros
¿Quiénes son los tuneros?

Tienen su origen en los EEUU con tipos como James Dean y Elvis, luego llegaron al norte de Europa y hoy por hoy arrasan a España. Es un fenómeno que cuenta con millones de adeptos; dedican su cuerpo, alma y sobre todo la cartera a esta palabra "tuning" – una de las veinte más buscadas en Internet – término anglosajón que se define como el "arte" de poner a punto y mejorar el aspecto exterior e interior de tu coche.

El tuning no es una moda; es una filosofía de la vida. Los aficionados al "tuning" en España son jóvenes entre 18 y 25 años, visten a la última moda, llevan el móvil más novedoso con logos y carcasas de última generación y gastan más de la mitad de su sueldo en su coche. Cada país tiene sus señas de identidad específicas; los alemanes son especialistas en modificar motores sin prestar demasiada atención a la estética agresiva; los españoles, sin embargo, influidos por los EEUU tienden hacia las carrocerías muy modificadas, pintadas de distintos colores, pero lo que los distingue sobre todo es la inversión desorbitada en equipos electrónicos. En el interior no es raro encontrar pantallas plasma, reproductores de DVD, y el maletero lleno de altavoces – imprescindible al menos un subwoofer y un Playstation último modelo.

El deporte

By the end of this unit you will be able to:

- Talk and write about traditional and 'fun' sports
- Discuss the links between physical exercise and health
- Talk and write about different sports personalities
- Discuss reasons for taking part in sport and the Olympics

- Avoid using the passive
- Use the future and conditional tenses
- Use the subjunctive after *cuando*
- Extend your use of adverbs
- Use *por* and *para* correctly
- Employ discussion tactics and structure an argument
- Use the auxiliary *haber* in a variety of tenses and moods

Deportes de todos tipos

¿Te gusta mantenerte en forma?

Hoy en día se puede escoger entre muchos deportes diferentes ...

1 Empareja el nombre del deporte con el dibujo adecuado.

1	piragüismo	**6**	hípica
2	escalada	**7**	espeleología
3	puenting	**8**	buceo
4	parapente	**9**	esgrima
5	vela	**10**	patinaje

2　Test deportivo

1　Nombra a tres futbolistas españoles y tres latinos que juegan en Inglaterra.

2　Nombra a tres tenistas españolas o latinas.

3　¿Qué es la Vuelta a España? ¿Cuándo se celebra?

4　¿Quién se dice que es "el padrino" del tenis español?
  a Carlos Moya　　**b** Manolo Santana　**c** Rafa Nadal

5　¿En qué deporte compite el Rey de España?
  a el baloncesto　**b** el boxeo　　　**c** la vela

6　¿En qué año fue Campeón Mundial el equipo español de baloncesto?
  a 2007　　　　　**b** 2001　　　　**c** 2005

7　¿Cuál es el deporte más rápido del mundo?
  a el tenis de mesa　**b** el golf　　**c** la pelota vasca

8　¿De qué golfistas profesionales son estas iniciales?
  a SB　　　　　　**b** JMO
  c SG　　　　　　**d** PR

9　¿Cómo se llama el número 1 español de la Fórmula 1?

10　¿Cuántas veces seguidas ganó el Tour de Francia el ciclista Miguel Indurain?

3　Nombra tres deportes para cada categoría.

- raqueta
- palo
- balón
- pelota
- acuático
- ruedas
- pies
- manos
- aire
- tabla

4a Escucha y adivina el deporte.

4b Inventa un deporte. Mira los ejemplos de al lado. Descríbelo para que los otros adivinen cómo se llama.

Se juega con/en/sobre …
Se puede …
Gana quien …
Se hace …
Se necesita …
Se practica …

dardos de colibrí

billar con caracoles

tenis para delfines

lucha libre de muñecas

Tradición contra novedad

◆ *¿Cuáles son los deportes que se practican típicamente en España?*
¿Cuáles son inventos recientes?

1a ¿Puedes identificar los siguientes deportes españoles?

1

> Es un deporte que se inventó para aumentar el número de espectadores en un partido de fútbol local. Se juega como el fútbol, con la diferencia de que al final de cada temporada, se introduce un toro en el campo. El portero tiene que proteger su meta contra el balón y contra el toro. Si se marca un gol mientras el toro esté en el campo, cuenta por dos.

2

> Se practica principalmente en el País Vasco. Se necesita mucha fuerza y destreza. Las competiciones se organizan como parte de los juegos vascos, símbolo de la identidad regional. Se reconocen varias categorías de bola: cilíndrica, cúbica, esférica y rectangular, todas ellas de material de granito que se labra en formas y pesos diferentes. Se puede ganar de dos formas diferentes: si se realiza el mayor número de alzadas, o si se alzan más kilos.

3

> Se originó en el País Vasco, pero ahora es también muy popular en México y Estados Unidos. Se juega contra un frontón, con dos o cuatro jugadores. Se ha declarado el juego más rápido del mundo. En lugar de una raqueta se utilizaba la mano, pero hoy los jugadores tienen una cesta para lanzar la pelota.

| levantamiento de piedras |
| tórobul   jai alai |

1b ¿Cuáles de los tres deportes tienen estas características?

1 Se juegan con un objeto redondo.
2 Se puede marcar un gol.
3 Se necesitan reacciones rápidas.
4 Se originaron en el País Vasco.
5 Se lanza una pelota.
6 No se ha vuelto muy popular.

2a 🎧 Escucha e identifica estos tres deportes modernos.

2b 🎧 Escucha otra vez. Anota cómo se dicen estas palabras en español.

team	goal	small ball
inside	outside	racquet
large ball	track	win points
steps	competition	net
score	race	

Gramática　　　➡164 ➡W62

Avoiding the passive when asking questions

Remember that it is more common to avoid using the passive in Spanish by using *se* (see page 57).

◆ Listen to the question so you can decide how your answer should be constructed.

◆ In the question 'What equipment do you play it with?'

a You don't need to translate 'do'.

b You cannot end the question in 'with'. Change the word order so that you end up with 'With what equipment does it play itself/is it played?': *¿Con qué material se juega?*

🅐 Now make up questions using the following:

1 jugar en/lugar
2 jugar sobre/superficie
3 jugar/equipo

3a Lee el texto sobre el nuevo fenómeno del kitesurf. ¿Cómo se dice …?

1 more and more sensational
2 have already been invented
3 kite flying
4 fashionable sport
5 it's not surprising
6 it has become so popular

El kitesurf

Hoy en día la gente no se conforma con lo tradicional y busca inventar deportes cada vez más sensacionales y arriesgados. Ya se han inventado varias combinaciones de deportes tales como el *parkour* (correr y saltar) y, el más desagradable, lucha en jaula (lucha libre, boxeo y artes marciales) y me imagino que seguirán inventando deportes nuevos siempre.

Primero, fue el windsurf, una mezcla de vela y surf. Y ahora es el kitesurf, el vuelo de cometa combinado con el surf. En pocos años se ha convertido en el deporte de moda en Tarifa, centro europeo del surf en la punta occidental de España. Cuando hace buen viento no es sorprendente ver por lo menos 250 cometas multicolores volando sobre el mar o descansando en la playa; ¡un espectáculo fenomenal y pintoresco!

Se ha vuelto tan popular porque parece bastante fácil aunque no lo es. Los saltos en el aire y los trucos son vistosos y llaman la atención a gente de todas las edades, jóvenes y mayores. Para practicarlo hay que estar en forma y no tener problemas de espalda, de hombros ni de cuello y ser muy constante. El secreto es combinar la habilidad de volar una cometa con la de mantenerse en la tabla de surf. Es un reto que vale la pena porque la sensación al final es algo fuera de este mundo.

3b Combina las dos partes para hacer una frase completa.

1	El kitesurf es	**a**	que parece fácil.
2	Tarifa se ha vuelto	**b**	un nuevo deporte entretenido.
3	Es un deporte	**c**	varias habilidades deportivas.
4	Hay que combinar	**d**	un centro deportivo de moda.

3c Escoge un deporte tradicional y otro novedoso (por ejemplo, el patinaje y el skateboard) y escribe un texto parecido.

3d Prepara una presentación oral sobre uno de los deportes que has escogido en 3c y preséntasela a un(a) compañero/a sin decirle el nombre. A ver si puede adivinar el deporte de tu descripción.

Gramática ➡ 159 ➡ W48

Talking about the future

Revise the formation and uses of the future and conditional tenses.

A Complete these definitions:
The immediate future expresses …
The future expresses …
The conditional expresses …

● Both the future and the conditional can be used to express supposition:
¿Qué hora es? Pues, no sé, serán las dos.
¿Cuántos años tenía el niño? No sé. Tendría cinco o seis.

● You must use the subjunctive after *cuando* (and similar time words) when referring to the future or hypothetical notions. Revise the formation of the subjunctive on page 22.
Cuando llegues, iremos al estadio en seguida.

● The future in English can be expressed by a present tense in Spanish when asking questions in the first person.
¿Vamos al estadio? Shall we go to the stadium?
¿Te compro una entrada? Shall I buy you a ticket?

B Complete this text to talk about the future, using the verbs below.
Cuando …… 50 años …… al gimnasio todos los días y …… bastante ejercicio porque …… mantenerme en forma. …… en el campo y …… de paseo con el perro y cuando …… a casa no …… delante de la tele. Sin la tele …… tiempo de hacer crucigramas y tal vez …… novelas. ¡Tengo la intención de entrenar el cerebro tanto como el cuerpo!

| descansaré | haré | iré | leería | me gustaría |
| saldré | tendría | tenga | viviré | vuelva |

C Invent a sport of the future. What will it be called? How will it be played? What equipment will be needed?

Mente sana, cuerpo sano

◆ *Encontrar el equilibrio es esencial para el bienestar físico y mental.*

1 Lee el texto. ¿Qué es baloncesto SR?

2a Busca las respuestas a estas preguntas de la entrevistadora.

1 ¿Cómo os fue en la liga este año?

2 ¿En qué es diferente al baloncesto estándar?

3 ¿Te decepcionaste con los resultados?

4 ¿A qué altura está el aro?

5 ¿Dónde empezaste a jugar?

6 ¿Por qué no te gustaría jugar en la segunda liga?

7 ¿Quieres seguir seriamente compitiendo en el baloncesto competitivo?

Entrevista con Juan Rentería, jugador de Baloncesto SR

Baloncesto SR – ¿Qué es?
¿Baloncesto sobre ruedas?

Sobre patines, baloncesto sobre hielo – ¡me gustaría ver eso! No, es baloncesto en silla de ruedas. Se juega una pista tradicional, con el aro a 3,05 metros. La única diferencia es que jugamos sentados y entonces estamos más lejos del aro.

¿Cómo empezaste a jugar al baloncesto?

Fui a un campamento de verano donde iba a hacer un curso de dibujo y pintura. Por las tardes jugaba con unos amigos, y me animaron a meterme en el equipo. Competimos en la liga regional. Este año, como iniciamos la temporada muy bien, casi ascendimos a la segunda liga nacional, pero terminamos en tercer lugar.

Tal vez tendréis más suerte el año que viene …

Pues, claro que me gustaría ganar la liga, pero tendríamos que viajar por todo el país, y entrenar varios días a la semana … creo que por mi vida personal, yo no quiero tomármelo tan en serio. De hecho el año que viene voy a inscribirme en un curso de buceo, así que no voy a tener tiempo para dedicarme al baloncesto al cien por cien.

2b Con un(a) compañero/a, practica la entrevista usando las preguntas de 2a y la información del texto.

2c Contesta a las preguntas y luego discútelas con un(a) compañero/a.

● ¿Crees que es una buena o mala idea lo que decide hacer Juan al final?

● ¿Por qué crees que se practica este deporte?

● ¿Es más importante ganar la competitición o disfrutar del momento en que se juega?

2d Imagina que eres Juan Rentería. Usa las frases clave de abajo para decir lo que harás en el futuro. Usa las ideas del texto.

Frases clave

Tengo la intención de	Quisiera
Espero	Me hubiera gustado …
Cuento con	pero …
Me gustaría	

Gramática ➡150 ➡W14

Adverbs

● Revise the formation and use of adverbs.

● When two or more adverbs are used, only put *-mente* on the second or last one.

Los surfistas entraron en el mar lenta y cautelosamente.

● To make a comparison use *más* or *menos* before the adverb.

El equipo ganó más fácilmente de lo que pensaba.

El campeón corrió menos rápidamente de lo que quería.

● Use *de una manera* + adjective, *con* + noun or an adverbial expression to avoid an overload of adverbs.

Jugaron de una manera experta pero con bastante cuidado.

● Common irregulars are *bien/mal* and *mejor/peor*.

● You can use *muy, bastante, mucho* and *poco* before an adverb to quantify or intensify it.

A After doing activity 3a on page 101, rewrite each piece of advice using a type of adverb or adverbial expression from the list above.

Example: Bebe agua con frecuencia.

3a Lee los consejos. ¿En qué orden de importancia los pondrías?

Para encontrar un equilibrio en tu vida es importante ...

- **mantener un balance físico y mental**
- **comer sanamente**
- **dormir bien y suficientes horas**
- **siempre quemar las calorías extra**
- **hacer respiraciones profundas a menudo**
- **tener una disciplina mental**
- **divertirse de vez en cuando**
- **beber agua frecuentemente**
- **hacer ejercicio a menudo**
- **relajarse tranquilamente**

3b Escribe consejos para un(a) compañero/a.

Yo que tú haría ...
Te aconsejo que hagas ...
Sería mejor que hicieras ...

4 Escucha y anota lo que hace cada persona. Escribe dos listas – deporte/ejercicio y relajamiento/diversión.

5 Después de leer el texto de la casilla Gramática, contesta a las preguntas.

- ¿Tomarías parte en un maratón? Da tus razones.
- ¿Qué opinas de la gente que lo hace para ganar dinero para caridad?
- ¿Qué deporte practicas?
- ¿Cuántas veces por semana lo haces? ¿Por cuánto tiempo?
- ¿Crees que es importante para la salud?
- ¿Qué opinas de los deportes extremos?
- ¿Qué piensas de la situación actual de los jóvenes obesos?
- ¿Qué ideas tienes para persuadirles de que hagan un deporte?

Gramática →152 →W19

Por and para

These both mean 'for' but they are used quite differently.

Por
- in exchange for
- reason (because of, on account of)
- on behalf of, in favour of, for the sake of
- along, by, through
- length of time intended (but it is often better to use *durante*, especially in the past)

Para
- purpose
- destination of a person or object
- by a specific deadline

A Read the text below and find all the examples of *por* and *para*. Translate each usage.

El por qué y para qué del maratón

¿Qué le ocurre a nuestro cuerpo durante un maratón?

A lo largo del tramo de 42,2 kilómetros por el cual se desarrolla la competición, se pone al límite la resistencia del organismo humano. El control de una multitud de reacciones fisiológicas y emocionales es clave para conseguir subir al podio.

Las 85 pulsaciones por minuto de los aficionados contrastan con las 40 ó 45 que registran los maratonianos de élite al inicio de la prueba.

Durante el maratón, la mayoría de las constantes vitales experimentan un aumento; el pulso cardíaco, la temperatura del cuerpo, el consumo de los hidratos de carbono y el sudor.

Ya sobre el kilómetro 30 la concentración muscular de ácido láctico se ha doblado, el metabolismo comienza a consumir grasas tras agotar las reservas de hidratos de carbono y todos los corredores, aficionados y profesionales, se acercan al punto imaginario conocido como el muro, donde las reservas de azúcares están por agotarse.

Para finalizar, la deshidratación ha provocado que los deportistas hayan perdido entre 3 y 4 kilos de peso y hayan disminuido de 2 a 3 centímetros de altura.

La personalidad deportista

◆ *Ejemplares – héroes a seguir o malsanos a evitar, todos nos fascinan*

1a ¿A quién reconoces? ¿Qué deportes representan?

1b Reorganiza los fragmentos del periódico para hacer un artículo completo.

1c Empareja las fotos con los textos.

Y para finalizar tenemos una multitud de talento joven que ya está llamando a la puerta, ¿pero quiénes son nuestros astros veintiañeros? Vamos a presentarlos siguiendo su estatura física, no metafórica.

❶ En contraste destaquemos al pequeño Dani Pedrosa, campeón de la motoGP para la casa Honda. Con 1m 58 esta chispa de energía montado en su moto hace las carreras sin parpadear a la velocidad increíble – intrépido y audaz.

❷ No mucho más alta es golfista Lorena Ochoa; mexicana, nacida en Guadalajara el 15 de noviembre de 1981, es la primera golfista mexicana en llegar a ser el número uno del mundo.

❸ Y por último pero no por eso menos importante tenemos al catalán Cesc Fábregas, mediocampista excelente que lleva el número 15. A los dieciséis años entró en el equipo londinense Arsenal y hasta ahora es el goleador más joven de su club.

❹ Comencemos con el "gigante" Pau Gasol cuya cara es conocida por todo el país a causa de su victoria con el equipo nacional de baloncesto, ganadores del mundial en 2007. Ha cumplido dos de sus tres sueños: jugar en la NBA y participar en los Juegos Olímpicos. Ahora sólo le queda acabar su carrera de medicina.

2a 🎧 Escucha el perfil de este deportista y completa su currículum.

Nombre _____ Apellidos _____
Nacionalidad _____
Fecha de nacimiento _____
Aficiones _____

2b 🎧 Escucha otra vez y escribe un resumen breve en tus propias palabras.

2c 👥 Busca datos similares en Internet sobre otro deportista español o latinoamericano. Presenta su ficha personal usando la de arriba como modelo. Léesela a un(a) compañero/a a ver si sabe quién es.

Gramática ➡160 ➡W38

Compound tenses using *haber* (3) – all tenses and moods

● Don't forget you can use the auxiliary *haber* in all tenses and moods.

Ⓐ What do we mean by the word 'tense'? What do we mean by the word 'mood'?
Ⓑ Make a list of all the combinations of compound tenses using *haber*.
Ⓒ Look at these examples and identify which tense and mood is used, then translate the sentence into English.

1 Cuando me veas ya habré hecho el triatlón.
2 Creí que habrías escogido otra clase de ejercicio.
3 ¡He perdido mis gafas! ¿Dónde las he puesto?
4 Pepe había vuelto antes que Jorge.
5 Si hubiera sabido que iba a llover no habría salido.

3a Lee el artículo sobre Óscar Pistorius. Abajo hay el texto de una entrevista con él; empareja las preguntas con las respuestas.

Bladerunner Pistorius

El corredor más rápido sin piernas.

Óscar Pistorius, a pesar de su discapacidad, hoy por hoy tiene el récord mundial de los 100m, 200m y 400m en los Paralímpicos. Ahora quiere competir con los deportistas olímpicos pero la IAAF prohíbe que se usen equipos que les puedan dar ventaja. Ahí está el problema porque él insiste en que sus piernas no son biónicas, no le dan energía. "Si pensara que tengo una ventaja injusta dejaría de correr porque quiero competir de una manera justa y no al contrario."

1 ¿Cómo ha empezado su interés?

2 ¿Qué otro deporte habías hecho de pequeño?

3 ¿Qué hubieras hecho de no haber sido corredor?

4 ¿Qué has estado haciendo durante el verano?

5 ¿Te sorprendió que te hubieran prohibido correr en seguida?

6 ¿Crees que tu caso ha provocado admiración?

7 ¿Crees que habrás llegado campeón antes del fin del año?

8 ¿Crees que te habrían llamado para el partido nacional?

a Claro, me ha causado mucha sorpresa porque quiero competir contra atletas olímpicos.

b Me hubiera gustado representar a mi país sin lugar a dudas.

c Todo ha empezado porque había nacido sin fíbula en la pierna y no quería quedarme en silla de ruedas.

d Por supuesto he pasado mucho tiempo compitiendo en carreras.

e Es imposible de saber, pero siempre tengo la esperanza de que habré ganado algo.

f Como muchos otros chicos había jugado al fútbol.

g No creo que la gente me haya admirado solamente por esto; quiero que me reconozcan como atleta nada más.

h Hubiera jugado al polo acuático o al tenis, ¿quién sabe?

3b Practica la entrevista con un(a) compañero/a.

4 Lee el artículo y contesta a las preguntas.

1 ¿Qué dice sobre el estado actual del deporte en el mundo hispano?

2 ¿Por qué crees que dice que tiene un impacto enorme?

3 ¿Qué comenta acerca de los deportistas "buenos"?

4 ¿Qué conclusión saca sobre los "malos"?

5 ¿Tú, qué opinas de los deportistas que optan por "el camino demasiado corto"?

El deporte y las tres Ds

Ya sea sobre dos ruedas o cuatro; con bolas o balones y pelotas pequeños o grandes, España se jacta de tenerlos a todos: ejemplares increíbles de deportistas de fama mundial. Cuando se añade a estos los del mundo hispano, el número aumenta indefinidamente.

¿Qué impacto tienen estos deportistas? Pues, tienen un impacto enorme sobre todo para los jóvenes. Todos quieren ser el próximo Cesc, Rafa o Dani.

Todos quieren ganar no solamente la fama sino también el dinero. Y ahí está el problema del deporte de hoy. El consenso es que los deportiastas ganan demasiado – tanto fama como dinero.

Afortunadamente se puede citar mil ejemplos más de deportistas "buenos" que "malos". Por eso hay que preguntarnos qué es lo que hace falta para ser un buen deportista. Sin lugar a dudas necesitan dedicación, disciplina y determinación; las tres Ds. Igualmente se necesita talento natural; y el apoyo de la familia y un poco de suerte también ayudan.

Sin embargo el poder del dinero o la fama es alucinante y cuando tambalea una de las tres Ds o falta el apoyo necesario y comienza a decaer el talento natural es cuando comienza el decenso en espiral hacia abajo. Sólo hay que citar el caso de Maradona para darse cuenta de lo triste pero verdadero del asunto. Añadamos a este caso famoso el de los ciclistas de las varias competiciones de ciclismo o de los atletas que quieren correr cada vez más rápido y tenemos una lista triste de los que quieren alcanzar la cima deseada por un camino demasiado corto – dopándose.

5 ¿Qué opinas de la situación actual en cuanto a la fama y el dinero que ganan ciertos deportistas? Escribe un comentario de unas 200 palabras. Cita ejemplos positivos y negativos.

Mundiales y Olímpicos

◆ *Son una expresión de la pasión que nos une, de la competencia, del esfuerzo, de lo heroico y lo trágico.*

1a Escucha la discusión sobre los Juegos Olímpicos. ¿En qué orden se expresan estos puntos de vista? Lee la lista antes de escuchar el debate.

A
Es una parte esencial del deporte.

B
Lo que más me preocupa es que cuesta demasiado.

C
Les demuestra que hay que hacer un esfuerzo en la vida.

D
Es buena idea por la herencia que deja.

E
Creo que el coste va a aumentar.

F
A veces construyen edificios pocos prácticos.

G
Nos provee con un espectáculo fenomenal.

H
Anima a los jóvenes a participar.

I
Además todos podremos usar las instalaciones en el futuro.

J
Sería mejor construir hospitales y colegios.

K
Los atletas necesitan los campeonatos.

L
Vamos a heredar unos edificios bonitos.

1b Decide si cada punto de vista (A–L) está a favor o en contra de hospedar los Juegos Olímpicos.

1c ¿Puedes añadir otras ideas propias?

1d Responde a los puntos de vista.

1e Habla con un(a) compañero/a.
¿Para qué sirven las competiciones nacionales e internacionales?
Usa las frases de la sección Técnica.

Técnica

Debating or discussing; structuring an argument

◆ *Torbellino de ideas* – list your ideas and for now accept all of them.
◆ Organize your ideas into 'for' and 'against' or advantages/disadvantages.
◆ Introduce the topic:
  Trata de …/de algo …
  Es un tema intrigante
  En cuanto a …
◆ Give your own opinion:
  (No) estoy de acuerdo contigo
  En mi opinión/A mi modo de ver
  Estoy completamente en contra/a favor de …
  Creo que/Me parece que …
  Lo/le/la considero/encuentro …
  Lo que más/menos me (dis)gusta/me entusiasma …
◆ Balance out ideas:
  Por una parte … por otra …
  X …, sin embargo Y …
  Al mismo tiempo
  Al contrario
  Primero … luego … entonces …
  Mientras que
  No obstante
◆ Sum up the discussion:
  En conclusión
  Finalmente
  A fin de cuentas
  Por último
◆ Some useful extras:
  (No) tienes razón/Te equivocas
  Yo tampoco
  Francamente
  Estoy harto/a de …
  Me apasiona …
  Gracias a
  Como consecuencia

Now go back and review the unit. Note down the subjects for discussion and prepare to debate them, using the suggestions and phrases above.

2 Lee el artículo y contesta a las preguntas.

1 ¿El autor del texto tiene una actitud positiva o negativa? Explica tus razones.

2 Escribe dos listas: a favor y en contra de las competiciones mundiales.

3 ¿Tú, a qué conclusión llegas después de haber considerado todos los puntos de vista?

3 Lee los dos textos y compáralos.

1 ¿Cómo reaccionaste al primer texto?

2 ¿A cuántas mujeres atletas y deportistas de tu país puedes nombrar?

3 ¿Cómo se compara con la cantidad de hombres que participan en las competiciones internacionales?

4 ¿Por qué crees que se da esta situación?

Cuando el circo haya pasado

Ya pasó la Copa de las Américas – no una copa de fútbol sino de vela y tenemos que preguntarnos cuál ha sido el legado para nuestra comunidad valenciana.

Es cierto que mucha más gente sabe dónde está la ciudad de Valencia y la han visitado, aportando bienes a la capital, que se ha gastado un dineral tratando de impresionar al mundo.

Es cierto que tenemos unos edificios elegantes e impresionantes y un puerto nuevo con marinas para los yates y botes de los que se pueden dar ese lujo.

Es cierto que hemos pasado un buen rato siguiendo las carreras de los veleros sin poder participar salvo de lejos.

Es cierto que nuestros bares y restaurantes se han colmado por un rato con turistas y fanáticos de la vela.

Es cierto que los edificios antiguos y las calles parecen más limpios y relucientes.

Pero, pero ... todo esto ¿a qué coste para nosotros la gente normal? Me pregunto si al fin y al cabo valía la pena.

A A pesar de que los Juegos Olímpicos modernos empezaron en 1896, las mujeres no participaron hasta 1904 y a partir de 1928 comenzaron a hacerlo de manera oficial. Según su fundador, el baron de Coubertin, "La presencia de las mujeres en el estadio resulta antiestética, poco interesante e incorrecta, salvo para la función que les corresponde: coronar al vencedor con las guirnaldas del triunfo".

B Son cada vez más las españolas que participan en los Juegos Olímpicos. En España las mujeres empezaron a notarse a partir de los Juegos Olímpicos de Barcelona en 1992 en los que participaron 148 mujeres. Entre las españolas a destacar están la tenista Arantxa Sánchez Vicario que debutó en Seúl con 16 años; Maider Tellería, veterana del equipo de hockey hierba; Joane Somarriba, ciclista y ganadora de tres Tours de Francia y dos giras de Italia; Almudena Cid, gimnasta rítmica; Gemma Mengual, de natación sincronizada; y la atleta Marta Domínguez – todas merecen especial mención por los éxitos cosechados.

4 Debate de clase: La actitud machista conspira para mantener el deporte en la edad de piedra.

Gramática en acción

Recuerda ➡ 152

Por and **para**

Complete the following sentences to remind yourself about which to use:

1 *Para* usually relates to …
2 *Por* often conveys the sense of …

A Choose between *por* and *para* to complete the sentences below.

1 Los veleros pasan por/para la costa valenciana.

2 ¿Tienes entradas por/para el partido?

3 Por/para comenzar tienes que relajarte.

4 El equipo sale por/para el campeonato de baloncesto.

5 Se necesita un casco de seguridad por/para no hacerse daño.

B Write three sentences using *por* and three sentences using *para* to illustrate their use.

Recuerda ➡ 150

Adverbs

Adverbs are used to describe a verb, an adjective or another verb.

In English adverbs often end in *-ly*. In Spanish they are formed by adding *-mente* to the feminine form of the adjective.

Learn the common irregular adverbs *bien* and *mal*.

C Work with a partner.

La persona A inventa una frase usando un verbo de acción.

La persona B completa la frase con un adverbio para describir la acción.

Example: **A** El atleta corrió – **B** rápidamente.

Recuerda ➡ 160

Tenses using the auxiliary *haber*

You have now covered several compound tenses and moods of verbs using *haber*.

Revise the relevant sections of this and earlier units, and the grammar reference section, to remind yourself about which ones they are.

D Read the article below and make a list of the verbs using *haber* + a past participle.

E Analyse each verb.

☐ ☒

Por primera y tal vez última vez en la historia, los dos mejores tenistas del mundo se han enfrentado sobre una pista mixta, mitad hierba, mitad tierra batida. La Batalla de las Superficies había atraído a unos 7.000 espectadores a la Palma Arena de la capital balear de Mallorca. Todos creían que el experimento favorecería a los dos igualmente y de hecho los dos han tenido que adaptarse rápidamente al invento. En realidad Nadal se había preparado bien y ha sabido leer mejor la situación al comienzo. Sin embargo a Federer no le ha gustado que el joven balear se impusiera de tal forma y después del primer set se dedicó a su objetivo. Qué milagro que Nadal se haya recuperado lo suficiente y en poco tiempo haya podido remontar con golpes espectaculares. Federer se quedó con las ganas de haber ganado el partido porque lo había hecho su rival.

F Now write a true or imaginary story using each one of the tenses you identified in the text above. Begin: *Hace unos años …*

1a S  Escucha. Toma notas de las ideas sobre los toros y preséntalas como opiniones. Utiliza las frases clave.

Frases clave

Creo que ...	Se podría creer que ...
Hay que considerar que ...	Se supone que ...
No se puede negar que ...	Por un lado ... por el otro ...
No podemos olvidarnos de que ...	

1b Lee el texto y responde a las actitudes expresadas. ¿Estás de acuerdo con la última frase?

Los toros: ¿Tienen un lugar en nuestra sociedad?

Lo que provoca la condena de la corrida más que nada, es lo mal que tratan a los animales. Resulta cada vez más difícil justificar lo cruel y lo sangrienta que es "la fiesta nacional".

Esta nueva actitud refleja los cambios en la sociedad. En nuestra economía moderna perdemos contacto con lo rural, lo tradicional, y disfrutamos de un nuevo estilo de vida en las ciudades. Ya no podemos aceptar lo que a nuestros abuelos les parecía normal. El mundo taurino sigue siendo machista y sexista (a pesar de la aparición de mujeres toreros como Cristina Sánchez y Mari Paz Vega).

Tal vez su antigüedad sea el único atractivo de la corrida. Simboliza lo que hemos perdido: un mundo desaparecido.

1c Las siguientes frases tiene sus orígenes en la corrida de toros, pero se pueden utilizar de forma metafórica.

ver los toros desde la barrera	to sit on the fence
lidiar	to fight
echarse al ruedo	to throw your hat into the ring
saltarse a la torera	to ignore objections
la puntilla	the coup de grace

Utiliza las frases metafóricas para expresar estas ideas.

Ejemplo: *No sé si estoy a favor de matar a los animales o no. En cuanto a la crueldad, veo los toros desde la barrera.*

1 Estoy dispuesto a defender los derechos de los animales.

2 Los jóvenes quieren dar su opinión sobre las "tradiciones".

3 Los aficionados a la corrida no respetan los derechos de los animales.

4 El argumento más importante es que España tendrá que respetar las leyes europeas.

1d Repasa la sección Técnica en la página 104 y prepara un debate sobre este tema:

Los "deportes" sanguinarios ya no desempeñan ningún papel en nuestra sociedad de hoy.

2a Lee el texto.

Cuando haya que premiar a la persona que más ha cambiado el tenis en la primera década del siglo XXI, el doctor Paul Hawkins merecerá una consideración destacada. Su invento, el Hawk-Eye, Ojo de Halcón, tendrá pocos rivales. Los directores de televisión siempre han sido devotos de la ayuda tecnológica, como lo son la mayoría de los jueces, convencidos de que la vista humana está muy lejos de resultar infalible y de que cualquier auxilio de estas características ofrecerá un mayor rigor.

2a ¿Inventos necesarios? ¿Por qué?
Escribe unas 200 palabras para justificar o no la introducción de la tecnología moderna en el deporte en cuanto a decisiones clave en campeonatos.

By the end of this unit you will be able to:

- Describe some tourist destinations in the Spanish-speaking world
- Discuss different types of holidays
- Consider the impact of tourism on countries and local communities
- Examine the environmental effects of travel and tourism
- Compare opinions on climate change

- Use cardinal numbers
- Recognise and use different registers of language
- Use constructions with *si*
- Use continuous tenses
- Write a formal letter
- Use impersonal verbs in reflexive expressions
- Use a monolingual dictionary
- Use the passive
- Organise ideas and facts in order to plan a piece of written work

Destinos alternativos

En Latinoamérica hay muchos lugares de interés turístico ...

1a Cuando pensamos en destinos turísticos, solemos pensar en las costas españolas. Haz una lista de otros países de habla hispana.

1b Relaciona las fotos con el sitio que representan. ¿Sabes en qué país se encuentran?

1 El Salar de Uyuni
2 Chichén Itzá
3 La Isla de Pascua
4 Machu Picchu

México   Chile
Perú   Bolivia

2a Escucha al agente de viajes y comprueba tus respuestas.

2b Escucha otra vez. Contesta a las preguntas.

1 ¿Por qué es Machu Picchu tan importante para la economía de Perú?
2 ¿Qué tienen de particular los hoteles del Salar de Uyuni?
3 ¿Qué civilización construyó Chichén Itzá?
4 ¿En qué océano se encuentra la Isla de Pascua?
5 ¿Cuántos Moais hay en la isla?

3 ¿Cuánto sabes sobre Latinoamérica?
Completa el test.

1 ¿Cuántos países hay en Centroamérica?

a seis
b siete
c diez

2 La capital de Bolivia se llama …

a La Paz
b Lima
c Buenos Aires

3 ¿Cómo se llama el lago navegable más alto del mundo?

a Pampa Aullagas
b Hurón
c Titicaca

4 Los gauchos viven en …

a Argentina
b México
c Paraguay

5 La cascada más alta del mundo, El Salto del Ángel, está en …

a Colombia
b Puerto Rico
c Venezuela

6 Los aztecas vivían en …

a Perú
b México
c Argentina

7 Los incas vivían en …

a Perú
b México
c Argentina

8 Los mayas son el pueblo indígena de …

a Perú y Bolivia
b Guatemala y el sur de México
c Argentina y Chile

9 El país más largo del mundo es …

a Nicaragua
b Cuba
c Chile

10 El río Amazonas nace en …

a Honduras
b Perú
c Bolivia

4a Escucha y completa las frases con una cifra adecuada de la casilla.

1 España tiene (**a**) …….. millones de habitantes y mide (**b**) …….. km² incluyendo Baleares y Canarias.

2 Andalucía tiene (**c**) …….. habitantes y es la Comunidad Autónoma más grande de España.

3 La Comunidad de Madrid tiene una extensión de (**d**) …….. km².

Gramática ➡ 165

Cardinal numbers

Look back at page 11 at the rules for the use of cardinal numbers in Spanish. In addition, you need to remember the following:

● Use y to separate tens and units **only**:

Tiene **treinta y ocho** *años*.	She is **thirty-eight**.
Pagamos **trescientos cuarenta y siete** *euros*.	We paid **three hundred and forty-seven** euros.

● Spanish uses commas to indicate decimal places and full stops for thousands and millions:

Recibieron **3.458** *votos*.	They got **3,458** votes.
Esta guía de viaje cuesta **22,30€**.	This travel guide costs **22.30€**.

● Years need to be expressed as a single figure rather than split up as in English, so 2012 is *dos mil doce* and **not** *veinte doce*.

4 El pico de Mulhacén tiene una altura de (**e**) …….. metros.

5 Dicen que hay (**f**) …….. días de sol al año en la Costa del Sol.

6 Cada año llegan más de (**g**) …….. de turistas a España.

7 Por muchas razones, el año (**h**) …….. fue un año clave.

8 España tiene una media de (**i**) …….. metros de altura y es el (**j**) …….. país más alto de Europa después de Suiza.

9 Madrid – *Magherib* en árabe – fue nombrada la capital de España en (**k**) …….. .

10 Las cuevas de Altamira datan de (**l**) …….. años antes de Cristo.

segundo 3.482 7.357.558 8.030
18.000 40 50 millones 360 504.749
650 1561 1992

4b ¿Has estado en algún país hispanohablante alguna vez? Cuenta tu experiencia a un(a) compañero/a o explica qué país te gustaría visitar y por qué.

¡Merecidas vacaciones!

◆ *En un mundo laboral cada vez más estresante,*
todos esperamos con ansia las próximas vacaciones.

1a Según el anuncio, ¿qué actividades se pueden hacer en España?

Ejemplo: Se puede esquiar en la Sierra Nevada …

1b ¿Cúales de los destinos mencionados te gustaría visitar? ¿Por qué? Utiliza el vocabulario de las frases clave.

Frases clave

Me interesa	Me agrada	Me atrae
Disfruto de	Admiro	Me fascina
Me apasiona	Me entusiasma	Me sorprende

1c Entrevista a un(a) compañero/a. ¿Coinciden vuestras preferencias?

1d Escucha a estos turistas. ¿Qué parte de España mencionada en el anuncio han visitado?

Técnica

Different registers of language

In Unit 3 we dealt with the language of persuasion. We use different kinds of language depending on:

◆ the effect we want to have
◆ the subject we have chosen
◆ whether we are speaking or writing
◆ the situation, be it formal or informal

A How would you describe the advertisement *¡Ven a España!*?

B Publicity material produced by airlines, hotels, tourist boards etc. needs to attract your attention. How does it do this?

C Here is a list of words that you could use to describe different registers of language. Which ones would you use to describe the advertisement?

serio emotivo formal informal
divertido dramático sensacionalista
político deportivo analítico objetivo

D Listen again to the four tourists (activity 1d). Which words would you use to describe the kind of language that each of them uses?

¡Ven a España!

ESPAÑA

Si lo tuyo es esquiar, nos vemos en las pistas de Sierra Nevada.

Si quieres aventura, el interior de Alicante es para ti: escalada, barranquismo, senderismo, espeleología, ciclismo de montaña … etc.

Si buscas playa, las arenas bañadas de sol de las Islas Canarias son tu destino.

Si te interesa la cultura, déjate deslumbrar por el legado árabe de Córdoba o Granada.

Si admiras la arquitectura, los edificios de Gaudí en Barcelona te impresionarán.

Si te apasiona el folklore, disfruta de las noches de flamenco que Andalucía te ofrece.

Si lo tuyo es el arte, el impresionante Museo del Prado te espera en Madrid.

Si te gusta la fiesta, no te pierdas las noches de Ibiza.

Si tu salud es lo primero, relájate en los balnearios de Asturias.

Si disfrutas de los paisajes y la naturaleza, descubre Galicia y su turismo rural.

Si mejorar tu español es tu objetivo, las escuelas de Valladolid y Salamanca esperan tu matriculación.

Si te apasiona la gastronomía, saborea las Rutas del Jamón Ibérico en Badajoz, Cáceres, o Huelva.

Para unas vacaciones inolvidables: ven a España. ¡Lo tenemos todo!

Gramática ➡ 162 ➡ W58

Constructions using *si*

● Where the implication is that the event has already happened or is very likely to happen, use:

si + present tense + imperative
Si quieres ir, ve. Si quieres hacerlo, hazlo.

si + present tense + future or present
Si quiere ir, irá. Si quiere hacerlo, lo hará.

● Sometimes *si* has the sense of 'when':
Si la playa estaba muy llena, se quedaban en la piscina.

● Sometimes it has the sense of 'whether' in an indirect question:
Dime si vas a ir a Málaga para las vacaciones.

But

● When *si* is used in past tense clauses, use the subjunctive and the conditional where the sense is that the action is impossible or doubtful.
Si tuviera mucho dinero, daría la vuelta al mundo.
Si lo hubiera sabido, no habría reservado ese hotel.

● Remember:
If A happens then B will happen = indicative
If A happened then B might/could/would happen = subjunctive

A Look at these examples and decide why each tense is used.

1 Nos trataron como si fuéramos famosos.

2 Si servían comida vegetariana, nos quedábamos contentos.

3 Si pudiera ir de vacaciones cada mes sería feliz.

B Complete these sentences with the correct form of the verb.

1 Si tienes suficiente dinero (poder) venir de vacaciones con nosotros.

2 Si (ser) ricos no podríamos encontrar alojamiento en temporada alta.

3 Si hubiera hablado el idioma le (resultar) más fácil comunicarse en sus viajes.

C Think of a past holiday and make up three sentences with structures using *si*. Do the same for a planned or fictitious future holiday.

3 Trabaja con un(a) compañero/a.

1 Describid la foto. ¿Qué veis?

2 ¿Podríais adivinar en qué país se tomó la foto? ¿Por qué?

3 Utilizad vuestra imaginación y haced un retrato de la persona/una de las personas de la foto: su edad, familia, vida cotidiana, etc.

4a Escucha el programa sobre Perú. Anota los siguientes datos:

• Gobierno
• Superficie y comparación
• Población y habitantes
• Capital y ciudades importantes
• Industria
• Cultura
• Otro

4b ¿Qué tipo de lenguaje se usa en el reportaje? Revisa la sección de Técnica antes de contestar.

5 Busca información sobre otro destino latinoamericano.

1 Escribe un reportaje periodístico informativo sobre el país de tu elección.

2 Cambia el estilo, tono y lenguaje de tu reportaje para producir un anuncio con el fin de atraer a turistas.

El turismo significa dinero

◆ *¿Cuánto cuesta en realidad el turismo?*

1a Considera los efectos del turismo en nuestras comunidades. ¿Son efectos positivos o negativos?

1 Incremento de puestos de trabajo

2 Aumento del riesgo de incendios en zonas forestales

3 Mejora de infraestructuras

4 Conservación de lugares bellos y naturales

5 Degradación ambiental

6 Establecimiento de relaciones amistosas entre turistas y residentes

7 Pérdida de la identidad cultural

8 Revitalización del arte y de las tradiciones

9 Inflación de precios

10 Aumento del coste de la vivienda

1b ¿Se te ocurren otros efectos? Habla con un(a) compañero/a y añádelos a tu lista.

2a 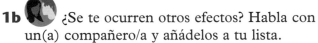 Escucha la reacción de Ramón. ¿Tiene una opinión positiva o negativa del turismo?

2b Escucha otra vez. ¿Cuáles de los siguientes puntos **no** se mencionan?

1 oportunidades de trabajo

2 aprender idiomas

3 perspectiva internacional

4 efecto en el medio ambiente

5 instalaciones para el ocio

6 construcción de casas

7 infraestructura de transporte

3a Ahora escucha la presentación de Jessica. ¿Cuál es su opinión del turismo? ¿Es positiva o negativa?

3b Escucha de nuevo y anota los puntos principales que menciona Jessica. Haz una lista similar a la de la actividad 2b.

Gramática ➡ 157, 159 ➡ W43

Continuous (or progressive) tenses

The continuous tenses describe what is or was happening or is going to happen at a given moment in time. They consist of the present, past, future or conditional forms of the verb *estar* followed by the gerund:

Estoy ahorrando para las vacaciones. **present continuous**	I am saving for my holidays.
Estaba ahorrando para las vacaciones. **imperfect continuous**	I was saving for my holidays.
Estuve ahorrando para las vacaciones durante seis meses. **preterite continuous**	I was saving for my holidays for six months.
Estaré ahorrando para las vacaciones todo el año. **future continuous**	I will be saving for my holidays the whole year.
Estaría ahorrando para las vacaciones si no me hubiese comprado el coche. **conditional continuous**	I would be saving for my holidays if I had not bought the car.

Also remember that when you add a pronoun at the end of the gerund, you will need to put an accent.

Examples: *esperando las vacaciones → esperándolas*

Se están levantando tarde estos días. → Están levantándose tarde estos días.

A Listen again to Ramón's reaction. What examples of continuous tenses does he use?

Técnica

How to write formal letters

1 Your name (and position if you are writing in a professional capacity) and address are normally aligned to the right margin of the page.

2 The place you are writing from and the date are also normally aligned to the right.

3 Name, title, company and address of the addressee need to be aligned to the left.

4 Write your formal greeting.

5 Compose the main body of your letter.

6 Write your formal closing phrase.

7 Leave four to six spaces for you to place your signature and write your name and surname underneath.

8 If after you have signed, you want to add something, write a *postdata* which you indicate with *PD* at the beginning. This is the equivalent of the PS in an English letter.

Remember: put your ideas in order, start a new paragraph for each new idea and take care with spelling and punctuation.

Look at the letter below/opposite for examples of the eight features listed.

4a Lee la carta. ¿Cuántos verbos en tiempos continuos puedes encontrar?

4b Traduce la carta al inglés con ayuda de un diccionario. Utiliza el tono y lenguaje equivalentes.

4c Imagina que eres el Sr. Ochoa. Revisa la sección de Técnica y responde a la carta de Elena García. En el texto principal debes:

● hacer referencia a su carta

● disculparte por las molestias ocasionadas y el retraso

● explicar que no recuerdas haber recibido la carta de su marido

● convencer a la Sra García de que el turismo va a aportar muchas ventajas a la zona. Revisa las actividades 1a y 2b para obtener algunas ideas.

Elena García Pérez
C/Serranía de Oro 16, 1° ①
91870 Serranía de Mar
Murcia

Serranía de Mar, 31 de agosto de 2007 ②

Joaquín Ochoa Benitez
Consejero Comarcal
Ayuntamiento de Murcia ③
Plaza Europa 1
30010 Murcia

Estimado Sr. Ochoa: ④

⑤

Me desagrada tener que ponerme en contacto con usted por circunstancias poco agradables.

Hace veinte meses que los vecinos de mi comunidad estamos viviendo entre polvo, ruido, tráfico y otras incomodidades que resultan de la construcción del nuevo complejo turístico Serranía del Cielo.

Lamento que su promesa de que para este verano estaríamos disfrutando de los beneficios derivados de un turismo de lujo y turistas con capacidad adquisitiva no se haya materializado, pues nuestros comercios están perdiendo ingresos por la falta de clientes regulares desde que despareció el aparcamiento Don Coche.

Asimismo, el retraso en la finalización de las obras está enfureciendo a los vecinos, que se preocupan por la cantidad de indeseables que atrae ahora el barrio, ya que este se parece más a una zona de batalla que a una zona residencial respetable.

Me pregunto si todavía estaremos sufriendo las consecuencias de este proyecto cuando llegue la temporada de esquí, puesto que parece que el complejo se está construyendo mucho más despacio de lo acordado en las reuniones de planificación.

Le ruego tenga la cortesía de justificar el quebrantamiento del acuerdo que pactó con los vecinos de la comunidad afectada.

Esperando con impaciencia su respuesta.

Le saluda atentamente, ⑥

Elena García ⑦

Elena García ⑧

PD. Hace dos meses, mi marido le envió una carta de protesta pero todavía estamos a la espera de su respuesta.

Un mundo más pequeño

◆ *Con la propagación de las compañías aéreas de bajo coste, viajar a otros países deja de ser prohibitivo para los menos afortunados.*

1a ¿Con qué compañías aéreas has viajado? Enumera las aerolíneas de bajo coste que conoces.

1b Lee el artículo y busca las palabras o expresiones que significan:

lo mismo que …		lo contrario de …	
1	compañía aérea	6	fracaso
2	aviones	7	aterrizó
3	actualmente	8	caros
4	supera	9	secundarios
5	barato	10	tarde

1c Discute con un(a) compañero/a las ventajas y desventajas de las aerolíneas de bajo coste. Reflexiona sobre:

- Aspectos prácticos
- Relación calidad–precio
- Atención al cliente
- Responsabilidad social
- Fiabilidad (puntualidad, seguridad etc.)

Gramática　　　　➡163–64 ➡W63

Impersonal verbs – reflexive expressions

These verbs and expressions are used a lot in Spanish to avoid using the passive voice, which is used far more in English. Look back at page 57 for an introduction to this.

● If you use the reflexive, remember you must make it agree with the subject, singular or plural.

En Perú se viaja menos que en el Reino Unido.

En las ciudades españolas se usan distintos medios de transporte, como el metro, el autobús y el tranvía.

● Take care when referring to people – you need to add an object pronoun:

Se culpó del robo means he blamed himself.

Se le culpó del robo means he was blamed.

● Use the impersonal form 'they' – the third person plural form of the verb:

Dicen que viajar nos hace más tolerantes.

They say that travelling makes us more tolerant.

A Find some examples in the text about Vueling.

B After doing activity 2, make up sentences of your own based on the listening text, using the following:

Se cree que	Dicen que
Se critica	Se teme que

Example: *Se critica el uso del coche.*

---

vueling·com ## "Paga less, fly mejor"

Vueling es una aerolínea española de bajo coste. Tiene su base en Barcelona y sus orígenes se remontan a finales de 2002, cuando sus promotores realizaron estudios de mercado que confirmaban la viabilidad económica del proyecto.

El 16 de mayo del 2004 se pusieron a la venta los primeros billetes para viajar con Vueling, que entonces sólo poseía dos aeronaves A320. La campaña de promoción fue un éxito y se vendieron más de 50.000 vuelos en 15 días.

El 1 de julio de 2004, el primer vuelo comercial de Vueling despegó del aeropuerto del Prat, en Barcelona, para aterrizar en Ibiza. Hoy en día, Vueling se valora entre 500 y 700 millones de euros, tiene una flota de una veintena de aviones, un equipo humano que sobrepasa los 800 empleados, 35 rutas y casi 100 vuelos diarios.

La venta de billetes se realiza vía internet y a través de la central de reservas de su servicio telefónico de atención al cliente.

A pesar de sus precios asequibles, con Vueling se vuela a los aeropuertos principales de cada ciudad y sus aviones llegan puntuales al destino. A diferencia de otras aerolíneas de bajo coste, se puede escoger asiento al reservar el vuelo, y es posible viajar con toda la seguridad y comodidad que suponen sus A320 de última generación y sus pilotos con más de 2.000 horas de vuelo.

2 Escucha el reportaje sobre una protesta de ciclistas y contesta a las preguntas.

1 ¿Qué denuncian los ciclistas?

2 ¿Por qué se debería utilizar la bici para las tareas diarias?

3 ¿Cuáles son las dos peticiones de los manifestantes?

4 ¿Cuál es su objetivo?

5 ¿Dónde tuvo lugar la marcha?

3a Piensa en las ocasiones en las que has subido a un coche en los últimos tres días. Haz una lista: día, distancia apróximada, razón de viaje.

3b ¿Era necesario el uso del automóvil privado en cada ocasión? Justifica tus respuestas.

4a Lee estos titulares tan alarmantes de la prensa española. ¿De qué tratan?

La operación de tráfico de Semana Santa se cierra con 108 muertos.

Medio millón de coches en la operación salida de julio.

La operación salida de agosto se cobra la vida de 40 personas.

Mueren 20 personas en las carreteras este fin de semana.

Los accidentes de tráfico, la primera causa de muerte entre los jóvenes de 15 a 29 años

4b Debate en clase: ¿Cuál es vuestra reacción? ¿Hay un problema similar en tu país?

4c Escoge uno de los titulares y escribe un artículo para él. No olvides utilizar verbos impersonales.

Técnica

Using a monolingual dictionary

◆ Some words can cause confusion as they have the same spelling but may have more than one meaning:

la muñeca   *la tienda*

◆ Some nouns have the same spelling but a different gender and vary their meaning depending on the gender:

la corte   *el corte*

Other examples are:

el cabeza/la cabeza   *el capital/la capital*
el cura/la cura   *el final/la final*

◆ Some nouns are very similar but again have different meanings depending on their gender:

el libro/la libra   *el cuento/la cuenta*
el modo/la moda   *el rato/la rata*

◆ Some words have different meanings depending on whether they are used in the singular or plural:

el deber/los deberes

◆ Some words look like words in English but don't have the same meaning. These are often called false friends (*amigos falsos*):

sensible; actual; librería; realizar; carpeta; casual; concreto; dato; embarazar

A Study some of the examples from each section above then look up the meanings of the words in a monolingual dictionary.

◆ You may well know some of the words used in an idiomatic phrase but not know the meaning of that particular phrase:

charlar por los codos
llamar al pan, pan y al vino, vino
llevarse como el perro y el gato

B Try to work out the intended meaning or English equivalent of the phrases above.

So ...

Use a monolingual dictionary to
- find which meaning best fits a particular context
- find definitions of words and explanations about them
- check the meanings of false friends
- find the meaning of a word used in an idiom
- look for synonyms

El cambio climático

◆ *¿Sólo el comienzo? ¿O es la variación natural del clima? Por desgracia los expertos indican que parece más lo primero que lo segundo.*

1a El cambio climático es un tema muy polémico. Piensa en cómo cambia tu comportamiento cuando hace un calor excesivo.

- ¿Qué cosas haces que no haces normalmente?
- ¿Por qué crees que más calor resulta en más emisiones dañinas para el medio ambiente?

1b Aquí tienes vocabulario relacionado con el cambio climático. ¿Sabes lo que significan estas expresiones en inglés?

1 cambio climático
2 derretimiento de los glaciares
3 lluvias torrenciales
4 el calentamiento global
5 un agujero en la capa de ozono
6 ola de calor
7 efecto invernadero
8 sequía
9 inundaciones
10 incendios forestales

1c Piensa en cuando eras pequeño/a. ¿Crees que ha cambiado el tiempo desde entonces? Utiliza las frases clave.

Frases clave

si bien	pese a que
no obstante	asimismo

2 Lee el artículo. ¿Qué tres asuntos relacionados con los problemas del planeta se mencionan?

La ciudad sostenible del futuro

En España la esperanza ecológica brilla en la localidad de Bernuy de Porreros donde muy pronto 243 viviendas van a ser construidas en una zona que se conoce como La Encina.

Estas viviendas dispondrán de su propia energía solar y gastarán 40 por ciento menos agua potable que las viviendas habituales.

Los edificios estarán diseñados específicamente para respetar el medio ambiente. Se planea el ahorro de energía convencional a través del uso de energía solar. También se prevé que muchos litros de agua potable pueden ser ahorrados a través del reciclaje de "aguas grises" (de la ducha y de fregar, por ejemplo) que después de ser depuradas, se utilizan para las cisternas de baño. Finalmente, el proyecto también tiene planes para afrontar uno de los mayores culpables de la contaminación ambiental: el uso excesivo de los vehículos privados. Así pues, los peatones tendrán prioridad sobre coches y será obligatorio el aparcamiento en el entorno de la urbanización.

Desgraciadamente, son muchos los escépticos que temen que una vivienda que está construida según los principios bioclimáticos no puede ser atractiva, asequible o bien diseñada. ¡Nada más lejos de la realidad! La Encina va a ser una urbanización bonita y confortable, y lo más importante, sus habitantes estarán satisfechos al pensar que su paso por este planeta no ha significado el sabotaje de sus medios naturales.

Gramática ➡163 ➡W62

The passive

- Spanish in general prefers the use of the active voice, especially in everyday conversation. See page 114 for a reminder of some ways of avoiding the passive.

- In active sentences the 'subject' does the action of the verb:
  The emergency services took the victims to the local hospitals.
  Los servicios de urgencias llevaron a las víctimas a los hospitales locales.

- In passive sentences the 'subject' has something done to it:
  The victims were taken to the hospital by the emergency services.
  Las víctimas fueron llevadas a los hospitales locales por los servicios de urgencias.

- To form the passive take the verb *ser* + past participle which must agree with the noun.

- 'By' is usually translated by *por* but a few verbs take *de* or *en* such as in the phrase *rodeado de*:
  Los ciclistas fueron rodeados de policías.
  The cyclists were surrounded by police officers.

- The passive voice tends to be used in formal contexts such as newspaper reports or legal text.

Ⓐ Find the passive structures in 'La ciudad sostenible del futuro' and re-write them in the active voice.

Example: 243 viviendas van a ser construidas = 243 viviendas se van a construir

3a El calentamiento global: ¿culpa nuestra o la variación natural del clima? Escucha a estas cinco personas. ¿Dónde colocarías su opinión sobre el tema?

Atención: el diagrama no se aplica a uno de los entrevistados. ¿Cuál es su opinión?

El calentamiento global

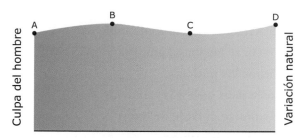

3b Escucha otra vez. Escribe el número del pasaje donde se mencionan o implican las siguientes afirmaciones:

a Algunas películas tienen valor educativo.

b La humanidad acelera el proceso del calentamiento global.

c Los medios de comunicación no siempre dicen la verdad.

d Deberíamos valorar más las opiniones de los científicos.

e La temperatura del planeta nunca ha subido tan rápido.

f El calentamiento de la Tierra es paralelo al calentamiento de otros planetas del sistema solar.

Técnica

Writing skills – organising ideas and facts for a structured response

◆ Time spent planning is crucial to good writing. For example, if you are required to write a response in 50 minutes, then allocate **at least** five minutes to planning.

A Work out a plan for 1a or 1b in five minutes.

1a Do the advantages of travelling by car outweight the disadvantages?

1b Is global warming the result of our careless attitude toward the environment?

B Do this for 1b. Look back at previous pages and work in this unit and write down the aspects that you need to consider.

◆ With your plan in mind, list your own ideas on this subject in any order. Here is an example for 1a:

C List your ideas for 1b in a similar diagram.

◆ Classify your ideas into for, against or don't know/advantages, disadvantages, a bit of both.

◆ Always add concrete examples or facts for each idea.

◆ Now briefly revise your plan and make any changes you may feel necessary.

D Briefly revise your plan.

◆ Prepare vocabulary. Revise the unit so far and note down the key words and phrases.

◆ Use a variety of language and more complex structures. Look back at the Gramática sections and re-use the structures covered in your answers.

◆ Introduction: make a bold statement for or against – or a statement recognizing the complexity of the question.

En primer lugar hay que decir/rechazar/considerar …

◆ Main body: balance your paragraphs in length and argument. Count your words carefully.

◆ Include plenty of opinions, justify them with examples of your own, and consider both sides of the argument.

◆ Conclusion: sum up by drawing ideas together and restate your stance.

En resumen/Para resumirlo todo/Recapitulando/Lo anterior sirve para demostrar que …

E Now write a 300-word essay answering either question 1a or 1b, using the notes you have made for activities A–C and all the information in this section.

The three most important things to remember are:

1 Always answer the question asked, not an answer you have prepared in advance.

2 Use the pre-release material as a starting point, but then use facts and evidence of your own.

3 Make sure the facts and evidence refer to Spain or a Spanish-speaking country.

Gramática en acción

Recuerda ➡ 157, 159

Continuous tenses

Continuous tenses describe something happening at a specific moment of the past, present or future. They are formed with the verb *estar* and the gerund.

A 🎧 Listen to the conversation and look at the picture. How many false statements does Elisenda make?

B Correct the false statements.

C 👤 What were the other visitors to the beach doing? Work with a partner. Make sure you mention everyone!

Recuerda ➡ 154

Position of pronouns

In Spanish the pronoun is often added on the end of the gerund, in which case you need to remember to put an accent. Where there are several objects to be replaced, apply the rule RID: reflexive, indirect, direct. This is the only possible order for the pronouns.

D Re-write the sentences, putting the verb into the continuous tense (present, imperfect or future). Use pronouns to replace the objects in each sentence.

Example: *Carlos lee el folleto informativo del hotel.*
*Carlos lo **está leyendo**.*
*Carlos **está leyéndolo**.*

1 Rita limpia el cuarto de baño.
2 María se lavaba el pelo.
3 Vimos las noticias.
4 Las chicas hacen las maletas.
5 Me pongo el traje de baño.
6 Nos dirás los planes.

Recuerda ➡ 162

Constructions with *si*

Remember the following sequences of tenses:

Si +	past	+	past
	present	+	present/imperative/future
	subjunctive	+	subjunctive/conditional (perfect)

E Complete the sentences with the correct form of the verb.

1 Si yo (ir, *imperfect subjunctive*) a Costa Rica, me (gustar) entrar en los parques nacionales.
2 Si ustedes (poder, *present indicative*) visitar Uruguay, ¡(quedarse) en Montevideo!
3 Si nosotros (pasar, *imperfect indicative*) las vacaciones en Puerto Rico, (tomar) el sol en la playa de Dorado.
4 Si Felipe (querer, *imperfect subjunctive*) viajar a Ecuador, (conocer) Quito.
5 Si tú (visitar, *pluperfect subjunctive*) Perú, (probar) el ceviche*.

*a form of marinated seafood salad

La bioluminiscencia en Puerto Rico está en peligro.

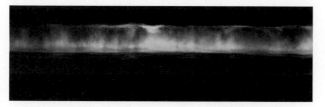

Escondidas en las costas de este estado estadounidense independiente se encuentran algunas de las más espectaculares bahías del mundo.

En la noche puertorriqueña brilla una misteriosa luz verdosa-azulada creada por micro-organismos que prosperan en un entorno único. Se trata de organismos mitad-planta, mitad-animal que brillan cuando se les agita, lo que se cree que es un posible mecanismo de defensa para asustar a sus predadores. Parece ser que este fenómeno existe en todos los mares de nuestro planeta, pero solamente en unos pocos, la concentración de organismos bioluminiscentes es suficientemente alta para que aparezca este increíble resplandor más característico de las películas de ciencia ficción que de la vida cotidiana.

La modesta Isla de Vieques, seis millas al este de Puerto Rico, proporciona el frágil ecosistema necesario para que los turistas vean este maravilloso suceso, pero la magia podría desaparecer en cualquier momento. Los turistas acuden por docenas y olvidan que sus repelentes de mosquitos y las emisiones resultantes de los carburantes de las embarcaciones que les transportan a la bahía, ponen en peligro la supervivencia de los micro-organismos bioluminscentes.

Si tienes la suerte de visitar Vieques, asegúrate de que no contribuyes a la desaparición de la magia: busca una compañía que ofrezca tours en *kayaks* y disfruta de esta experiencia tan especial.

1a Lee el artículo y escribe un resumen **en inglés**.

1b Utiliza internet para recopilar información y diseña un folleto informativo que promueva el turismo ecológico en las lagunas de Puerto Rico.

2a Cada vez más jóvenes se toman un año libre para viajar y ver mundo. Escucha a estos seis jóvenes. ¿Quién menciona los siguientes aspectos?

- **Amigos**
- **Desarrollo personal**
- **Divertirse**
- **Trabajo**
- **Estudios**

2b Escucha otra vez. Una persona todavía no ha viajado. ¿Quién es?

3a "El gobierno debería apoyar económicamente a los jóvenes que quieren viajar durante un año." ¿Estás de acuerdo?

3b Defiende tu punto de vista en una carta de 400 a 500 palabras, dirigida al alcalde de tu ciudad. Utiliza la sección de Técnica de la página 101.

3c Utiliza la carta que has escrito para preparar una presentación oral de tres minutos.

extra! Completa las actividades en las Hojas 31–35.

1 Lee y escoge la frase correcta.

1 a Tres cuartos de españoles hacen ejercicio.

 b Más de un 75 por ciento de los españoles es obeso.

 c El tipo de ejercicio más popular es caminar.

2 a Aparte de andar, el nivel de ejercicio es preocupante.

 b El andar no es una buena forma de ejercicio.

 c Andar deforma el cuerpo.

3 a La mayoría de los españoles va al gimnasio.

 b Ir al gimnasio es más popular que correr.

 c Algo más del 5 por ciento corre a menudo.

4 a El 17% de los españoles nada.

 b El 17% de los españoles no hace nada.

 c Cuando hacen deporte, el 83% no lo cuenta como ejercicio.

5 a Los hombres son más activos sexualmente que las mujeres.

 b El problema no es tan grave como se ha pintado.

 c Las mujeres hacen menos ejercicio que los hombres.

2 Escucha y contesta en español.

1 ¿Cuál es la forma de ejercicio más frecuente?

2 ¿Cuántos españoles en total caminan por lo menos tres o cuatro veces por semana?

3 ¿Qué es más popular, correr o ir al gimnasio?

4 ¿Qué se practica con más frecuencia, correr o ir al gimnasio?

5 ¿Qué se practica con menor frecuencia que ir al gimnasio y correr?

6 Típicamente, ¿con qué frecuencia se practican los deportes?

3 Mira el gráfico de abajo.

- ¿Cuál es la actividad que depende menos de la edad?
- ¿Cuáles son las diferencias más grandes entre los jóvenes y los mayores?
- En tu opinión, ¿cómo se pueden explicar estas diferencias?
- ¿Qué le recomendarías a una persona mayor que no hace mucho ejercicio?
- ¿Qué le recomendarías a una persona joven?

Para una población cada vez más sedentaria y obesa, el ejercicio adquiere un papel esencial en la salud y la calidad de vida. Los resultados del Barómetro de Consumo establecen que la mayoría de los españoles (76%) practica una forma de ejercicio: andar. Pero si dejamos de lado el andar, y hablamos de ejercicio más vigoroso, las cifras bajan de forma alarmante: sólo uno de cada cuatro españoles va al gimnasio, y uno de cada cinco suele salir a correr. En cuanto a los deportes, sólo el 17% afirma practicarlos, igual que la natación. Las diferencias se exageran aun más a la hora de considerar los distintos sexos, ya que los hombres son mucho más activos que las mujeres.

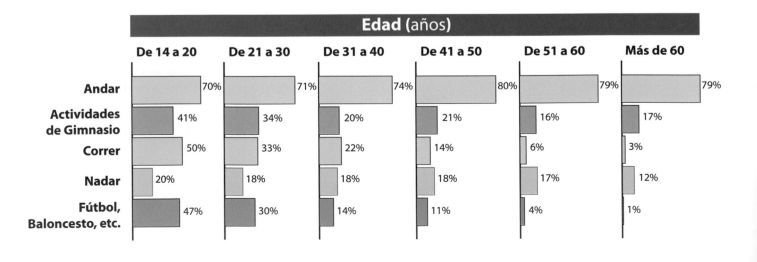

	Edad (años)					
	De 14 a 20	De 21 a 30	De 31 a 40	De 41 a 50	De 51 a 60	Más de 60
Andar	70%	71%	74%	80%	79%	79%
Actividades de Gimnasio	41%	34%	20%	21%	16%	17%
Correr	50%	33%	22%	14%	6%	3%
Nadar	20%	18%	18%	18%	17%	12%
Fútbol, Baloncesto, etc.	47%	30%	14%	11%	4%	1%

4 Lee el texto y contesta con tus propias palabras.

1 ¿Por qué nos invita el texto a buscar "hoteles ecológicos" en Google? ¿Qué demuestra?

2 ¿Qué son Swan, la Flor y Eco Label?

3 ¿Qué puede hacer un hotel para merecer los símbolos?

4 ¿Cuál es la situación en España?

El auge del hotel ecológico

No es verde todo lo que reluce.

La etiqueta de moda en el turismo es el "eco turismo". Si buscas en Google "hotel ecológico", encontrarás unos cinco millones de páginas. No todos pueden ser reales, porque si no, el planeta ya estaría a salvo. ¿Cuántas veces se usa esta etiqueta para otorgar una apariencia ecológica pero superficial a un hotel convencional?

Hay tres etiquetas que sí ofrecen la tranquilidad de un turismo responsable y fiel a la naturaleza. En los países nórdicos, la etiqueta Swan es el símbolo para indicar productos y servicios respetuosos con el medio ambiente. Los alojamientos de la cadena *Scandic* han merecido el símbolo del cisne. En las habitaciones la madera, el algodón y la lana sustituyen al plástico y los tejidos sintéticos. Hasta el champú es biodegradable y los desayunos, de cultivo biológico.

La Flor es otra ecoetiqueta de la Unión Europea para detectar la eficiencia en el uso de la energía por vías renovables y el ahorro del agua y de la luz.

La tercera etiqueta es Eco Label. En la página web de *eco label tourism*, se ofrece una lista completa de los hoteles europeos que cumplen los requisitos verdes.

Sólo hay tres hoteles españoles en la lista, y el gobierno español no tiene ningún sello verde oficial, aunque se está estudiando la forma de englobar bajo una etiqueta a todos los entornos diferentes de la industria del turismo.

5 Mira el anuncio de Casa Campus y contesta a las preguntas.

1 ¿Qué es Casa Campus?

2 ¿Qué hace para proteger el medio ambiente?

3 ¿Cuál de los aspectos te parece más importante?

4 ¿Irías a Casa Campus?

Casa Campus

BARCELONA

Hotel Ecológico

- edificio antiguo renovado
- no necesita aire acondicionado
- agua reusada para los aseos
- energía solar para la ducha
- bicicletas a la disposición de los clientes
- comida biológica

6 Escucha y contesta en inglés.

1 When is tourism not the enemy of the environment?

2 What is special about the Punta Islita hotel?

3 What examples are mentioned of the wildlife you can find there?

4 What sort of hotel is it?

5 How is it built?

9 Estudios y trabajo

By the end of this unit you will be able to:

- Discuss your experiences of primary and secondary school
- Compare aspects of the education systems in Spain, Mexico and the UK
- Talk and write about study skills and strategies
- Consider employment options and how the world of work is changing

- Work out meaning without using a dictionary
- Use time clauses correctly
- Use commands correctly
- Use the subjunctive to express purpose
- Use all types of pronouns
- Use the subjunctive in relative clauses
- Write formal letters

Los años escolares

¿Cómo se comparan la vida y las opciones de un estudiante en España con las de tu propio país?

1a Piensa sobre tu colegio de primaria. Comparte con tus compañeros/as tus opiniones y recuerdos sobre

- tu profesor o profesora favorito/a
- las aulas
- los recursos
- tu asignatura favorita
- tus amigos
- el uniforme

1b Ahora piensa en tu colegio de secundaria. ¿Cuál es tu mejor recuerdo? ¿Y el peor?

2 Escucha a los jóvenes recordando sus años escolares. ¿Tienen razón, se equivocan o no se sabe?

Susana
1 Tenía muchos amigos.
2 Siempre jugaba en el patio durante el recreo.

Carlos
3 Era bueno en ciencias pero no en idiomas.
4 Hacía mucho deporte después del colegio.

Pedro
5 No estudiaba mucho pero aprobaba los exámenes fácilmente.
6 Tocaba la guitarra y era miembro de la orquesta.

Fabiola
7 Se fugaba del instituto por las tardes para ir a trabajar.
8 No tenía mucho interés en una carrera académica.

3a Observa este ejemplo de un organigrama de asignaturas en un colegio español de Educación Secundaria Obligatoria (E.S.O.) y Bachillerato.

C.c.: Ciencias   Hª: Historia

EDUCACIÓN PRIMARIA	Educación Secundaria Obligatoria (E.S.O.)		Bachillerato	
			1º	**2º**
	Obligatorias (1º–4º)	Matemáticas Lengua y Literatura Geografía e Historia Inglés C.c. Naturales Ed. Física Religión/Ética Tutoría	**Obligatorias**	
			Filosofía Lengua y Literatura Inglés Ed. Física Religión	Filosofía Lengua y Literatura Inglés Historia de España
	(1º–3º)	Música Ed. Plástica y Visual Tecnología	**Opción Ingeniería**	
			Matemáticas Física y Química Dibujo Técnico *Biología o Francés*	Matemáticas Física Dibujo Técnico *Química o Francés*
	Optativas (1º–3º)	Francés o: Taller de Matemáticas/ Comunicación/ Cultura Clásica	**Opción C.c. de la Salud**	
	(1º) (2º) (3º)		Matemáticas Física y Química Biología *Dibujo Técnico o Francés*	Matemáticas Química Biología *Física o Francés*
			Opción C.c. Sociales	
			Matemáticas C.c. Sociales Hª del Mundo Contemporáneo Economía *Francés o Latín*	Matemáticas C.c. Sociales Geografía Empresariales *Hª del Arte o Psicología o Francés*
	(4º)	**Opción A** Física y Química + Francés o Vida Adulta **Opción B** Plástica + Francés o Vida Adulta	**Opción Humanidades**	
			Latín Griego Hª del Mundo Contemporáneo *Matemáticas o C.c. Sociales o Francés*	Latín Griego Hª del Arte *Geografía o Psicología o Francés*

PRUEBAS DE ACCESO A LA UNIVERSIDAD

3b Compara el sistema español de la ilustración con el sistema inglés. Haz una lista de similitudes y diferencias.

Frases clave

En Inglaterra se estudia …

En España hay más/menos …

Los jóvenes españoles/ingleses …

En los dos países se aprende …

4a En España, para no tener problemas de acceso a carreras universitarias específicas, debes escoger las opciones correctas durante tu E.S.O. y Bachillerato. ¿Qué opciones crees que han estudiado los siguientes profesionales? ¿Por qué?

1 un abogado
2 un contable
3 un intérprete
4 un arquitecto
5 un arqueólogo

4b Reflexiona sobre tus planes para el futuro. Imagina que estudias en España. ¿Qué asignaturas y opciones seguirías?

Educación para todos

◆ *El futuro está en manos de nuestros jóvenes; nuestros jóvenes en manos de nuestros sistemas de educación.*

1a Lee el artículo rápidamente e identifica el tema de cada sección. Escribe una frase para cada párrafo.

Ejemplo: El primer párrafo habla de los orígenes y objetivos de la telesecundaria.

La telesecundaria

1   Nacida hace más de tres décadas, la telesecundaria ha afrontado con éxito el gran problema de la docencia en las zonas rurales de México, donde el reclutamiento de maestros especializados es un problema por razones socio-económicas.

2   Este proceso de aprendizaje se basa en dos características primordiales: el uso del televisor para acarrear la mayoría de las labores pedagógicas y la utilización de un único maestro para todas las materias. De este modo, lugares menos poblados disfrutan de centros de docencia secundaria que a menudo constan solamente de tres aulas y tres docentes, pero que son capaces de abarcar todo el currículo. Estos centros suelen tener unos setenta estudiantes o incluso menos.

3   Los alumnos disponen de un único libro de texto que proporciona explicaciones sobre todos los temas televisados, y una guía de aprendizaje que les ayuda con las actividades y tareas a completar. Las transmisiones se emiten dos veces, de 08:00 a 14:00 y de 14:00 a 20:00. Las emisiones empiezan a la hora en punto y duran quince minutos; así que después de que haya concluido la retransmisión, el profesor dispone de cuarenta y cinco minutos para consolidar el tema antes de que empiece la nueva teleclase.

4   Sin lugar a dudas la telesecundaria ha sido un éxito que ha acercado la educación y la igualdad de oportunidades a comunidades aisladas. El valor añadido que conlleva es extraordinario, pues muchos estudiantes llegan a la telesecundaria con conocimientos menores que la mayoría de jóvenes úrbanos, y, aún así, terminan su educación con niveles comparables.

5   A pesar de su triunfo, el método no carece de problemas. Algunos ejemplos son el mal funcionamiento de antenas que dificulta la implementación de los programas y los contraproducentes estrictos horarios. Por suerte, internet acude al rescate y ya hace tiempo que comenzaron los experimentos, con ánimo de poner fin a la inflexibilidad y proporcionar más control a los centros.

Técnica

How to avoid using your dictionary

Translating text word by word can result in meaningless passages due to differences between languages.

Unless you are dealing with an exam question that specifically asks you to do so, there are few occasions when a full translation is required. Mostly, you will only need the overall gist and an understanding of the main points communicated in the text. Here are some tips to help you:

◆ Think of other words connected to the word in the text.
  - word families
    educar (to educate) *la educación* (education)
    educativo (educational)
  - synonyms and antonyms
    la mayoría (the majority)
    la minoría (the minority)
  - prefixes denoting opposites or repetition
    (*in-, anti-, des-, re-*)
    despoblado (unpopulated)

  - suffixes (*-ero/a, -ista, -or(a), -ancia, -encia, -ción, -sión*)
    implementar (to implement)
    la implementación (implementation)
  - cognates or near cognates
    reclutamiento – **recruitment**
  - Think about the function of a word in the sentence.
    verb *respetar*   noun *el respeto*
    adjective *respetuoso*
    adverb *con respeto/respetuosamente*

A Re-read the text and work out:

1   verbs relating to 'near' and 'far'
2   verbs meaning 'to face', 'to carry' and 'to cover/embrace'

B Look at these words. From the context, can you work their meaning and which word they originate from?

1   primordiales   2   aisladas

1b Lee el artículo otra vez. Contesta a las preguntas.

1 Qué es la telesecundaria?

2 ¿Desde cuándo existe?

3 ¿Cuántas lecciones diferentes se transmiten cada día?

4 ¿Por qué ha triunfado la telesecundaria?

5 ¿Qué desventajas tiene?

1c Ahora escribe un resumen en inglés con la información esencial del artículo. Debes escribirlo en menos de cien palabras.

2a Escucha esta retransmisión de radio. Decide si estas afirmaciones son verdaderas o falsas.

1 Hay 23 colegios de educación telesecundaria en el estado de Michoacán.

2 El estado emplea a un total de 2.740 maestros.

3 En estos momentos 53.318 estudiantes llenan las 2.291 clases de telesecundaria.

4 Las primeras charlas de los adolescentes de telesecundaria tendrán lugar el 19 de mayo.

5 Los estudiantes de secundaria del estado serán representados por 18 jóvenes.

2b Escucha otra vez y contesta a las preguntas:

1 ¿Qué se celebra?

2 ¿Cuál es el objetivo del debate?

3 ¿Qué asuntos se discutirán durante las jornadas? Menciona tres.

3a ¿Sería efectivo el uso de la telesecundaria en las zonas rurales del Reino Unido? Escribe un ensayo de 200 palabras. Reflexiona sobre los temas de la ilustración de abajo.

3b Ahora utiliza tu ensayo para preparar una presentación oral de tres minutos donde justifiques tu conclusión.

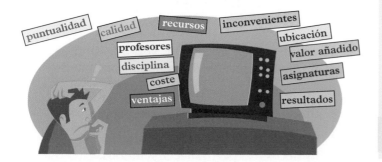

puntualidad calidad recursos inconvenientes profesores ubicación disciplina valor añadido coste asignaturas ventajas resultados

Gramática ➡162

Time clauses

● On page 89 we learnt the use of time clauses with *hace, hacía, llevar and desde hace*. You should revise their use and always take care when translating 'for' or 'since'.

● When a clause is introduced by *mientras (que), en cuanto, hasta que, tan pronto como* and *cuando* you need to consider whether it needs the indicative or subjunctive:

Use the subjunctive mood when the clause doesn't refer to a definite fact or it refers to a future possibility which may or may not happen. Use the indicative when the event has already happened:

*Voy a buscar trabajo en cuanto **acabe** la universidad.*

I will look for a job as soon as I finish university.

But:

*Busqué trabajo en cuanto **acabé** la universidad.*

I looked for a job as soon as I finished university.

● *Antes (de) que, después (de) que* are generally followed by the subjunctive:

El programa acabó antes de que llegara.

The programme ended before I arrived.

● Remember that the expression *acabar de* + infinitive means to have just done something but you will need to consider which tense to use:

*Creo que **acabo de suspender** el examen de arte.*

I think I have just failed the art exam.

*La telesecundaria **acababa de surgir** cuando mi hijo empezó el colegio.*

'Telesecondary school' had just appeared when my son started school.

A In the text on telesecondary schools, there are two examples of time clauses + subjunctive. Can you find them?

B Indicative or subjunctive? Complete the sentences with the correct form of the verb.

1 Cuando .... mi primaria, voy a ir a la telesecundaria del pueblo.

2 Mientras ...., escucho música.

3 Antes de que .... la telesecundaria, no había posibilidad de estudiar en nuestra región.

4 Los estudiantes se callarán cuando la profesora ....

estudiar	terminar
encender	llegar

Asuntos de estudiantes

◆ *No ha aprendido las lecciones de la vida quien diariamente*
no ha vencido algún temor.

1a Lee los emails a Maruja y empareja cada uno
con un consejo apropiado.

Inquietudes escolares
en línea @ Maruja.com

A Ayúdame, Maruja, por favor – estoy enamorada de
un chico de mi clase y no puedo estudiar más. Me
vuelve loca cuando está en la misma clase que yo.
Normalmente soy organizada y trabajadora pero
desde ayer ya no lo soy. ¿Qué
hago?

B Es inútil, Maruja – yo no soy
un buen estudiante. No soy
disciplinado y estoy cansado
de recibir malas notas en casi
todas las asignaturas. Además
se me hace muy difícil porque
estoy haciendo un curso que
ya no me gusta, ¡pero mis
padres insisten en que siga!
¿Qué puedo hacer?

C Mira, Maruja, yo no tengo la
menor idea de qué escoger
– hay tantas posibilidades y lo que pasa es que soy
poco inteligente y serio en cuanto a los estudios pero
tampoco sé qué formación profesional me gustaría
hacer. ¿Cómo voy a saber cuál es la mejor carrera
para mí?

D Maruja, nadie me dice nada ni me da consejos.
Creen que voy a trabajar el año que viene pero yo
no estoy listo para eso.

1 Lo mejor sería buscar una empresa donde
puedas hacer prácticas por quince días y
probablemente esto te ayudará a comprender
que el mundo del trabajo no es tan agobiante
como te parece ahora.

2 Trata de hablar con tus padres – a lo mejor, te
comprenden más de lo que te imaginas.

3 ¡Ten un poco de disciplina, por favor! Tus
estudios son más importantes que un chico
que apenas conoces …

4 Habla con tu profe o tutor o, si no, acude a la
consejería de orientación o INEM.

1b Lee el email de Federico y escribe una respuesta.
Utiliza el imperativo.

Es insoportable, Maruja, la presión que siento de mis
padres. Creen que soy un genio y no quieren aceptar que
no soy Einstein. ¿Qué me aconsejas?

Federico, Córdoba

Gramática
➡162 ➡W60

Commands

You have already seen commands in Units 1, 2 and 4
of this book.

Remember:

1 The command forms of a verb are used to tell
someone to do or not to do something.

2 Most of the time commands coincide with the
present subjunctive form as shown in the box
below with a tick:

	positive	negative
tú	own ending	✓
usted	✓	✓
nosotros	✓	✓
vosotros	own ending	✓
ustedes	✓	✓

3 Object pronouns are placed in their usual position
(**R**eflexive, **I**ndirect, **D**irect) before the verb in
negative commands and attached to the end in
positive commands. Generally an accent needs to
be placed over the stressed syllable.

*No **te lo** pongas. (lo = uniforme)*   Don't put it on.

Póntelo. (lo = el uniforme)   Put it on.

Ⓐ Look at the Maruja's replies in activity 1a
and identify the ones where she has used the
command form.

Ⓑ You are trying to study for an exam but
your younger brother is a nuisance and he is
pestering you. Use commands to ask him to do
or not to do these things.

1 No hacer payasadas

2 Dejar al perro en paz

3 No encerrarse en el baño

4 Venir aquí inmediatamente

5 Bajar el volumen de la tele

6 Acabar sus deberes

Ⓒ Here are some notices that you may find in an
exam hall. Rephrase them using commands.

1 Se debe guardar silencio.

2 El uso de teléfonos móviles está prohibido.

3 No se permite copiar.

4 Es necesario permanecer sentados.

2 Piensa en otro problema que pudiera tener un joven de tu edad. Imagina que es un(a) compañero/a quien te ha pedido consejo. Aconséjale lo que debería hacer para alcanzar una solución. Tu compañero/a debe adivinar cuál es su problema imaginario.

3a Lee los consejos.

---

12 consejos del Pequeño Libro de Calma en los estudios

1. Empieza desde ahora a repasar para los exámenes y pide ayuda, si la necesitas. Más vale tarde que nunca.
2. Prioriza lo que tienes que hacer empezando con las tareas más complejas.
3. ¡Empolla!* a veces, no hay más remedio.
4. Comienza por la mañana con la mente fresca y concéntrate en las asignaturas que menos te gustan y por la tarde puedes hacer las que te gustan más.
5. Haz un plan y revísalo cada día poniéndolo al día.
6. Decide cuántas horas debes estudiar cada noche.
7. Busca un lugar tranquilo sin distracciones.
8. Pregunta a tu profe cuáles son los textos clave.
9. No trates de estudiarlo todo: el que mucho abarca poco aprieta.
10. Habla con tus amigos: un poco de ayuda mutua vale mucho.
11. No te preocupes demasiado: el estrés de los exámenes es muy natural y hasta es bueno porque hace que te esfuerces más.
12. ¡Acuérdate de que siempre puedes volver a examinarte! No es el fin del mundo si no apruebas a la primera vez.

Si todo esto te falla siempre puedes consultar la página web más consultada por los estudiantes españoles: www. rincondelvago.com

---

* empollar – *to swot, cram*

3b Escucha las opiniones de Ana y de Sebas. ¿Qué consejos de la actividad 3a menciona cada uno?

4 Diseña un póster con consejos para los exámenes de fin de curso para los estudiantes de tu colegio. Utiliza las frases clave.

Frases clave

¡Empezad …!	¡Intentad …!
¡Haced …!	¡Aseguraos …!
¡Estudiad …!	¡No dejéis …!

5 Trabaja con un(a) compañero/a. Tirad una moneda al aire y decidid a cara o cruz quién juega a favor o en contra de estas afirmaciones. Defended la posición que os ha tocado para cada afirmación, independientemente de cuál es vuestra verdadera opinión.

¿Qué opinan los estudiantes sobre cómo se aprenden idiomas?

1 Aprendes más rápidamente con una familia.

2 Estudias mejor en un curso intensivo en un país de habla hispano.

3 Todo se hace con más cuidado y calma cuando tienes cincuenta años aunque resulta más difícil que cuando tenías veinte.

4 Es casi imposible aprender en una clase grande.

5 Es cada vez más importante aprender varios idiomas.

6 Resulta mejor aprender cuidadosa, pausada y cómodamente con un profesor particular.

7 En casa estudias de manera muy independiente pero lentamente.

Un panorama laboral incierto

◆ *Algunas personas sueñan con el éxito, mientras que otras se despiertan y trabajan duro para conseguirlo.*

1 Observa la ilustración y contesta a las preguntas.

- ¿De qué se trata?
- ¿Cuáles son las principales diferencias?
- ¿Cuáles son las ventajas de trabajar desde casa?
- ¿Hay inconvenientes?
- ¿Te gustaría poder trabajar desde casa? Explica tu respuesta.

Siglo XX   Siglo XXI

2a Lee el artículo sobre el teletrabajo en Argentina y contesta a las preguntas.

1 Aproximadamente, ¿cuántos teletrabajadores había en Argentina hace cuatro años?

2 ¿Por qué hay muchos teletrabajadores que tienen más de 35 años?

3 ¿Qué otros sectores de la sociedad son activos en el mundo del teletrabajo? ¿Por qué?

4 ¿Qué hace posible la prosperidad del teletrabajo?

5 ¿Por qué las empresas apoyan el teletrabajo?

6 ¿Qué depara el futuro?

El mundo del trabajo

El número de teletrabajadores se duplica en Argentina

En sólo cuatro años se ha duplicado el número de teletrabajadores en Argentina y las cifras ahora superan 620.000 y continúan en aumento.

Según los expertos, la razón que explica el crecimiento del teletrabajo es la escasa oferta de oportunidades laborales para los profesionales mayores de 35 años. Estos profesionales finalizaron su educación universitaria a primeros de los noventa, y tuvieron que enfrentarse a las altas tasas de desempleo de esa década. Ante la falta de oportunidades, decidieron emplear las nuevas tecnologías para ofrecer sus servicios en el campo de la traducción, la arquitectura, la abogacía, el diseño gráfico y el diseño de páginas web. Lo mismo hicieron sociólogos, filósofos, antropólogos, historiadores y científicos de todas las especialidades.

Asimismo, los jóvenes de hoy en día se sienten rechazados por el mercado laboral debido a su falta de experiencia y se suman a la plantilla de teletrabajadores en su búsqueda de ingresos a través de métodos menos convencionales, mediante el uso de herramientas de las Tecnologías de la Información y de las Comunicación (TICs).

El auge del telempleo no se debe tan sólo a la falta de otros empleos más habituales, sino que también se debe a los cambios en las prioridades de una sociedad en la que crece el deseo de pasar más tiempo con la familia. Además, aumenta el número de personas que sólo pueden hacer una tarea laboral desde sus domicilios,

debido a sus compromisos familiares (tienen a cargo hijos pequeños) o porque tienen características diferentes del resto (discapacitados, por ejemplo), o simplemente por problemas de tiempo o por el coste del transporte.

Claro está que para que el trabajo a distancia sea posible, se han debido desarrollar y perfeccionar las TICs, así como abaratar el coste de los equipos y del *software* que ahora permite que muchos habiliten un espacio laboral en su domicilio a un precio asequible. También los empresarios se ven bajo presión para promover el teletrabajo para evitar la pérdida de empleados clave y para poder captar nuevos profesionales de alto calibre.

A pesar de sus diferentes motivos y sus procedencias variadas, aquello que todos los teletrabajadores tienen en común es, sin duda, sus habilidades, que sin excepción incluyen el manejo de las TICs, disciplina, autonomía y carácter emprendedor, combinado a menudo con la capacidad de venta y el dominio del inglés.

Parece ser que en Argentina, al igual que en la mayoría de países desarrollados, el continuado avance de esta nueva modalidad de empleo es parte inevitable del futuro. Una forma de trabajo que, además, muy probablemente crezca más allá de las fronteras geográficas.

2b Traduce al inglés el párrafo destacado.

2c ¿Crees que la situación que describe el párrafo destacado afecta a tu país? Da tu opinión en 150 palabras. Ilustra tu respuesta con ejemplos.

3 Haz una lista de las cualidades necesarias, según tu opinión, para un(a) teletrabajador(a). Utiliza las frases clave.

Frases clave

Es importante que ...

Debería ser ...

Lo crucial es ...

Es de suma importancia que sepa ...

Es imperativo que tenga ...

Gramática ➡162

The subjunctive to express purpose

A List the uses of the subjunctive that you have learnt so far. Revise previous units if necessary.

The subjunctive mood is also used to express purpose after conjunctions such as *para que, a fin de que, de manera que* and *de modo que* when the meaning is not result but purpose:

*Mandé el currículum ayer, **para que llegase** antes de la fecha de cierre de solicitudes.*

I emailed the CV yesterday so that it would arrive before the closing date.

B In the article on telework in Argentina, there is a paragraph with two examples of the subjunctive to denote finality or intention. Identify them and translate them into English.

C Indicative or subjunctive?

1 Mi marido quiere que trabaje desde casa para que *cuido/cuide* de sus padres.

2 Dejé los currículums en su oficina con el fin de que los *encuentró/encontrara* la mañana siguiente.

3 Perdí el autobús, de manera que *llegué/llegara* tarde al trabajo.

4 Voy a mandar a mi hijo a Inglaterra con su tío para que *practica/practique* el inglés.

5 Perdió su trabajo así que ahora *busca/busque* otro empleo.

4a Escucha estas respuestas. ¿A qué pregunta respondía el entrevistado?

   a ¿Cuáles son las cualidades del trabajador ideal de nuestra época?

   b ¿Pierden importancia la formación y la experiencia?

   c ¿Por qué es la movilidad geográfica tan importante?

   d ¿Cómo se compara esta situación con la de hace unos años?

   e ¿A qué se refiere el entrevistado cuando menciona la orientación hacia resultados?

4b Escucha la entrevista y comprueba tus respuestas.

4c Ahora escucha la entrevista otra vez y completa los espacios en el texto con la palabra del recuadro más adecuada. ¡Cuidado! Se puede utilizar cada palabra sólo una vez y no las necesitarás todas.

alcance	trabajado	la multiculturalidad
aumentado	unas características	flexibilidad
cambiado	unos atributos	la habilidad
los idiomas	la sucursal	la compatibilidad

Según Don Miguel Soto del Oso, los empresarios de hoy buscan (**a**) muy bien definidas. La movilidad geográfica es un factor muy importante y la busqueda de empleados más allá de las fronteras del propio país ha (**b**) significativamente en los últimos años. La capacidad de desarrollar un buen trabajo en (**c**) de otro país es muy valorada y también (**d**) de hacer las cosas de un modo diferente y más innovador que el resto. La experiencia laboral en otros países es muy apreciada ya que resulta en familiaridad con (**e**) lo que hace al empleado más tolerante. Así pues, las empresas de hoy buscan empleados que han (**f**) en otros países y conocen otros idiomas. El profesional ideal debe ser caracterizado por su (**g**) y el (**h**) de sus metas.

5 Según la entrevista el profesional ideal tiene creatividad, innovación e imaginación; disponibilidad para la movilidad geográfica; multiculturalidad; flexibilidad y orientación hacia resultados. Prepara una presentación de tres minutos en la que ilustres con ejemplos, por qué eres el profesional ideal.

A la búsqueda de trabajo

◆ *En cuanto acaban los exámenes académicos empieza la primera prueba auténtica: la venta de uno mismo al mejor postor.*

1a Lee el artículo. Indica si cada frase está de acuerdo con, contradice o no se menciona en el texto.

1 Tienes que haber estado en paro durante seis meses.

2 La oficina ayuda a toda clase de personas que buscan empleo.

3 Ayuda a enfocar a la gente joven en la búsqueda de una carrera.

4 Los que acuden a esta oficina tienen que haber estudiado el bachillerato.

5 Les da toda clase de información sobre el mundo laboral.

6 Más de 7.000 jóvenes han visitado la oficina.

1b Escribe un resumen de 50 a 75 palabras que capture la información esencial del artículo.

Gramática ➡153 ➡W22

Pronouns

Remember that there are many kinds of pronouns such as personal, reflexive, indirect object, direct object and relative. Generally all pronouns go immediately before the conjugated verb or as part of the same word after an infinitive, gerund or command form.

A Substitute the underlined parts of these sentences with an appropriate pronoun.

1 *Personal*: <u>Ana y Pedro</u> buscan trabajo.

2 *Indirect object*: Prometí <u>a Pablo</u> que iría a la entrevista.

3 *Direct object*: Tina escribe <u>su currículum.</u>

4 *Relative*: Hablé con la Srta. Pérez, <u>la Srta. Pérez</u> me ayudó.

2 Escucha la entrevista y completa las frases.

1 Continúa estudiando inglés para no perder …

2 Cogió su empleo actual porque …

3 Estudia inglés desde …

4 Los idiomas son importantes para …

5 Hablar idiomas proporciona …

Centro Juvenil de Orientación Laboral

Si tienes entre 16 y 30 años y estás desempleado o desempleada, el Centro Juvenil de Orientación Laboral (C.J.O.L.) te ayuda a encontrar trabajo de forma gratuita a través de sus servicios. Su misión es contribuir al desarrollo del empleo impulsando la empleabilidad de los jóvenes, el espíritu de empresa, la adaptabilidad, la igualdad de oportunidades y la inversión en recursos humanos.

¿Conoces a algún joven madrileño que necesite ayuda en su búsqueda?
Por C.J.O.L. han pasado miles de jóvenes residentes en la Comunidad de Madrid que han conseguido trabajo a través de nuestra labor de orientación.

¿Qué ofrece?
Ayuda a los jóvenes definir su objetivo profesional. Les informa de las posibilidades de trabajo en cada sector, así como las vías de formación especializada e información sobre becas, trabajos en prácticas y programas voluntarios. Entre otros talleres, los hay que proporcionan ayuda para diseñar o mejorar el currículum, y para asesorarse sobre los tipos de contrato, nóminas, prestaciones de desempleo etc. Además cuenta con un servicio de colocación después de la orientación.

¿Cómo funciona?
En primer lugar, es necesario concertar una cita llamando al 914 340 699 ó 914 340 698 para asistir a una sesión de grupo y a una entrevista individual con un orientador que revisará el currículum y acordará el itinerario de orientación más adecuado a las necesidades de cada uno. Una vez finalizado el itinerario, el currículo quedará registrado durante seis meses en una base de datos para remitirlo a las ofertas de empleo que se ajusten a tu perfil.

Para obtener más información, visita *www.madrid.org* y busca C.J.O.L.

3 Debate: "Los mejores empleos van a aquellos que hablan varios idiomas". ¿Estás de acuerdo?

Gramática ➚162 ➚W57

The subjunctive in relative clauses

● Use the subjunctive in relative clauses where there is an element of doubt because the person or object referred to has not yet been identified and maybe doesn't even exist:

*¿Conoces alguien que **hable** ruso?*
Do you know anyone who speaks Russian?

Note that no personal *a* is needed in this kind of sentence.

● But:

*Sí, conozco a alguien que **habla** ruso.*
Yes, I know someone who speaks Russian.

You don't need the subjunctive because you know that the person exists.

● If your response is in the negative, you do need the personal *a* as well as the subjunctive.

*No, no conozco a nadie que **hable** ruso.*
No, I don't know anyone who speaks Russian.

A Translate these sentences into Spanish.

1 I am looking for an employee who is perfect.

2 I need the secretary who speaks Spanish.

3 I don't find any jobs that are suitable.

4 It is possible that it doesn't exist.

4a Lee la carta de solicitud y busca las expresiones que significan:

1 en contestación a	6 sector
2 les saluda atentamente	7 estoy dispuesto
3 el empleo de	8 muy señores míos
4 le doy las gracias por	9 información
5 está incluido	10 que solicitan

4b Traduce la carta al inglés. Debes utilizar el mismo tono y nivel de formalidad.

Lluisa Soler Nadal
Paseo Verdaguer 721, 3°–2°
08700 Igualada
Barcelona

Grupo EuroHols
Apartado de Correos 43
28002 Marbella
Málaga

Igualada, 23 de noviembre 2007

Estimados señores,

Les escribo en respuesta al anuncio que publicaron el pasado domingo en el diario La Vanguardia, donde se anunciaba el puesto de jefe de recepción para su grupo hotelero. Como pueden ver en el currículum que adjunto, reúno las condiciones que requieren en su anuncio.

Tengo varios años de experiencia en este campo y conozco bien el funcionamiento de los sistemas informativos de reservas hoteleras. He trabajado cinco temporadas en el Hotel América como parte del equipo de recepción. Domino además el inglés y tengo buenos conocimientos de francés e italiano.

Les agradezco su atención y quedo a su disposición para ampliar cualquier dato.

A la espera de una pronta respuesta por su parte.

Un cordial saludo,

Lluisa Soler

Read's Hotel y Restaurante de lujo en Santa María (Mallorca) busca:
CAMAREROS
Con experiencia y nociones de inglés y alemán.
Interesados enviar C.V. a *santmamallorca@terra.es*
Tel. 971-14-02-61

¿Buscas trabajo? ¿Algo que cambie tu vida?
Buscamos REPRESENTANTES para ventas de nuestra increíble gama de productos de adelgazamiento.
Remuneración sólo comisión.
Más información Tel. 91 907 87 85

Se precisa SECRETARIA con experiencia para contrato a tiempo parcial en editoral.
Horario flexible. Buen ambiente.
Solicitudes a través de C.V. y carta de presentación a *lavozdehoy@hoy.es*
Tel. 93 493 32 48

Técnica

Writing formal letters
Revise page 113.

◆ Learn the conventions of the layout.

◆ Remember how to start and how to finish.

◆ Use formal expresions to open the letter:

Por la presente …

Me dirijo a usted para …
Les escribo en respuesta a …

A Imagine that you decide to apply for one of the positions advertised above. Write your letter of application.

Gramática en acción

Recuerda ➡154

Relative pronouns

Relative pronouns refer to something or someone that has already been mentioned. To produce a coherent piece of writing you will need to use relative pronouns to avoid repetition and link your sentences.

A Read the text and choose the appropriate pronoun in each case.

B Use relative pronouns to avoid the repetition in these sentences.

1 Las tres salas de reuniones se encuentran en la planta baja. Se necesitan tres salas de reuniones.

2 Recepción está cerca de la entrada. En Recepción hay té, café y refrescos.

3 Sara es la secretaria. Las labores de Sara son extraordinarias.

4 El programa Proniño es muy popular. El programa Proniño promueve la escolarización en Latinoamérica.

C Think about your working life. Make ten sentences by using a word/phrase from each list.

Example: Me gustaría pertenecer

1 … pertenecer a una organización	a las cuales …
2 … tener unas vacaciones	b cuyo objetivo sea …
3 … tener un jefe	c donde …
4 … trabajar en una empresa	d que …
5 … trabajar en unas instalaciones	e cuyos salarios …

"Vacaciones solidarias" para los empleados de Telefónica

"Vacaciones solidarias" es el nombre del programa (**1**) *que / el que / quien / cuyo* impulsa la Fundación Telefónica para promover el voluntariado social entre sus empleados, algunos de (**2**) *cual / cuales / el cual / los cuales* ya el año pasado utilizaron sus vacaciones anuales para viajar a México y Perú, (**3**) *que / quien / donde* colaboraron durante tres semanas con las ONG (**4**) *que / cual / cuyo / quien* trabajan en esos países en la ejecución de proyectos reales. Durante la cuarta semana, los voluntarios de la empresa pudieron aprovechar para visitar el país. (**5**) *Quien / Quienes / que / cuales* viajaron a México pudieron colaborar con un programa de cooperación para el desarrollo en comunidades indígenas y en Perú lo hicieron con los niños de una casa hogar.

La buena experiencia del año pasado les ha hecho repetir el programa y en esta ocasión ligarlo al proyecto Proniño (**6**) *quien / donde / el cual / la cual* es la verdadera estrella de los proyectos de acción social del grupo Telefónica (**7**) *el cual / que / cuyo / quien* objetivo es luchar por la erradicación del trabajo infantil, mediante la escolarización en Latinoamérica.

Las plazas para los voluntarios de vacaciones solidarias se han ampliado hasta las 50 personas (**8**) *el cual / donde / cuyas / que* durante los meses de agosto y septiembre podrán poner en práctica sus inquietudes solidarias. El viaje, el alojamiento y la manutención de los voluntarios corren a cargo de la Fundación Telefónica, así como la semana adicional de ocio de la que pueden disfrutar tras el período de trabajo de tres semanas.

1a En la mayoría de centros de E.S.O. de España, llevar uniforme no es un requisito. Haz una lista de las ventajas y desventajas del uniforme escolar.

1b Escucha lo que opina Bea sobre el uniforme escolar. Indica cuál de las tres opciones completa mejor estas frases según el sentido de la respuesta de Bea.

1 El uniforme promociona …

  a la equivalencia

  b la igualdad

  c la identidad

2 Escoger ropa cada mañana es …

  a un gusto

  b un inconveniente

  c una elección

3 El uniforme es la alternativa más …

  a mejor

  b económica

  c encantadora

1c Escucha otra vez. ¿En qué orden se menciona lo siguiente?

a la expresión de la personalidad propia

b el malgasto de ropa

c el sentimiento de pertenencia

d los celos

e el coste económico

f la clara preferencia por el uniforme

2 Lee las opiniones sobre la práctica y las consecuencias de repetir curso. Discute con un(a) compañero/a sus ventajas y cómo se compara con el sistema escolar en tu país.

3 Escribe entre 200 y 300 palabras basadas en el texto.

  a Explica el problema.

  b Menciona las ventajas y desventajas.

  c Plantea y justifica tu opinión sobre el tema.

Repetir curso: ¿una solución eficaz?

El 80% del profesorado español cree que repetir curso no es medida suficiente para resolver los problemas de fracaso escolar.

Aproximadamente sólo seis de cada diez adolescentes están matriculados en el curso que les corresponde mientras que los otros cuatro están repitiendo un curso o han abandonado sus estudios.

¿Y tú, qué opinas?

"Hay niños que necesitan más tiempo y un proceso de maduración más largo para adquirir los conocimientos que otros adquieren antes."

"Viven una sensación de fracaso y puede hacer disminuir su autoestima."

"Sienten una gran vergüenza al verse rodeados de compañeros y compañeras más jóvenes."

"Si un niño no tiene muchas habilidades sociales, la situación puede ser desastrosa."

"Dependiendo de cada persona, repetir le puede venir muy bien o le puede resultar un martirio."

"Es un fracaso de todos."

Técnica

Checking your work

First you need to check:

- Verbs: irregular, spelling change, tense, person and ending
- Pronouns: type, position, gender and number
- Nouns: gender and number
- Adjectives: agreement and position

Then look out for:

- Personal *a*
- Prepositions
- Spelling
- Accents

Remember, you need to devise a way that works for you. The best way is the way that suits you!

1a Escucha. Para cada estudiante anota:

1 En qué asignatura va bien o mal

2 Qué optativa está cursando

3 Por qué la ha escogido

1b ¿Se ha equivocado Luis?
Compara lo que ha dicho con lo que el profesor ha escrito.

Boletín escolar –

Informe de evaluación

Apellidos: Gutiérrez Robledo

Nombre: Luis

Curso: 1^{ero} de Bachillerato

Observaciones del tutor:

Luis debe hablar con su profesor de historia porque parece tener dificultades en esta materia y no entrega los deberes a tiempo. En cambio, me parece que está progresando bastante con la economía y entiende mejor las matemáticas.

2a Lee las aspiraciones e intenciones de Miguel y decide si estas afirmaciones son verdaderas, falsas o no se mencionan.

1 Miguel está cursando la opción de Ciencias de la salud.

2 Se le dan bien las matemáticas.

3 No le gusta trabajar encerrado en una oficina.

4 Espera sacar buenas notas en Lengua y literatura.

5 Quiere estudiar cerca de casa.

6 Sus padres son ricos.

7 Tiene familia en Sudamérica.

8 Cree que encontrar trabajo en Sudamérica va a ser fácil.

Quisiera estudiar Ecología pero sé que es una carrera larga y bastante difícil. Estoy cursando la opción de Ciencias y soy fuerte en biología y en química. También me encanta estar al aire libre, así que me parece que sería un buen trabajo para mí. Voy a hacer el examen de bachillerato este año y espero sacar buenas notas en todas mis asignaturas. Tengo la intención de ir a una universidad lejos de mi casa y así podré hacer nuevas amistades. Cuando termine mis exámenes me gustaría trabajar para tener algún dinero extra porque mis padres no pueden darme mucho. No me importa porque soy una persona poco gastadora y economizo bastante. Cuando tenga la licenciatura, iré a trabajar a Sudamérica porque siempre me han fascinado la historia y la cultura de allí – además será fácil porque hablamos el mismo idioma.

2b Ahora escucha a Paulina y contesta a las preguntas.

   1 ¿Qué es un ebanista?

   2 Nombra dos cualidades de Paulina.

   3 ¿Va Paulina a la Universidad?

   4 ¿Cuándo quiere ir a la capital y por qué?

   5 ¿Por qué necesita ser autosuficiente?

2c Ahora escribe 100 palabras sobre tus aspiraciones e intenciones de futuro.

3a Escucha e indica cuáles de estas inquietudes se mencionan en cada caso.

   1 desempleo

   2 sexismo

   3 igualdad de oportunidades

   4 exceso de trabajadores

   5 calificaciones

   6 permanencia

   7 consejos

3b Comenta con tus compañeros/as cuáles de las inquietudes de 3a te preocupan. ¿Se os ocurren otras?

4a Lee las preguntas y clasifícalas según la categoría a la que pertenecen.

  • Formación

  • Pasado profesional

  • Motivo de la solicitud

  • Comportamiento en el trabajo

  • Proyectos

  • Personalidad

  • Retribución

Tu entrevista de selección: 18 preguntas básicas

1 De todo lo que ha hecho hasta ahora, ¿qué es lo que más le ha gustado y por qué?

2 ¿Cuál es la imagen que usted tiene de sí mismo?

3 ¿Qué idiomas habla y a qué nivel?

4 Hábleme de sus experiencias profesionales.

5 ¿Puede incorporarse inmediatamente?

6 ¿Cuáles son sus defectos?

7 ¿Qué estudios ha realizado y por qué los eligió?

8 ¿Por qué le gustaría obtener precisamente este empleo y no otro?

9 ¿Qué piensa que puede usted aportar a esta empresa?

10 ¿Qué pretende usted conseguir dentro de los próximos 10 años?

11 ¿Cómo podría resumir en una sola palabra su vida?

12 ¿Prefiere trabajar sólo o en equipo?

13 ¿Cuánto ganaba en su empleo anterior?

14 ¿No le importa tener que viajar frecuentemente?

15 ¿Cuáles son sus objetivos a corto, medio y largo plazo?

16 ¿Cuáles son sus mejores cualidades?

17 Si tiene que tomar una decision, ¿es impulsivo o reflexivo?

18 ¿Cuál es el mínimo económico que estaría dispuesto a aceptar?

4b Reordena las preguntas en un orden lógico. Practica la entrevista con un(a) compañero/a.

5 ¿Para qué empresa te gustaría trabajar? Escríbeles una carta mostrando tu interés en hacer prácticas laborales con ellos. En tu carta contesta a las preguntas 3, 4, 8, 9, 10 y 16 de la guía.

Repaso final

Escuchar

1a Escucha esta campaña publicitaria. ¿Cuál es el mensaje para los jóvenes?

1b Escucha otra vez y haz una lista de los adjetivos que se mencionan. ¿Qué significan?

2a ¿Dependes de tu móvil? Escucha a estos jóvenes y decide si dependen de su móvil o no.

2b Escucha otra vez. ¿Qué jóvenes mencionan o implican lo siguiente? Atención: algunas afirmaciones corresponden a más de un joven.

a Tiene que llamar a su móvil para localizarlo.

b Pierde el móvil con frecuencia.

c Sirve para resolver imprevistos.

d Lo utiliza para su trabajo.

e Se siente incómodo/a cuando no lleva el móvil o no sabe dónde está.

f A veces lleva el móvil apagado.

g Le agobia un poco el móvil.

h El teléfono fijo todavía tiene su utilidad.

3a Escucha este reportaje sobre la elección de los estudios superiores de los jóvenes de tu edad. Decide si cada afirmación es verdadera, falsa o no se menciona.

1 Los jóvenes siguen su vocación al elegir sus estudios de educación superior.

2 Buscan incorporarse al mundo laboral lo antes posible.

3 Creen que cursar un ciclo formativo no es tan fácil como ir a la universidad.

4 Algunos ciclos de Formación Profesional superan la popularidad de la mayoría de las carreras universitarias.

5 La popularidad de la carrera de Periodismo ha sufrido un descenso.

3b Escucha otra vez y completa las frases con la opción adecuada.

1 Menos jóvenes siguen su vocación porque

a no hay trabajo.

b quieren ponerse a trabajar inmediatamente.

c los ciclos de formación tienen más salida.

2 La universidad ha perdido popularidad porque

a hay alternativas de duración más corta.

b no se sacan buenas notas durante la carrera.

c hay menos carreras disponibles.

3 La popularidad de los ciclos formativos

a ha aumentado en el último año.

b ha aumentado bastante durante los últimos diez años.

c se ha duplicado durante los últimos diez años.

4 Las carreras de Psicología, Educación y Medicina

a pierden popularidad.

b continúan siendo una elección popular.

c están desapareciendo.

5 Los estudios militares

a están de moda.

b han sido reemplazados.

c fueron una opción por primera vez en 1996.

6 Los chicos prefieren

a los ciclos de Formación Profesional Técnica.

b la carrera de Medicina.

c ser mecánicos.

3c Escucha de nuevo y contesta a las preguntas en inglés.

1 What is the conclusion of the study?

2 What is said about the Administration and Vehicle Maintenance courses?

3 What information is given about 1996?

4 Which degrees do girls prefer?

5 What is the study preference of the boys?

Hablar

1 ¿Qué temas crees que causan más discusiones entre padres e hijos adolescentes en los hogares españoles? ¿Por qué?

2a Fíjate en este póster del Ministerio de Sanidad y Consumo. Prepara una presentación de tres minutos. Debes mencionar:

  1 a quién está dirigida la campaña

  2 cuál es el problema y el objetivo de la campaña

  3 propuestas para solucionar el problema

  4 tu opinión sobre las raíces del problema y la solución más eficaz

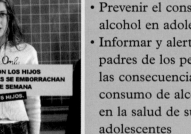

OBJETIVOS

- Prevenir el consumo de alcohol en adolescentes
- Informar y alertar a los padres de los peligros y las consecuencias que el consumo de alcohol tiene en la salud de sus hijos adolescentes
- Fomentar la comunicación para tratar precozmente el problema

POBLACIÓN DIANA

Padres, madres, y responsables de la educación del menor adolescente

2b Juego de rol:

Imagina un hogar español en el que a las tres de la tarde del domingo, por fin el hijo o la hija de dieciséis años se levanta. Volvió de fiesta a las seis y media de la mañana, la resaca causada por el abuso de alcohol la noche anterior es evidente y los padres están furiosos. Representa la situación con unos/as compañeros/as.

3 Trabajas para una agencia de viajes. Una familia puertorriqueña llama a tu oficina en busca de información porque quieren visitar España. Puerto Rico es conocido por sus relajantes playas caribeñas, así que te interesa ofrecerles una alternativa y te ha llegado este folleto que crees que puede interesarles.

  1 Primero debes preguntar:

    a cuántos son en la familia y las edades de sus hijos, si los tienen

    b cómo van a viajar a España

    c si han visitado España alguna vez

    d qué tipo de vacaciones buscan

    e cuál es su presupuesto

  2 Debes darles información detallada según sus necesidades.

  3 Explica por qué crees que Galicia es una buena elección.

Paradores de Galicia, la mejor alternativa.

- 12 ofertas de alojamiento diferentes para todos los gustos y bolsillos: desde 30 € p.p. desayuno incl:
- Ofertas especiales durante temporada baja: septiembre-marzo excepto fiestas de Navidad
- Galicia ofrece algo para toda la familia: arte, naturaleza, gastronomía, cultura, tradición, historia y belleza en un entorno privilegiado
- Y para los más atrevidos ... buceo, rutas en quads, karting, alquiler de yates, barranquismo, rappel, rafting, escuelas náuticas y mucho más.
- Cómo llegar: Aeropuertos – Santiago de Compostela, Vigo o A Coruña. Por carretera desde Portugal: N13; desde el norte de la península: N634; desde Madrid N-IV. Tren y autobús a todas las ciudades importantes de Galicia.

Repaso final

Leer

1a Lee el artículo. ¿De qué se trata?

1b Decide un título adecuado.

1c Busca en el texto un sinónimo de:

1 con motivo
2 no poder dormir
3 dormir bien
4 fórmula

1d Busca en el texto un antónimo de:

1 ligero
2 dudar
3 segura
4 desamor

2 Traduce el artículo al inglés.

3 Aquí tienes unos consejos sobre cómo afrontarse los fines de semana con hijos adolescentes. Une las dos partes de las frases.

1 Saber quiénes
2 No meterse en sus vidas,
3 Confiar en ellos aunque se equivoquen,
4 Planear actividades sanas en familia,
5 Que sepan que hagan lo que hagan,
6 Ponerles límites,
7 Dejarles que traigan amigos a casa
8 Incentivarles

a cuentan con sus padres.
b horarios, controles.
c como paseos y excursiones divertidas.
d pues a esa edad les gusta conservar su intimidad.
e en la práctica del deporte.
f aunque nos dé pereza
g ya que eso les ayuda a madurar.
h son sus amigos.

Es viernes por la tarde y los teléfonos se bloquean y en las casas se respira un aire denso. Las discusiones empiezan a causa de la problemas con los horarios, las comparaciones y las discusiones típicas. ¡Soy la única que no puedo volver a cualquier hora!

Las madres españolas están en vela hasta que oyen llegar a sus hijos: ¡Yo no duermo tranquila hasta que llega el último!, ¡Llevo ochos años sin dormir de un tirón los fines de semana!

Tenemos que confiar en nuestros hijos pero hoy en día la noche es más peligrosa: alcohol, drogas, accidentes ...

Los sábados y los domingos por la mañana ya no existe el desayuno en familia y a veces incluso la comida es un problema.

¿Cuál es la solución? No hay recetas infalibles pero ¿qué tal si intentamos usar el diálogo, demostrárles cariño y confianza y darles ejemplo?

4 Lee el artículo. Decide si estas frases son verdaderas, falsas o no se mencionan.

1 Nuestros padres tenían relaciones sexuales cuando eran más jóvenes que nosotros.

2 A los 16 años la mayoría de los españoles ha perdido la virginidad.

3 Generalmente usan protección durante su primera experiencia.

4 El problema se agrava porque los padres no dejan que los jóvenes disfruten de su intimidad en casa.

5 En España hay un 11% de embarazos no deseados.

6 El 80% de los embarazos de adolescentes son menores de 16 años.

7 Los jóvenes tienen una falsa sensación de seguridad y creen que ellos no van a tener mala suerte.

8 La campaña del Gobierno ha sido un éxito.

Por lo general, la adolescencia es el periodo en el que se inicia la actividad sexual y hoy en día nuestros adolescentes comienzan a tener relaciones sexuales a una edad más temprana que sus iguales hace años. A menudo, la primera relación sexual con penetración tiene lugar entre los 16 y 18 años pero un preocupante porcentaje de los jóvenes empieza antes de cumplir los 16. Afortunadamente, el uso de medidas preventivas en esta primera relación es cada vez más frecuente pero existen todavía múltiples razones por las que no siempre se utiliza el preservativo.

La etapa adolescente está sujeta a circunstancias como el consumo de alcohol y de otras drogas, la falta de planificación de las relaciones sexuales y la novedad de las parejas, así como la necesidad de mantener relaciones en lugares incómodos y poco íntimos y la falta de disponibilidad de preservativos.
Estas circunstancias a menudo favorecen una disminución del control de la situación y una mayor desprotección frente los embarazos no deseados (que en España suman 18.000 al año, de los que 800 son de adolescentes de entre 11 y 15 años), el VIH/sida y otras Infecciones de Transmisión Sexual (ITS).

El Ministerio de Sanidad y Consumo quiere cambiar la percepción de los jóvenes según la cual las consecuencias desfavorables de las relaciones sexuales les ocurren a otros, pero a ellos no. Los jóvenes están muy informados, pero se observa que la información suele ser superficial con importantes creencias falsas. Por esa razón, este verano España ha sorprendido a sus jóvenes con una campaña atractiva, bien diseñada y que usa el lenguaje de la calle. Así que ... ¿quién actúa esta noche?

5a Lee el texto y rellena los espacios con uno de los verbos disponibles.

UGLY BETTY

La comedia dramática *Ugly Betty* **(a)** furor en las pantallas de Estados Unidos e Inglaterra. **(b)** de una joven economista de 26 años muy fea a la que no le **(c)** demasiado su aspecto físico. Inteligente y bondadosa, **(d)** buscar trabajo después de dos años de **(e)** de su padre viudo. A pesar de su buena preparación, Betty sólo **(f)** un puesto como secretaria para el director de la revista *Mode*.
Una vez en la empresa, Betty **(g)** que **(h)** a las excentricidades de su jefe y los desprecios de otros empleados.
Pero *Ugly Betty* **(i)** un secreto que los telespectadores no **(j)**: no **(k)** producto del genio norteamericano ni tampoco del inglés. La serie *Ugly Betty* **(l)** en la telenovela colombiana "Yo soy Bea, la fea" que **(m)** mucho éxito en las pantallas de los países hispanohablantes.

está causando	trata	está basada
ha tenido	es	tendrá
preocupa	decide	cuidar
oculta	conocen	consigue
sobrevivir		

5b Lee el texto otra vez y haz un retrato robot de la protagonista de la serie.

Nombre: ....
Edad: ....
Ocupación: ....
Cualidades: ....
Defectos: ....

Escribir

For each of the following activities, you should write the number of words indicated in brackets. Make sure that you

◆ develop the topic in detail

◆ structure your work well

◆ use the appropriate tone and level of formality

◆ pay attention to the quality and variety of language, and to grammatical structures

◆ express your opinion and justify it with ideas, suggestions and information where necessary.

1a Lee esta noticia. ¿Cuál es tu reacción? ¿Qué opinas de la idea de que jugadores extranjeros puedan conseguir la nacionalidad y jugar como jugadores de casa? (100–150 palabras)

¡Ronaldinho ya es español!

Después de cuatro años de residencia en España, el fenómeno brasileño del fútbol catalán deja de ser extracomunitario y se convierte en jugador de casa al jurar la Constitución española, y serle otorgada la nacionalidad.

1b ¿Quién es tu ídolo? ¿Por qué le admiras? Elige a alguien:

• del mundo del deporte

• del mundo del cine

• de tu círculo familiar

• de tu círculo social

• de tu vida escolar

(40–50 palabras cada uno)

2 Imagina que eres un concursante en el *reality show* Supervivientes y se te permite llevar tres objetos de lujo a la isla desierta donde vas a pasar los próximos meses. ¿Qué te llevarías? (250 palabras)

3 Haz un resumen del último episodio de tu serie televisiva favorita. (100–150 palabras)

4a Escoge tu anuncio publicitario favorito del momento.

• ¿Por qué te gusta?

• ¿Te dejas influenciar fácilmente por la publicidad?

• ¿Qué tipo de publicidad crees que es más eficiente?

(300 palabras)

4b Mira el póster *¿Sabes quién actúa?* en la página 139. ¿Cuál es su mensaje? ¿Crees que consigue su objetivo? ¿Te gusta? (200 palabras)

5 Estás planeando mudarte a España. Escribe una carta a la embajada española en tu país solicitando información sobre:

• destinos recomendados

• perspectivas laborales

• oportunidades de educación superior

• requisitos legales

(150–200 palabras)

6 ¿Debería establecerse una tasa mínima de IMC (Índice de Masa Corporal) para las modelos que desfilan en las pasarelas, posan para las revistas o salen por la tele? (300–400 palabras)

Gramática

Using se to avoid the passive voice ➡163

1 Write the following sentences in Spanish, using *se*.

1 It is possible to exaggerate the importance of technology.
2 The traditional media forms have not been pushed aside.
3 New technologies have not been imposed.
4 They are integrated according to what is really needed.

Verbs with irregular forms in the preterite ➡157

2 Complete the text with the correct forms of the verbs in the preterite.

Yo (decir) a mi padre que mi hermano (ir) a un supermercado y (traer) tres botellas de cerveza a la casa. Las (poner) en su dormitorio y (querer) esconderlas, pero yo (ver). Mi hermano (tener) que entregar la cerveza a mi padre y no (poder) beberla.

The future tense ➡159

3 Re-write the following sentences using verbs in the future (*hablaré, hablarás* …).

1 Voy a ir un año a estudiar en Francia.
2 Quiero poder aprender el francés.
3 Espero salir de excursión los fines de semana a conocer el país.
4 Mi hermano tiene que quedarse en España.
5 Mi madre me va a echar de menos.
6 Nos vamos a ver en las vacaciones de Navidad.

Verbs with prepositions or followed by the infinitive ➡151

4a Complete these sentences with the correct word from the choice below.

1 ¿Qué piensas ...... esta película?
2 Sabes que puedes contar ...... mi apoyo.
3 Mi padre se puso ...... llorar.
4 Mis tíos acaban ...... divorciarse.
5 ¿...... qué consiste el trabajo?
6 Mi trabajo está ...... una hora ...... mi casa.

| a | de | en | con |

Por or para?

4b Decide whether *por* or *para* should be used in these sentences.

1 Tengo un mensaje por/para el gerente.
2 Compré un disco por/para mi hermano en su cumpleaños.
3 Cambié mi bicicleta por/para una moto.
4 Trabajo por/para mi padre.
5 Es un aparato inventado por/para un ingeniero español.
6 Fue diseñado por/para el mercado español.
7 Por/para entender la música, necesitas entender la letra.
8 Estudió por/para pasar los exámenes.

Repaso final

The perfect tense → 160

5a Write sentences with the verb in the perfect tense.

Example: Han comido el pastel.

5b Change the preterite tense verbs to the perfect.

> Ayer me hice rica. Descubrí que gané la lotería. Dije a mi jefe que ya no quiero trabajar allí y escribí a mi novio para decirle adiós. Me fui de casa y no volví.

Example: Hoy me he…

Pronouns → 153

6a Translate these sentences into Spanish using the correct pronouns.

1 He went with <u>her</u> to see a film.
2 <u>She</u> had seen it before.
3 She told <u>him</u> <u>what</u> happens at the end.
4 He's not going to invite <u>her</u> again.

6b Choose the appropriate words to complete the text.

> ¿Cuáles son las claves de la transformación de España? Para (1) *mi / mí / me* la influencia del turismo ha sido importantísima en el desarrollo del país, (2) convirtiendo*lo / la* en una economía moderna capaz de asumir su lugar en la Unión Europea. Otros (3) *nosotros / nos / nuestro* aseguran que la transformación (4) *se / le / les* realizó a pesar del turismo, (5) *cuyo / cuya / suyo / suya* prepotencia ha amenazado otros sectores.

The subjunctive → 161

7 Identify which verb is in the subjunctive.

1	quiero	querer	quise	quiera		
2	digo	decir	digan	dicen	dijeron	dicho
3	comer	comemos	comimos	como	comáis	
4	puesto	pongas	pones	pongo	pondré	
5	vivo	viva	vivís	vivid		
6	deje	dejé	dejó	dejaron		
7	jugué	jugó	juega	jueguen		

8 Decide if you need the subjunctive or not. Write the sentence in Spanish.

1 He wants to go skiing.
2 He advises you to stop smoking.
3 I think technology is a waste of time.
4 It doesn't seem to me that it is going to work.
5 It is impossible for parents to control their children.
6 It is a shame you don't agree with me.

9 Don't waste an opportunity to use the subjunctive! Write the beginning of an answer to each of these questions.

Example: No creo que los jóvenes sean perezosos porque …

1 ¿Piensas que los jóvenes son perezosos?
2 ¿Es importante comprar siempre el último modelo de los aparatos?
3 ¿Qué tipo de música me recomiendas?
4 ¿Cómo puedo dejar de fumar?
5 ¿Puede influir el gobierno en las decisiones de los jóvenes?

General grammar revision

10 Complete the table with verbs from the text below.

Presente	Perfecto	Pretérito	Imperfecto	Otro

El chicle se ha convertido en un producto presente en todo el mundo, pero tiene sus orígenes en Centroamérica, en las culturas maya y azteca. Mascaban una resina que se extraía de la corteza de un árbol. En el siglo XIX, un fotógrafo neoyorquino, Thomas Adams, estaba haciendo experimentos buscando una fórmula para mejorar el proceso de fabricar neumáticos y descubrió las posibilidades de vender chicle como chuchería. Fue durante la Segunda Guerra Mundial que los soldados estadounidenses extendieron a otros continentes la costumbre de consumir chicle.

11 Choose the correct words to complete the text.

El motivo (1) *por/para* el que se ha dedicado al mundo de los restaurantes es, según (2) *le/el/él*, "sólo la curiosidad que tengo desde (3) *que/qué* era niño de (4) *ver lo/verlo* que se escondía detrás del comedor. Conocer lo que pasa mientras (5) *te/tú/tu/ti* llegas y pides, para que la comida se (6) *sirve/sirva/serví* en la mesa. Lo que me (7) *atrajo/traiga* fue la posibilidad (8) *a/de* hacer feliz a la gente. Al fin y al cabo es lo más bonito que tiene la profesión de cocinar.

12 Complete these sentences, adapting the phrases that are underlined in the text.

Example: *La UE quiere que adoptemos el turismo rural.*

1 La UE quiere que …

2 Para que …

3 Es recomendable que …

4 En la península Ibérica han …

5 No sólo se trata de …

6 Se …

(1) La Unión Europea quiere vernos adoptar el turismo rural que respete el entorno. (2) Si quieres conocer los mejores lugares, puedes acudir a la página web del ecoagroturismo, cuyas guías verdes recorren Europa de arriba abajo en busca de lugares referentes de ecoturismo. Sólo (3) en la península Ibérica recogen hasta 160 ejemplos. (4) Se trata de hoteles y también de museos y otras atracciones. (5) La manera de englobar todos estos lugares bajo una misma etiqueta está siendo estudiada.

13 Match the sentence halves.

1 Suspendemos la venta para evitar que el calor

2 Preferimos no decepcionar

3 Tomamos la decisión para

4 No sólo nos preocupa la fabricación

5 Lo hacemos con el objetivo de que

6 Siempre queremos garantizar

7 Los bombones volverán

a a estar a la venta en octubre.

b reafirmar nuestro compromiso con la calidad.

c la satisfacción de nuestros clientes.

d a los clientes durante el verano.

e pueda deteriorar la calidad del producto.

f se pueda disfrutar de ellos de mejor manera.

g sino cómo llega el producto llega al consumidor.

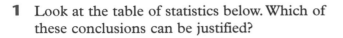

Repaso final

Técnica

Dealing with statistics ➡36

1 Look at the table of statistics below. Which of these conclusions can be justified?

   1 A un español de cada cinco, le preocupa tener donde vivir.

   2 El tema más urgente es el sistema de salud.

   3 Los problemas de los jóvenes parecen más importantes que los de los mayores.

   4 Para el 71,7 por ciento de los españoles, la salud no es importante.

   5 La mayoría de los españoles se preocupa por el sistema de salud.

> ## Sondeo de los valores de los españoles:
>
> ¿Cuál es el aspecto más preocupante?
>
> Sanidad..........28,3%
>
> Vivienda.........20,1%
>
> Educación........18,8%
>
> Seguridad........13,1%
>
> Pensiones.........9,7%

Listening: taking notes ➡33

2   Listen and take notes so that you can explain the general argument.

Listening for detail ➡47

3 Listen and prioritise the five concerns about society, a) for young people and b) for senior citizens.

Preparing a presentation ➡77

4 Prepare a presentation on the values of Spanish people, using the following points to structure your work.

- el español "típico"
- los estereotipos
- los jóvenes
- los mayores
- las diferencias entre las generaciones

Transferring meaning between languages ➡39

5a Translate these sentences into English.

   1 ¿Qué es lo que preocupa a los españoles de 45 a 54 años?

   2 Se trata de la generación que maneja y manda.

   3 A muchos les trae de cabeza la educación, ya que tienen hijos estudiando una carrera.

   4 Pero lo que se impone es la preocupación por la sanidad.

   5 Y aunque ya no es una preocupación agobiante, son la generación que menos se segura se siente en la calle.

5b Translate these sentences into Spanish.

   1 What do statistics show us?

   2 The young have their worries, the old theirs.

   3 What you value depends on who you are.

   4 The supposed list of values typical of the Spanish, just doesn't apply to anyone.

Strategies for reading authentic texts ➡64

6a Use these strategies to read the text.

1 Read the text and make a list of concrete examples.

2 Note the difference between these sets of words, which can easily be confused.

a echo/hecho **d** principio/principal

b sentar/sentir **e** seguir/ según

c creer/crear/criar

3 Decide if these words are related or not.

a decoración + terreno = ¿casas?

b menú + carta = ¿restaurante?

c moda + estilo = ¿ropa?

d motor + terreno = ¿coche?

e ganar + elección = ¿política?

4 Check you know the meaning of these idiomatic phrases.

a sin duda **d** ganar terreno

b hace falta **e** a la carta

c de principio a fin **f** gran superficie

5 One single sentence explains what the text is about. Find it, then read the text again.

"Hecho a la medida": la nueva moda. Sin duda hace falta que se genere la emoción de sentir que alguien está pensando en nosotros, que algo se ha creado de principio a fin pensando en nosotros. La elección a la carta se estila en casi cualquier gran superficie de decoración, mientras en Internet ganan terreno los buscadores de recomendaciones como el de la página web Pandora, una radio que escoge el menú musical según las preferencias del usuario.

6b True or false?

1 Diseñan productos y servicios individuales.

2 En las tiendas de decoración interior te ofrecen cosas de comer.

3 Pandora es una presentadora de la radio.

4 Hay estaciones de radio en Internet.

5 Saben qué tipo de música te gusta.

Structuring an argument ➡73

7 Structure your argument for an essay on the following subject.

"La tecnología da libertad."

> la comunicación   la información
>
> las diferencias entre las generaciones
>
> la diversión   el poder del usuario
>
> la imaginación   el cambio
>
> los riesgos de Internet   el costo
>
> el mundo real/el mundo virtual   el estilo de vida

Summarising a text

8 Write a summary of the text below, making sure you include the following points.

- ¿Qué son los art toys?
- ¿Qué está pasando en nuestra sociedad?
- ¿Por qué no son sorprendentes los art toys?

Llegan los art toys a España.

Rojo, cubierto de puntitos negros, con un solo ojo, un hombrecillo de plástico te mira desde la estantería de tu dormitorio. Habíamos imaginado un siglo XXI invadido por robots. Visto lo visto, la revolución progresa por camino seguro. Enchufados a ordenadores y móviles, parecemos cada vez menos humanos. Y la marea inevitablemente alcanza el mundo de los muñecos. Los llamados art toys son para adultos, y responden al deseo de consumo personalizado. Nacieron en Japón y ahora desembarcan en España. Decoración o juguete, no se sabe, pero si nosotros nos estamos convirtiendo en máquinas, que no sorprenda que nuestro osito de peluche se cambie por un extraterrestre. ¡Dulces sueños!

Grammar

This section sets out the grammar covered in *Ánimo* 1 as a comprehensive unit but is not a complete grammar. Students should also refer to the Spanish Grammar Workbook and other reference books.

1 Nouns and determiners

Nouns are the words used to name people, animals, places, objects and ideas.

1.1 Gender: masculine and feminine

All nouns in Spanish are either masculine or feminine. Endings of nouns **often** indicate their gender, but do not always do so. Many of the exceptions are fairly common words.

Masculine endings	Exceptions
-o	*la radio, la mano, la modelo, la foto*
-e	*la calle, la madre*
-i	*la bici*
-u	*la tribu*
-or	*la flor*

Also masculine are:

- words ending in a stressed vowel, e.g. *el café*
- rivers, seas, lakes, mountains and fruit trees
- cars, colours, days of the week, points of the compass

Feminine endings	Exceptions
-a	*el poeta, el futbolista, el planeta, el día, el problema, el clima, el tema*
-ión	*el avión, el camión*
-ad/-tad/-tud	–
-z	*el pez, el lápiz*
-is	*el análisis, el énfasis*
-ie	*el pie*
-umbre	–
-nza	–
-cia	–

Also feminine are:

- letters of the alphabet, islands and roads
- countries, cities and towns, though there are exceptions such as *(el) Perú* and *(el) Canadá*
- Nouns referring to people's jobs or nationalities usually have both a masculine and a feminine form:
  el actor/la actriz
  el profesor/la profesora
  el abogado/la abogada
- Sometimes there is only one form used for both masculine and feminine:
  el/la cantante   el/la periodista   el/la artista
- Some nouns referring to animals have only one gender whatever their sex:
  la serpiente, el pez, la abeja

Some nouns have two genders which give them different meanings:

el corte – cut of hair or suit	la corte – the royal court
el capital – money	la capital – capital city
el frente – front	la frente – forehead
el guía – guide	la guía – guide book (or female guide)
el orden – numerical order	la orden – order as in command
el policía – policeman	la policía – police force
el pendiente – earring	la pendiente – slope

Names of companies, associations or international bodies take their gender from that group, whether it is stated as part of the title or simply understood:

la ONU – la Organización de las Naciones Unidas
la UE – la Unión Europea
la Renfe – la Red Nacional de Ferrocarriles Españoles
el Real Madrid – el (equipo de fútbol) de Real Madrid
el Corte Inglés – el (almacén) Corte Inglés

1.2 Singular and plural

Singular refers to one of something; plural refers to more than one. To form the plural:

Add -s to nouns ending in a vowel or stressed á or é
el libro (book) → los libros
la regla (ruler) → las reglas
el café (café) → los cafés

Add -es to nouns ending in a consonant or stressed í
el hotel → los hoteles
el profesor → los profesores
el magrebí → los magrebíes

except for words ending in an -s which do not change in the plural
el lunes → los lunes
la crisis → las crisis

Some words add or lose an accent in the plural:
el joven → los jóvenes
el jardín → los jardines
la estación → las estaciones

Words that end in -z change this to c and add es:
el lápiz → los lápices
la voz → las voces

Some words use a masculine plural but refer to both genders:

los reyes – the king and queen
los hermanos – brothers and sisters
los padres – parents

Surnames do not change in the plural:
los Ramírez, los Alonso

Some nouns are used only in the plural:

las gafas – spectacles
los deberes – homework
las vacaciones – holidays

1.3 Determiners: definite and indefinite articles

Determiners are used with nouns and limit or determine the reference of the noun in some way. They can tell you whether the noun is masculine (m.), feminine (f.), singular (sing.) or plural (pl.).

The **definite article** (**the**) and the **indefinite article** (**a/an, some, any**) are the most common determiners.

	singular		plural	
	m.	**f.**	**m.**	**f.**
the	el	la	los	las
a/an	un	una	unos	unas

Note: A word which begins with a stressed a or ha takes el/un because it makes it easier to pronounce, but if it is feminine, it needs a feminine adjective:
El agua está fría.   Tengo mucha hambre.
This does not apply if the noun has an adjective before it:
la fría agua.

When a or de comes before el then a single word is formed:

a + el → al
de + el → del

Use the definite article with parts of the body and clothes, with languages (but not after hablar, estudiar or saber), with mountains, seas and rivers, and with certain countries and cities and people's official titles.
Tengo la nariz larga.
Me duele la cabeza.
Me pongo el uniforme para ir al colegio pero en casa llevo los vaqueros y una camiseta.

147

Grammar

El español es fácil.
Estudio francés desde hace dos años.
He visitado la India y la Ciudad de Guatemala.
el Rey don Juan Carlos I, la Reina doña Sofía

● Use the definite article before *señor/señora* when speaking about someone but not when speaking to someone.
Lo siento, el señor Ruíz no está. but
Buenos días, señor Ruíz.

● Use the definite article to refer to a general group but not when referring to part of a group and to translate 'on' with days of the week.
Las sardinas son muy nutritivas y las ostras también.
Siempre comemos sardinas los viernes al mediodía.

● The indefinite article is not used when
– you refer to someone's profession, religion, nationality or status:
Soy profesora.
María es española.
Quiere ser astronauta.
Su padre es senador.
Juan es católico.
except if there is an adjective:
Es una buena profesora.
Es un francés muy educado.
– you say you haven't got something:
No tengo hermanos. No tenemos dinero.
– the noun refers to a general group:
Siempre comemos espaguetis con tomates.
– *otro, tal, medio, qué, tal* or *mil* are used before a noun:
No hubo otro remedio.
Nunca quise hacer tal cosa.

1.4 The neuter article

This is used with an adjective to make an abstract noun.
Lo bueno es que … The good thing (about it) is …
No sé lo que quieres decir con esto. I don't know what you mean by that.

1.5 Demonstrative adjectives and pronouns

Demonstrative adjectives are used to point out an object or person. They always come before the noun.

singular		plural		
m.	**f.**	**m.**	**f.**	**things or persons**
este	esta	estos	estas	this/these: things or persons near the speaker (aquí)
ese	esa	esos	esas	that/those: near to the person spoken to (allí)
aquel	aquella	aquellos	aquellas	that/those: further away (ahí)

Me gusta esta camisa pero no me gusta esa camiseta ni aquella chaqueta. I like this shirt, but I don't like that t-shirt or that jacket over there.

Demonstrative pronouns take an accent and agree with the noun they are replacing. They **never** have a definite or indefinite article before them.

éste	ésta	éstos	éstas	something near to the speaker
ése	ésa	ésos	ésas	something near to the person being spoken to
aquél	aquélla	aquéllos	aquéllas	something further away from both of them

Hablando de camisas, ésta es mucho más bonita que ésa.
Tal vez, pero prefiero el color de aquélla.
Note: The forms *esto* and *eso* refer to general ideas or unknown things.
¿Qué es esto? ¡Eso es! ¿Eso es todo?

1.6 Possessive adjectives and pronouns

Possessive **adjectives** show who or what something belongs to. They come before the noun and take the place of the definite or indefinite article. Like all adjectives they agree with the noun they describe.

singular		plural		
masculine	feminine	masculine	feminine	
mi	mi	mis	mis	my
tu	tu	tus	tus	your
su	su	sus	sus	his/her/your (formal)
nuestro	nuestra	nuestros	nuestras	our
vuestro	vuestra	vuestros	vuestras	your
su	su	sus	sus	their/your plural (formal)

¿Es mi libro o su libro?
Nuestro colegio es pequeño.
¿Cuáles son tus asignaturas preferidas?

Remember to use a definite article with parts of the body and clothes and not a possessive adjective.
Voy a lavarme el pelo. Tienes que ponerte el abrigo.
Possessive **pronouns** are used instead of the noun. They **do have** a definite article before them.

singular		plural	
masculine	feminine	masculine	feminine
(el) mío	(la) mía	(los) míos	(las) mías
tuyo	tuya	tuyos	tuyas
suyo	suya	suyos	suyas
nuestro	nuestra	nuestros	nuestras
vuestro	vuestra	vuestros	vuestras
suyo	suya	suyos	suyas

Other determiners are:

- indefinite adjectives or pronouns and quantifiers:
  – *Alguien* (something) and *algo* (something) do not change their form:
  Alguien vino a verte. Algo ha pasado aquí.
  Algo can be used with an adjective or with *de*:
  Sí, es algo interesante. ¿Quieres algo de comer?
  Alguno (*algún*) must agree with the noun it describes:
  algún día de estos, alguna cosa
  – *Mucho, poco, tanto, todo, otro* and *varios* must agree with the noun they represent or describe.

– These two do not change before a noun:
cada – *cada día* (each/every day)
cualquier – *cualquier cosa que necesites* (whatever you need)
However, *cualquiera* is used after a noun of both masculine and feminine forms.

2 Adjectives

Adjectives are the words used to describe nouns.

2.1 Making adjectives agree

In English the adjective always stays the same whatever it is describing. In Spanish it changes to agree with the word it is describing according to whether this is masculine, feminine or plural.

- Many adjectives ending in *-o* (masculine) change to *-a* for the feminine form and add *-s* for the plural.
  negro – negra – negros – negras
  bonito – bonita – bonitos – bonitas

- Many other adjectives have a common form for masculine and feminine:
  un loro verde/una culebra verde
  unos loros verdes/unas culebras verdes

- Adjectives ending in *-án*, *-ón*, *-ín* and *-or* add an *-a/-as* for the feminine form and lose their accent:
  holgazán – holgazana
  ricachón – ricachona
  parlanchín – parlanchina
  hablador – habladora
  except for *interior, exterior, superior, inferior, anterior, posterior* and *ulterior*

- To make an adjective plural, follow the same rule as for nouns.
  Add *-s* to a vowel: *unos pájaros rojos, unas tortugas pequeñas*
  Add *-es* to a consonant: *unos ratones grises, unos perros jóvenes*
  Change *-z* to *-ces*: *un ave rapaz, unas aves rapaces*

- Some adjectives of colour never change:
  el vestido rosa, el jersey naranja

- When an adjective describes two or more masculine nouns or a mixture of masculine and feminine nouns, usually the masculine plural form is used:
  la casa y los muebles viejos

Grammar

- If the adjective comes before two nouns it tends to agree with the first noun:
  Tiene una pequeña casa y coche.

2.2 Shortened adjectives

Some adjectives lose their final *-o* before a masculine singular noun.
buen, mal, primer, tercer, ningún, algún
Es un muy buen amigo.

Any compound of *-un* shortens also:
Hay veintiún chicos en la clase.

Grande and *cualquiera* shorten before both masculine and feminine nouns:
Es un gran hombre. Es una gran abogada.
Cualquier día llegará. cualquier mujer

Santo changes to *San* except before *Do-* and *To-*:
San Miguel, San Pedro
but *Santo Domingo, Santo Tomás*

Ciento shortens to *cien* before **all** nouns
(see section 19).

2.3 Position of adjectives

In English, adjectives always come before the noun:
My little sister has a black cat.

In Spanish, adjectives usually come after the noun:
Mi hermana pequeña tiene un gato negro.

Numbers, possessive adjectives and qualifiers come before nouns:

mi primer día en el cole	*poca gente*
su último recuerdo	*tanto dinero*
muchas personas	*cada día*
otra semana	

- Sometimes whether an adjective is positioned before or after the noun affects its meaning.
  un pobre niño an unfortunate child
  but *un niño pobre* a poor (penniless) child
  un gran hombre a great man
  but *un hombre grande* a tall man

  Other adjectives which vary in this way are:
  antiguo – former/ancient
  diferente – various/different
  varios – several/different
  nuevo – another/brand new
  medio – half/average

mismo – same/self
puro – pure/fresh

- Some adjectives have different meanings according to the context:
  extraño – unusual, rare/strange, weird
  falso – not true/false in the sense of counterfeit
  simple – only/not very bright/simple in taste
  verdadero – true/real, original

3 Adverbs

Adverbs are used to describe the action of a verb. They do not agree with the verb, so unlike adjectives they do not change. They can also describe adjectives or another adverb.

- Many adverbs are formed by adding *-mente* to an adjective:

fácil	→	*fácilmente*
posible	→	*posiblemente*
normal	→	*normalmente*

- If the adjective has a different feminine form, you add *-mente* to this:
  lento → lenta + -mente   lentamente
  rdpido → rápida + -mente   rápidamente

- Sometimes it is better to use a preposition and a noun:
  con frecuencia, con cuidado

- Sometimes an adjective is used as an adverb, e.g.
  Trabajamos duro todo el día.

- Some adverbs which do not end in *-mente*:
  siempre   nunca   muy   mucho   poco   bien
  mal   rara vez   muchas veces   a menudo
  algunas veces   a veces

  Bastante and *demasiado* can be both adjectives and adverbs.

- It is better not to start a sentence in Spanish with an adverb but there are some exceptions such as *solamente/sólo* and *seguramente*.

- When two or more adverbs are used together then only the last one has *-mente* added to it:
  El ladrón entró cautelosa, silenciosa y lentamente.

- Make sure adverbs of time are placed next to the verb.
  Hoy juega *el Barça contra el Real./El Barça* ***juega hoy*** *contra el Real.*

4 Comparisons

Adjectives and adverbs follow the same rules.

4.1 The comparative

To compare one thing, person or idea with another in Spanish use:

más ... que	España es más grande que Guatemala. José habla más despacio que Pepe.
menos ... que	Hay menos gente en Guatemala que en España.

- When *más* or *menos* is used with a number or a quantity, *de* is used in place of *que*.
  En mi colegio hay más de mil estudiantes pero en mi clase hay menos de treinta.

- To say one thing is similar to or the same as another, you can use:
  el/la mismo/a que – the same as
  tan ... como – as ... as
  tanto ... como – as much ... as

- To say the more/the less use:
  cuanto más/menos ... (tanto) menos/más ...
  Cuanto más considero el problema tanto más me confundo.
  Cuanto más trabajo parece que menos gano.

4.2 The superlative

The superlative compares one thing, person or idea with several others. To make a superlative, use:

el más   la más   los más   las más/menos
(mejor/mejores peor/peores)

Este libro es el más interesante que he leído en años.
Las películas de terror son las menos divertidas de todas.

- If the superlative adjective immediately follows the noun you leave out the *el/la/los/las*:
  Es el río más largo del mundo.

- Note that *de* translates 'in' after a superlative.

- Note that you need to add *lo* if the sentence contains more information:
  Me gustaría llegar lo más pronto posible.

- Absolute superlatives *-ísimo, -ísima, -ísimos, -ísimas* are added to adjectives to add emphasis and express a high degree of something.
  Tengo muchísimas ganas de verte.
  La comida estaba muy rica – riquísima.

Irregular forms of the comparative and superlative

These do not have different masculine and feminine forms.

| bueno/a | mejor | el mejor/la mejor |
| malo/a | peor | el peor/la peor |

Menor and *mayor*, meaning older and younger, can be used to mean bigger and smaller:
Mi hermano mayor es más grande que mi hermana mayor.

They are also used in set expressions:
La Fiesta Mayor, el Mar Menor

5 Prepositions and linking words

5.1 Prepositions

Prepositions are used before nouns, noun phrases and pronouns, usually indicating where a person or object is and linking them to the other parts of the sentence.

- Prepositions can be single words: *de, con, por* etc. or made up of more than one word: *al lado de, junto a* etc.

- When a verb follows the preposition in Spanish it must be in the infinitive form:
  después de entrar, al volver a casa, antes de comer

- Some verbs have a specific meaning when combined with a preposition:
  tratarse de – to be a question of
  pensar en – to think about
  pensar de – to think of

- Some prepositions tell you when something happens:
  durante, hasta, desde

Some prepositions can be quite tricky to translate into English:

- *A* = direction or movement to:
  Voy a Málaga.
  = at a specific point in time
  Voy a las once en punto.

- *En* = in and on and sometimes by
  en la mesa – on the table
  en el cuarto de baño – in the bathroom
  en coche/en avión/en tren – by car/by plane/by train

151

Grammar

- Remember that days of the week and dates do not take a preposition as they do in English.

- *Sobre* can mean on (top of), over, about (concerning) and about (approximately):

  El florero está sobre la mesa – the vase is on the table
  El avión voló sobre la ciudad – the plane flew over the city
  El reportaje es sobre la conferencia – the report is about the conference
  Hay sobre cien personas aquí – There are about 100 people here

- *De* can denote possession, of which material something is made, profession, part of a group or origin:

  el padre del niño – the boy's father
  la pulsera de oro – the gold bracelet
  la revista de muebles antiguos – the antique furniture magazine
  Trabaja de profesora – She works as a teacher
  unos pocos de ellos – a few of them
  Es de Marbella – He's from Marbella

- Many other prepositions are followed by *de*:

delante de	cerca de	detrás de	al lado de
enfrente de	debajo de	encima de	

Remember *a* + *el* = *al*	*Vamos al mercado.* *La cama está junto al armario.*
de + *el* = *del*	*Salen del cine a las siete.* *Hay una silla delante del escritorio.*

- Both *por* and *para* are usually translated by 'for' in English, but they have different uses:

  Por is used to mean:
  – along/through: *por la calle*
  – by/how: *por avión*
  – in exchange for something
  Quiero cambiarla por aquella camisa.
  Gana ocho euros por hora.
  – a period or length of time: *Voy a quedarme por un mes.*
  – cause: *¿Por qué estás estudiando?*
  Porque quiero sacar buenas notas.

– It is also used with the passive:
hecho por los Romanos
Para is used to show:
– who or what something is for: *Este regalo es para mi padre.*
Tenemos un garaje para dos coches.
– purpose: *¿Para qué es esto?* What's this for?
– in order to: *Estudió mucho para pasar los exámenes.*
– future time: *Lo haré para cuando regreses.*

Some useful expressions:
por supuesto
¿Por qué?   *Porque …*
por eso   *por lo general*
por lo visto   *por fin*

- **The personal *a***

This is not translated into English, but is used before object pronouns and nouns referring to specific and defined people and animals. It is a mark of respect to distinguish living things from objects.
Busco a mi hermano. Quiero a mis abuelos. Pregunta a tu profe.
It is not used after *tener*: *Tengo un hermano y dos primas.*
It is not used if the person has not yet been specified:
Se busca dependiente.

5.2 Conjunctions (connectives)

Conjunctions are used to connect words, phrases and clauses.

- Co-ordinating conjunctions link words or sentences of similar length:
  y, o, ni, pero, sino

- *Y* ('and') changes to *e* when the word that follows begins with *i* or *hi* (*not hie*): *Paco e Isabel*, *geografía e historia*
  but *granito y hierro*

- *O* ('or') changes to *u* when the word that follows begins with *o* or *ho*:
  siete u ocho albergues u hoteles

- *Pero* and *sino* both mean 'but'.
  – Use *sino* when the second part of the sentence contradicts the previous part with a negative.
  No quiero comer nada sino fruta.

– Use *sino que* when both parts of the sentence have finite verbs:
No sólo perdió su casa sino que murió su familia en el desastre.

● Subordinating conjunctions introduce a clause that is dependent on the main clause:
aunque, cuando, mientras, porque, ya que
Echa esta carta al buzón ya que te vas a Correos.

6 Pronouns

A pronoun is a word that can be used instead of a noun, idea or even a phrase. It helps to avoid repetition.

6.1 Subject pronouns

yo	I
tú	you singular (informal)
él, ella, usted	he, she, you (formal)
nosotros/as	we
vosotros/as	you plural (informal)
ellos, ellas, ustedes	they (m/f), you plural (formal)

The subject pronouns are not often used in Spanish as the verb ending generally indicates the subject of the verb. You might use them for emphasis or to avoid ambiguity.

¿Cómo te llamas?   *Sí, tú, ¿cómo te llamas?*
¿Quién – yo?   *Pues, yo me llamo Patricia.*

To refer to a group of people with one or more males in it, use the masculine plural form.
Y ellos, ¿cómo se llaman?
Él se llama Jairo y ella se llama Elisa.

6.2 Tú and usted, vosotros/as and ustedes

There are four ways of saying 'you' in Spanish.

	familiar	formal
singular	tú	usted (often written vd, takes the 'he/she' part of the verb)
plural	vosotros/as	ustedes (vds)

Tú and *vosotros/as* are used with people you know and with young people.

Usted and *ustedes* are used with strangers and people you do not know very well or to whom you want to show respect. They are used much more widely in Latin America than in Spain where the *tú* and *vosotros/as* form of address is generally encouraged.

6.3 Reflexive pronouns

Reflexive pronouns are used to make a verb reflexive and refer back to the subject of the verb.

me	(myself)
nos	(ourselves)
te	(yourself, informal singular)
os	(yourselves, informal plural)
se	(himself/herself/yourself formal)
se	(themselves, yourselves, formal plural)

They are often not translated into English:
Me levanto a las siete y después me ducho. I get up at seven and then I have a shower.

Remember when you use the perfect tense that the pronoun comes before the auxiliary *haber*.
Esta mañana me he levantado muy tarde. I got up very late this morning.

When you use the immediate future or a present participle it attaches to the end:
Voy a levantarme muy tarde el sábado.
I'm going to get up very late on Saturday.
Estoy levantándome ahora mismo.
I'm getting up this very minute.

They can also translate as 'each other':
Se miraron el uno al otro. – They looked at one another.
Se miró en el espejo. – He looked at himself in the mirror.

6.4 Direct object pronouns

Direct object pronouns are used for the person or thing directly affected by the action of the verb. They replace a noun that is the object of a verb.

me	(me)
te	(you, informal singular)
le	(him/you formal)
lo	(him/it)
la	(her/it)
nos	(us)
os	(you plural informal)
les	(them/you plural formal)
los	(them, masculine)
las	(them, feminine)

Te quiero mucho.
Le veo cada día.

Grammar

6.5 Indirect object pronouns

An indirect object pronoun replaces a noun (usually a person) that is linked to the verb by a preposition, usually *a* (to).
¿Quién te da el dinero de bolsillo?

- You also use them to refer to parts of the body.
  Me duelen los oídos. My ears ache (I've got earache).

- When there are several pronouns in the same sentence and linked to the same verb they go in this order: reflexive – indirect object – direct object (RID)

6.6 Two pronouns together

When two pronouns beginning with *l* (*le/lo/la/les/los/las*) come together then the indirect object pronoun changes to *se* (*se lo/se la/se los/se las*).
Quiero regalar un libro a mi padre.
Se lo quiero regalar. Quiero regalárselo.

Sometimes the pronoun *le* is added to give emphasis even though it is not needed grammatically. This is called a redundant pronoun.
Le di el regalo a mi padre.

6.7 Position of pronouns

Reflexive, direct object and indirect object pronouns usually

- immediately precede the verb:
  No la veo. Sí la quiero. Se llama Lucía. Te doy mil euros.

- attach to the end of the infinitive:
  Voy a verla mañana. Tengo que levantarme temprano. Voy a darte un regalo. ¿Cuándo? Voy a dártelo enseguida.

- attach to the end of the present participle:
  Estoy mirándolo ahora. Está bañándose. Estoy hablándote: ¿No me oyes?
  However, it is now widely accepted to put them before the infinitive or the present participle.

- They are also attached to the end of a positive command.
  Ponlo aquí. Levantaos enseguida.
  Dámelo.
  Póngalo aquí.
  Levántense enseguida.
  Démelo.
  For possessive pronouns see section 1.6.

6.8 Disjunctive pronouns

These are used after a preposition (see section 4).

para mí hacia ti junto a él/ella/usted	detrás de nosotros/as entre vosotros/as cerca de ellos/ellas/ustedes

- Remember with *con* to use *conmigo, contigo, consigo.*

- A few prepositions are used with a subject pronoun: *entre tú y yo, según ella*

- Sometimes *a mí, a ti* etc. is added to give emphasis or avoid ambiguity:
  Me toca a mí, no te toca a ti.
  Le dije el secreto a ella, no a él.

6.9 Relative pronouns and adjectives

Some of these are determiners as well.

- The relative pronoun *que* – who, which or that – is always used in Spanish and not left out of the sentence as it often is in English.
  Ese es el vestido que me gusta. That is the dress (that) I like.
  Señala a la persona que habla. Point to the person (who is) speaking.

- When a relative pronoun is used after the prepositions
  a, de, con and *en* then you need to use *que* for things and *quien/quienes* for people.
  José es un amigo con quien estudiaba.
  El programa del que hablas se llama El rival más débil.

- After other prepositions use *el cual, la cual, los cuales, las cuales*.
  La casa de la colina dentro de la cual se dice que hay un fantasma ya está en ruinas.

- Sometimes *donde* is used as a relative pronoun.
  La ciudad donde vivo se llama Bilbao.

- *cuyo/cuya/cuyos/cuyas* are used to mean 'whose' and are best treated as an adjective as they agree with the noun they refer to.
  Mi madre, cuyos perros no me gustan, viene a pasar unos días conmigo.
  Remember, to say 'Whose is this … ? you need to use *¿De quién es este … ?*

6.10   Neuter pronouns

Eso and *ello* refer to something unspecific such as an idea or fact:
No me hables más de eso.
No quiero pensar en ello nunca más.

Lo que/lo cual
These relative pronouns refer to a general idea or phrase rather than a specific noun.
Ayer hubo una huelga de Correos lo cual fue muy inconveniente.

7   Interrogatives and exclamations

7.1   Direct questions and exclamations

Asking questions and making exclamations in Spanish is straightforward: simply add question marks and exclamation marks at the beginning and end of the sentence, like this: ¿ … ? ¡ … ! There is no change to the words themselves or the word order.

- Make your voice rise slightly at the beginning when asking a question.
  Tienes hermanos. = statement
  ¿Tienes hermanos? = question

- Here are some common question words. Note that they all have accents.
  ¿Qué?   *¿Qué haces?*
  ¿Por qué?   *¿Por qué hiciste eso?*
  ¿Cuándo?   *¿Hasta cuándo te quedas?*
                   ¿Desde cuándo vives en tu casa?

  ¿Cómo?
  ¿Dónde?
  ¿Adónde?
  ¿De dónde?
  ¿Quién? ¿Quiénes? ¿Con quién vas?
  ¿Cuál? ¿Cuáles?
  ¿Cuánto?/¿Cuánta?/¿Cuántos?/¿Cuántas?

- Here are some common exclamation words. Note that they all have accents.
  ¡Qué! ¡Cómo! ¡Cuánto/a/os/as!

7.2   Indirect questions and exclamations

- Indirect question words and exclamations also take an accent:
  No me dijo a qué hora iba a llegar.
  No sabes cómo y cuánto lo siento.

- If the adjective follows the noun then *más* or *tan* is added:
  ¡Qué niña más bonita!

8   Negatives

You can make a statement negative in Spanish simply by putting *no* before the verb:
No quiero salir.
No me gusta la historia.

- Some other common negatives are:
  ninguno (ningún)/ninguna = no (adjective)
  nada   nothing
  nadie   nobody
  nunca/jamás   never
  ni … ni …   neither … nor …
  tampoco (negative of *también*)   neither

- If any of these words is used after the verb, you have to use *no* as well. But if the negative word comes before the verb, *no* is not needed.
  No he fumado nunca.
  Nunca he fumado.

- You can use several negatives in a sentence in Spanish.
  Nadie sabía nada acerca de ninguno de ellos.

Grammar

A verb indicates **what** is happening in a sentence and the tense indicates **when**.

9.1 The infinitive

This is the form you will find when you look a verb up in the dictionary, a word list or vocabulary section. It will indicate which endings you should use for each tense and person. You will need to follow and understand the patterns of verbs and the various tenses so that you can check them in the verb tables in section 23.

In Spanish, verbs fall into three groups. These are shown by the last two letters of the infinitive:
-ar: comprar (to buy); *-er: comer* (to eat); *-ir: subir* (to go up)

The endings of Spanish verbs change according to the tense and the person or thing doing the action, and the group a verb belongs to indicates which endings you should use for each tense and person.

● The infinitive itself is often used after another verb.
Common verbs usually followed by an infinitive are:

querer	to want	*Quiero ver la tele esta noche.*
gustar	to please	*Me gusta bailar. Me gustaría ir al cine.*
poder	to be able to	*No puedo salir contigo.*
tener que	to have to	*Tengo que cocinar.*
deber	to have to, must	*Debemos hablar en voz baja.*

● The impersonal expression *hay que* takes an infinitive:
Hay que estudiar mucho para estos exámenes.

● *Soler*, used only in the present and imperfect tenses, indicates what usually happens:
Suelo levantarme temprano. I usually get up early.

¿Qué solías hacer cuando eras joven, abuela? Solía jugar como tú.
What did you used to do when you were little, grandma? I used to play just like you.

● The infinitive is used:
– in impersonal commands and instructions:
No arrojar escombros. Abrir con cuidado.
– as a noun:
Estudiar es duro cuando hace calor.

For verbs which take *a* or *de* + infinitive, see section 18.1. The infinitive also follows prepositions: see section 18.2.
For the past infinitive see section 9.9.

9.2 The present tense

To form the present tense of regular verbs, add the following endings to the stem of the verb.

Regular verbs			Reflexive verbs
comprar	**comer**	**subir**	**levantarse**
compro	como	subo	me levanto
compras	comes	subes	te levantas
compra	come	sube	se levanta
compramos	comemos	subimos	nos levantamos
compráis	coméis	subís	os levantáis
compran	comen	suben	se levantan

● Spelling changes
Some verbs change their spelling to preserve the same sound as in the infinitive:
– before the vowels *e* and *i*:
c > qu: sacar – saqué
g > gu: pagar – pagué
z > c: empezar – empecé
– before the vowels *a* and *o*:
g > j: coger – cojo/coja
gu > g: seguir – sigo, sigues
– from *i* to *y* when unaccented and between vowels:
– *construyó* but *construimos*

● Some verbs add an accent:
continuar – continúo, continúas, continúa etc.
enviar – envío, envías, envía etc.

● Radical changes: where the stem of the verb changes

o > ue	**contar** – cuento, cuentas, cuenta, contamos, contáis, cuentan
	dormir – duermo, duermes, duerme, dormimos, dormís, duermen
u > ue	**jugar** – juego, juegas, juega, jugamos, jugáis, juegan
e > ie	**empezar** – empiezo, empiezas, empieza, empezamos, empezáis, empiezan
e > i	**pedir** – pido, pides, pide, pedimos, pedís, piden

● Irregular verbs
The most common you will need are:

ser	soy, eres, es, somos, sois, son
estar	estoy, estás, está, estamos, estáis, están
ir	voy, vas, va, vamos, vais, van
tener	tengo, tienes, tiene, tenemos, tenéis, tienen
hacer	hago, haces, hace, hacemos, hacéis, hacen

Some verbs are only irregular in the first person of the present tense then follow the regular pattern:

poner – pongo, pones etc.
salir – salgo, sales etc.
caer – caigo, caes etc.
conducir – conduzco, conduces etc.
See the verb tables in section 23.

Note: *Hay* = there is/there are

● Use the present tense
– to indicate what is happening
¿Adónde vas? Voy al cine.
– to express what happens regularly, a repeated action or habit
Veo la tele cada noche a las siete.
– to refer to something that started in the past and continues into the present (note that the perfect tense is used here in English)
Vivo aquí desde hace años.
– to refer to historical events (the historical present)
Aquella noche, el 23 de febrero de 1981, habla el Rey por la radio y la tele …
– to refer to something timeless or universal
El planeta Tierra gira alrededor del sol.
– to express the future
Adiós. Nos vemos mañana.

9.3 The present continuous

This is formed by taking the present tense of *estar* and the present participle (gerund) of the main verb, formed as follows:
ar ⟶ *ando*   *er* ⟶ *iendo*   *ir* ⟶ *iendo*
Exceptions are *leyendo, durmiendo, divirtiendo.*
¿Qué estás leyendo?
¡Callaos! Están durmiendo.

● It indicates what is happening at the time of speaking or that one action is happening at the same time as another. It follows the English pattern closely.

● It is often used with *pasar* to express how you spend time.
Paso el tiempo divirtiéndome, viendo la tele, haciendo deporte.

● It is often used also after *seguir, ir and llevar.*
Sigo estudiando a los treinta años.
Los precios van subiendo cada día más.
Llevo cinco años estudiando medicina.

9.4 The preterite tense

This is formed by adding the following endings to the stem of the verb:

-ar: -é -aste -ó -amos -asteis -aron
-er/-ir: -í -iste -ió -imos -isteis -ieron

Regular verbs

comprar	comer	subir
compré	comí	subí
compraste	comiste	subiste
compró	comió	subió
compramos	comimos	subimos
comprasteis	comisteis	subisteis
compraron	comieron	subieron

● Spelling changes
Some verbs change their spelling to preserve the same sound as in the infinitive:
c ⟶ *qu* before *e*: *sacar – saqué, sacaste, sacó* etc.
g ⟶ *gu* before *e*: *pagar – pagué, pagaste, pagó* etc.
z ⟶ *c* before *e*: *empezar – empecé, empezaste, empezó* etc.
i ⟶ *y*: *creer – creí, creiste, creyó, creimos, creisteis, creyeron* (also *leer, oír, caer*)
gu ⟶ *gü*: *averiguar – averigüé, averiguaste, averiguó* etc.

Grammar

- Radical changes

  -ir verbs change in the third person singular and plural:

  o → *u: morir – murió, murieron* (also *dormir*)

  e → *i: pedir – pidió, pidieron* (also *sentir, mentir, seguir, vestir*)

- Some common irregular verbs. Note that there are no accents.

  It helps to learn irregulars in groups; some follow a pattern of *uve*:

andar	*anduve, anduviste, anduvo, anduvimos, anduvisteis, anduvieron*
estar	*estuve, estuviste, estuvo, estuvimos, estuvisteis, estuvieron*
tener	*tuve, tuviste, tuvo, tuvimos, tuvisteis, tuvieron*

Note *ser* and *ir* have the same form so *fui* can mean 'I went' or 'I was'.

fui fuiste fue fuimos fuisteis fueron

Dar and *ver* follow a similar pattern.

dar – di, diste, dio, dimos, disteis, dieron

ver – vi, viste, vio, vimos, visteis, vieron

A larger group are quite irregular:					
hacer	**haber**	**poder**	**poner**	**querer**	**venir**
hice	hube	pude	puse	quise	vine
hiciste	hubiste	pudiste	pusiste	quisiste	viniste
hizo	hubo	pudo	puso	quiso	vino
hicimos	hubimos	pudimos	pusimos	quisimos	vinimos
hicisteis	hubisteis	pudisteis	pusisteis	quisisteis	vinisteis
hicieron	hubieron	pudieron	pusieron	quisieron	vinieron

- Use the preterite

  – to refer to events, actions and states started and completed in the past

  El año pasado hubo una huelga de los empleados del metro.

  – to refer to events, actions or states which took place over a defined period of time but are now completely finished

  Mis padres vivieron en Guatemala durante tres años.

9.5 The imperfect tense

This is formed by adding the following endings to the stem:

-ar: -aba -abas -aba -ábamos -abais -aban
-er/-ir: -ía -ías -ía -íamos -íais -ían

There are only three irregular verbs (*ir, ser* and *ver*).

comprar	comer	subir	ir	ser	ver
compraba	comía	subía	iba	era	veía
comprabas	comías	subías	ibas	eras	veías
compraba	comía	subía	iba	era	veía
comprábamos	comíamos	subíamos	íbamos	éramos	veíamos
comprabais	comíais	subíais	ibais	erais	veíais
compraban	comían	subían	iban	eran	veían

- Use the imperfect tense:

  – to indicate what used to happen (a regular or repeated action in the past)

  De niño iba a pie al colegio.

  – to say what happened over a long (indefinite) period of time

  Durante el invierno hacía mucho frío.

  – to say what was happening (a continuous action)

  Mirábamos la puesta del sol.

  – together with the preterite tense to denote interrupted action

  Mirábamos la puesta del sol cuando nos dimos cuenta la hora.

  – to describe what someone or something was like in the past

  Josefa era una chica muy formal.

  – to describe or set the scene in a narrative in the past

  La lluvia caía como una cortina gris.

  – in expressions of time (where English would use a pluperfect)

  Acababa de llegar cuando tuvo una sorpresa grande.

  Esperaba su respuesta desde hacía más de un mes.

  – to make a polite request

  Quería pedirte un gran favor.

9.6 The imperfect continuous

This is formed by taking the imperfect form of *estar* and adding the present participle.
¿Qué estabas haciendo? Estaba bañándome.
¿Qué es lo que estaba pasando? Estaban divirtiéndose bastante.

Just like the present continuous it indicates what was happening at a particular moment – in this case in the past. It is also used to describe one action interrupted by another:
Estaba leyendo el periódico cuando llegó el correo.

9.7 The future tense

This is formed by taking the infinitive of regular verbs and adding the following endings:

-é -ás -á -emos -éis -án

Irregular futures have the same endings as the regular ones – it is the stem that changes.

comprar	comer	subir	Some common irregular verbs
compraré	comeré	subiré	decir → diré
			haber → habré
comprarás	comerás	subirás	hacer → haré
			poder → podré
comprará	comerá	subirá	poner → pondré
			querer → querré
compraremos	comeremos	subiremos	saber → sabré
			salir → saldré
compraréis	comeréis	subiréis	tener → tendré
			venir → vendré
comparán	comerán	subirán	

- Use the future to:
  – indicate what will happen or take place
  Vendrán a las cinco.
  – express an obligation
  No pasarán.
  – express a supposition, probability or surprise
  No tengo la menor idea qué hora será.
  Tendrá unos doce años.

- If you want to express 'will' or 'shall' in terms of willingness or a request use *querer* in the present tense:
  ¿Quieres decirlo otra vez?
  No quiere venir a esta casa.

9.8 The immediate future

Another way to indicate what is going to happen is to take the verb *ir* + *a* and add the infinitive.
Voy a escribir una carta.
¿A qué hora vas a venir?

9.9 The conditional tense

This is formed by taking the infinitive of regular verbs and adding the following endings:

-ía -ías -ía -íamos -íais -ían

Irregular conditionals have the same endings as the regulars – it is the stem that changes, in the same way as in the future tense (see 9.7 above).

comprar	comer	subir
compraría	comería	subiría
comprarías	comerías	subirías
compraría	comería	subiría
compraríamos	comeríamos	subiríamos
compraríais	comeríais	subiríais
comprarían	comerían	subirían

- Use the conditional to:
  – indicate what would, could or should happen
  Sería imposible irnos enseguida.
  Me gustaría visitarla en el hospital.
  – in 'if' clauses to say what could happen
  Sería una maravilla si llegaras a tiempo.
  – express supposition or probability in the past
  Tendría unos cinco años cuando nos mudamos de casa.
  – refer to a future action expressed in the past
  Dijo que vendría a las ocho en punto.

- Note that if you want to say 'would' in the sense of willingness or a request, use the verb *querer* in the imperfect tense:
  No quería comer nada.
  If you want to say 'would' in the sense of a habitual action in the past, use the verb *soler* in the imperfect tense:
  Solía visitarnos cada sábado por la tarde.

Grammar

9.10 Compound tenses: the perfect tense

Compound tenses have two parts – an auxiliary verb and a past participle. The two parts must never be separated.

The perfect tense is formed by using the present tense of *haber* (the auxiliary verb) plus the past participle of the verb you want to use.

haber	comprar	comer	subir	cortarse
he	comprado	comido	subido	me he cortado
has				te has
ha				se ha
hemos				nos hemos
habéis				os habéis
han				se han

Reflexive verbs in the perfect tense need the reflexive pronoun before the auxiliary verb *haber*.

¿Qué te ha pasado? Me he cortado el dedo.

Some common irregular past participles

abrir	→	*abierto*	*morir*	→	*muerto*
cubrir	→	*cubierto*	*poner*	→	*puesto*
decir	→	*dicho*	*romper*	→	*roto*
escribir	→	*escrito*	*ver*	→	*visto*
hacer	→	*hecho*	*volver*	→	*vuelto*

Compound verbs have the same irregular past participle as the original verb

descubrir → *descubierto*

The perfect tense is used in the same way as in English to indicate an action which began and ended in the same period of time as the speaker or writer is describing. It is used in a question which does not refer to any particular time.

- Two important exceptions:
  – talking about how long: Spanish uses the present tense where English uses the perfect
  Hace más de una hora que te espero.
  – to translate 'to have just': *acabar de* – *acabo de llegar*

- The perfect infinitive
  This is formed by using the infinitive of the verb *haber* plus the appropriate past participle.
  De haberlo sabido …
  Me gustaría haberlo terminado antes de las cinco.

9.11 Compound tenses: the pluperfect tense

This is formed by using the imperfect of the auxiliary *haber* and the past participle of the verb required.

había, habías, había etc. *comprado, comido, subido, dicho, hecho* etc.

Just as in English it is used to refer to an action which happened before another action took place in the past. *La cena ya se había terminado cuando ellos llegaron.*

- The same two exceptions apply as for the perfect tense:
  – *hacer* in time clauses: where English uses the pluperfect 'had', Spanish uses the imperfect *hacía*: *Hacía 20 años que vivía aquí.*
  – *acabar de* – 'had just': *Acababa de llegar cuando empezó a llover.*

9.12 The future and conditional perfects

These tenses are formed by using the future or conditional of the auxiliary verb *haber* and the past participle of the verb required.
Habrá terminado dentro de dos horas.
Habría terminado antes pero no vi la hora.
They both follow a similar pattern to the English to translate 'will have' or 'would have done something'.

9.13 Direct and indirect speech

- Direct speech is used when you quote the exact words spoken:
  Dijo: "Quiero verte mañana por la mañana".

- Indirect speech is used when you want to explain or report what somebody said:
  Dijo que me quería ver/quería verme el siguiente día por la mañana.

Remember you will need to change all parts of the sentence that relate to the speaker, not just the verb.

10 Verbs: the subjunctive mood

So far all the tenses explained have been in the indicative 'mood'. Remember the subjunctive is not a tense but a verbal mood. For its uses see 10.4. It is not used very often in English but is used a lot in Spanish.

10.1 The present subjunctive

This is formed by adding the following endings to the stem of the verb:

-ar: -e -es -e -emos -éis -en
compre, compres, compre, compremos, compréis, compren
-er/-ir: -a -as -a -amos -áis -an
coma, comas, coma, comamos, comáis, coman
suba, subas, suba, subamos, subáis, suban

Remember that some verbs change their spelling to preserve their sound, and that others – radical-changing verbs – change their root in the first, second and third person singular and plural. They follow this same pattern in the present subjunctive:

coger	coja, cojas, coja, cojamos, cojáis, cojan
cruzar	cruce, cruces, cruce, crucemos, cruzéis, crucen
pagar	pague, pagues, pague, paguemos, paguéis, paguen
jugar	juegue, juegues, juegue, juguemos, juguéis, jueguen
dormir	duerma, duermas, duerma, durmamos, durmáis, duerman
preferir	prefiera, prefieras, prefiera, prefiramos, prefiráis, prefieran

Irregular verbs

Many of these are not so irregular if you remember that they are formed by taking the first person singular of the present indicative:

hacer → hago → haga, hagas, haga, hagamos, hagáis, hagan

Tener, caer, decir, oír, poner, salir, traer, venir and ver follow this pattern.

A few have an irregular stem:

dar	dé, des, dé, demos, deis, den
estar	esté, estés, esté, estemos, estéis, estén
haber	haya, hayas, haya, hayamos, hayáis, hayan
ir	vaya, vayas, vaya, vayamos, vayáis, vayan
saber	sepa, sepas, sepa, sepamos, sepáis, sepan
ser	sea, seas, sea, seamos, seáis, sean

10.2 The imperfect subjunctive

There are two forms of the imperfect subjunctive. Both forms are used but the -ra form is slightly more common and is sometimes used as an alternative to the conditional.

Take the third person plural of the preterite form minus the -ron ending and add the following endings:

compra -ron	comie -ron	subie -ron
comprara/se	comiera/se	subiera/se
compraras/ses	comieras/ses	subieras/ses
comprara/se	comiera/se	subiera/se
compráramos/semos	comiéramos/semos	subiéramos/semos
comprarais/seis	comierais/seis	subierais/seis
compraran/sen	comieran/sen	subieran/sen

Spelling change, radical-changing and irregular verbs all follow the rule of the third person plural preterite form.

hacer – hicieron – hiciera, hicieras
tener – tuvieron – tuviera, tuvieras
pedir – pidieron – pidiera, pidieras
dormir – durmieron – durmiera, durmieras
oír – oyeron – oyera, oyeras

Grammar

10.3 The perfect and pluperfect subjunctives

These both use the auxiliary verb *haber* plus the past participle.

- The perfect uses the present subjunctive:

  haya comprado, hayas comprado, haya comprado, hayamos comprado, hayáis comprado, hayan comprado

- The pluperfect uses the imperfect subjunctive:

  hubiera/hubiese comido, hubieras/hubieses comido, hubiera/hubiese comido, hubiéramos/hubiésemos comido, hubierais/hubieseis comido, hubieran/hubiesen comido

10.4 Uses of the subjunctive

The subjunctive is used widely in Spanish, above all in the following cases.

- When there are two different clauses in the sentence and the subject of one verb
  – influences the other (with *conseguir, querer, permitir, mandar, ordenar, prohibir, impedir*)
  Quiero que vengas a verme esta tarde.
  – expresses a preference, like or dislike (with *gustar, odiar, alegrarse*)
  No me gusta que hagan los deberes delante de la tele.
  – expresses feelings of fear or regret (with *temer* or *sentir*)
  Temo que no vayan a poder hacerlo.
  – expresses doubt or possibility (with *dudar, esperar, puede que*)
  Dudamos que sea possible. Puede ser que venga mañana.

- With impersonal expressions with adjectives
  es importante que, es necesario que, es imprescindible que
  Es muy importante que tengas buena presencia en la entrevista.

- After expressions of purpose (with *para que, a fin de que*)
  Hablamos en voz baja para que los niños siguiesen durmiendo.
- After expressions referring to a future action (with *en cuanto, antes de que* etc.)
  Cuando vengas te lo explicaré.

- After expressions referring to concessions or conditions
  – provided that, unless
  Puedes acompañarme con tal de que te portes bien.
- In clauses describing a nonexistent or indefinite noun
  Buscamos una persona que pueda ayudarnos.

- In main clauses
  – after *ojalá* ('if only')
  – after words indicating 'perhaps' (*tal vez, quizás*)
  – after *como si*
  – after *aunque* meaning 'even if' (but not 'although')
  – in set phrases
  digan lo que digan, sea como sea, pase lo que pase

- after words ending in -*quiera* ('-ever')
  cualquiera, dondequiera

Don't forget that when you make a sentence negative this often gives it an element of doubt:
Creo que llegarán a tiempo
but
No creo que lleguen a tiempo

Note the sequence of tenses using the subjunctive:

main verb	subjunctive verb
present future future perfect imperative	present or perfect
any other tense (including conditional)	imperfect or pluperfect

Exceptions:
'If I were to do what you are saying' = imperfect subjunctive: *Si hiciera lo que me dices*
'If I had' + past participle = pluperfect subjunctive
– *Si lo hubiera sabido*: 'If (only) I had known'

11 The imperative

The imperative is used for giving commands and instructions. Positive form:

	tú	vosotros/ as	usted	ustedes
comprar	compra	comprad	compre	compren
comer	come	comed	coma	coman
subir	sube	subid	suba	suban

Irregular verbs in the *tú* form:

decir → *di*   *hacer* → *haz*   *oír* → *oye*
poner → *pon*   *salir* → *sal*   *saber* → *sé*
tener → *ten*   *venir* → *ven*   *ver* → *ve*

NB Reflexive forms in the *vosotros* form drop the final *d*:
levantad + os   levantaos   sentad + os   sentaos
and the final *s* in the *nosotros* form:
levantémonos, sentémonos
Exception: *irse   idos*

Negative forms are the same as the present subjunctive.

	tú	vosotros /as	usted	ustedes
comprar no	compres	compréis	compre	compren
comer no	comas	comáis	coma	coman
subir no	subas	subáis	suba	suban

Note how the positive and negative forms for *usted* and *ustedes* are the same.

Remember the use of the infinitive to give impersonal negative commands:
No fumar

Note that pronouns attach to the end of positive commands and immediately precede all negative commands:
Dámelo en seguida.
No, no se lo des ahora; dáselo más tarde.

12   Reflexive verbs

The reflexive pronoun – *me, te, se, nos, os, se* – is attached to the end of the infinitive form, the gerund and a positive imperative but is placed before all other forms.

- True reflexive forms are actions done to oneself:
  Me lavé la cara (reflexive)
  but
  Lavé el coche viejo de mi tío (non-reflexive)

- Some verbs change their meaning slightly in the reflexive form:
  dormir (to sleep) – *dormirse* (to fall asleep)
  poner (to carry) – *ponerse* (to put on clothes)

- Some verbs have a reflexive form but do not appear to have a truly reflexive meaning:
  tratarse de, quedarse, quejarse de

- Use the reflexive pronoun to mean 'each other':
  Nos miramos el uno al otro.

- The reflexive form is often used to avoid the passive (see section 13).

13   The passive

The passive is used less in Spanish than in English and mostly in a written form.
The structure is similar to English.
Use the appropriate form of *ser* plus the past participle which **must agree** with the noun. Use *por* if you need to add by whom the action is taken.
La ventana fue rota por los chicos que jugaban en la calle.
La iglesia ha sido convertida en un museo.
There are several ways to avoid using the passive in Spanish:

- Rearrange the sentence into an active format but remember to use a direct object pronoun.

- Use the reflexive pronoun *se*.

- Use the third person plural with an active verb.
  La iglesia, la conviertieron en museo.
  La iglesia se convirtió en museo.
  Convirtieron la iglesia en museo.

14   Ser and estar

Both these verbs mean 'to be' but they are used to indicate different circumstances.

- *Ser* denotes time and a permanent situation or quality, character or origin.
  Son las cinco en punto. Hoy es martes 22 de noviembre.
  Es abogado y es muy bueno. Es de Madrid y es joven.

  It is also used in impersonal expressions and with the past participle to form the passive.

- *Estar* denotes position and a temporary situation, state of health or mood.
  Tus libros están encima del piano.
  Estás muy guapa hoy.
  Estoy contenta porque mi papá está mejor de la gripe.

  It indicates when a change has taken place.
  ¿Está vivo o está muerto? Está muerto.
  Mi hermano estaba casado pero ya está divorciado.

Grammar

It is used with the gerund to form the continuous tenses (see sections 9.3 and 9.6).

- Some adjectives can be used with *ser* or *estar*:
  Mi hermana es bonita.
  Mi hermana está bonita hoy.
  but some adjectives clearly have a different meaning when used with *ser* or *estar*:

listo	(clever/ready)
aburrido	(boring/bored)
bueno	(good by nature/something good at the time of speaking, e.g. a meal)
cansado	(tiring/tired)
malo	(bad by nature/something bad at the time of speaking, e.g. inedible)
nuevo	(new/in a new condition)
vivo	(lively/alive)
triste	(unfortunate/feeling sad)

15 Some verbs frequently used in the third person

The subject is often a singular or plural idea or thing.
gustar, encantar, interesar, molestar, preocupar, hacer falta
Me gustan las manzanas. Sí, me interesa mucho esa idea.
Nos hacen falta unas vacaciones.
Other verbs include those describing the weather:
Llueve a menudo durante el mes de abril.
Nieva en lo alto de las montañas.
Hace sol casi todos los días.

16 Impersonal verbs

Se is often used to indicate the idea of 'one' or 'you'/ 'we' in a general way (often in notices) and to avoid the passive in Spanish.
Aquí se habla inglés. English is spoken here.
Se prohíbe tirar basura. Do not throw litter.
Se ruega guardar silencio. Please keep quiet.
No se puede entrar. No entry.

Another useful impersonal expression is *hay que*:
Hay que salir por aquí. You have to go out this way.

17 Expressions of time

Hace and *desde hace* are used to talk about an action that started in the past and continues into the present. They are used with the present tense to indicate that the action is still going on.

¿Desde cuándo vives aquí?
¿Desde hace cuánto tiempo estudias español? Estudio español desde hace un año.*
They are also used with the imperfect tense for actions that happened in the past.
¿Cuántos años hacía que vivías allí? Hacía tres años que vivía allí.

18 Verbs: miscellaneous

18.1 Some useful expressions which take an infinitive

Soler is used only in the present and imperfect to indicate the idea of 'usually':
Suelo levantarme temprano.
Acabar de is used to indicate 'to have just':
Acabo de entrar.
Ponerse a is used to indicate to set about doing something:
Me pongo a estudiar.
Volverse a is used to indicate doing something again:
Vuelve a salir.
Tener que is used to indicate having to do something:
Tengo que cocinar.
Deber is used to indicate to have to or 'must':
Debemos hablar en voz baja.

18.2 Some prepositions plus an infinitive: English '-ing'

antes de: antes de comenzar – before beginning …
después de: después de terminar – after finishing …
al + infinitive: al entrar – upon entering …
en vez de: en vez de llorar – instead of crying …

Verb tables

Irregular verbs (continued)

Infinitive	Present	Future	Preterite	Imperfect	Participles
estar	estoy	estaré	estuve	estaba	estando
to be	estás	estarás	estuviste	estabas	estado
	está	estará	estuvo	estaba	
	estamos	estaremos	estuvimos	estábamos	
	estáis	estaréis	estuvisteis	estabais	
	están	estarán	estuvieron	estaban	
haber	he	habré	hube	había	habiendo
to have	has	habrás	hubiste	habías	habido
(auxiliary)	ha	habrá	hubo	había	
	hemos	habremos	hubimos	habíamos	
	habéis	habréis	hubisteis	habíais	
	han	habrán	hubieron	habían	
hacer	hago	haré	hice	hacía	haciendo
to do,	haces	harás	hiciste	hacías	hecho
make	hace	hará	hizo	hacía	
	hacemos	haremos	hicimos	hacíamos	
	hacéis	haréis	hicisteis	hacíais	
	hacen	harán	hicieron	hacían	
ir	voy	iré	fui	iba	yendo
to go	vas	irás	fuiste	ibas	ido
	va	irá	fue	iba	
	vamos	iremos	fuimos	íbamos	
	vais	iréis	fuisteis	ibais	
	van	irán	fueron	iban	
poder	puedo	podré	pude	podía	pudiendo
to be able	puedes	podrás	pudiste	podías	podido
	puede	podrá	pudo	podía	
	podemos	podremos	pudimos	podíamos	
	podéis	podréis	pudisteis	podíais	
	pueden	podrán	pudieron	podían	
poner	pongo	pondré	puse	ponía	poniendo
to put	pones	pondrás	pusiste	ponías	puesto
	pone	pondrá	puso	ponía	
	ponemos	pondremos	pusimos	poníamos	
	ponéis	pondréis	pusisteis	poníais	
	ponen	pondrán	pusieron	ponían	

Vocabulario

This vocabulary contains all but the most common words which appear in the book, apart from some which appear in the reading materials but which are not essential to understanding the item or where the meaning has been provided on the page. Where a word has several meanings only those which occur in the book are given.

Verbs marked * indicate stem changes or spelling changes; those marked ** are irregular.

Abbreviations:

m = masculine noun;

f = feminine noun;

pl = plural noun

A

a partir de   from
a pesar de   in spite of
abarcar   to take on, to cover
abogado/a m/f   lawyer
abono m   season ticket
abrazo m   hug
abastecer   to supply
acabar (de)   to finish (to have just)
acarrear   to give rise to
aceite (de oliva) m   (olive) oil
aceituna m   olive
aconsejar   to advise
acordarse (de)   to remember
acostumbrarse   to get used to

actualmente   now, currently
acudir   to attend
adecuado   suitable
adelante   forward
además   besides
adinerado/a   wealthy
adivinar   to guess
adjuntar   to enclose
aduana f   customs
afiliarse   to join
afiche m   poster
afuera   outside
afueras fpl   outskirts
agobiante   demanding, exhausting
agotado/a   exhausted
agradable   pleasant
agradecer   to thank
agricultor m   farm worker
agua f **potable**   drinking water
aguantar   to bear, to put up with
agudo/a   sharp
agujero m   hole
ahogarse   to drown
ahorrar   to save
aire m **libre**   open air, fresh air
aislado/a   lonely
ajedrez m   chess
ajo m   garlic
álamo m   poplar tree
albañil m   builder/ bricklayer
albaricoque m   apricot
albergue juvenil m   youth hostel
alcalde m   mayor
alcanzar   to reach
alcázar m   fortified palace
aldea f   village, hamlet
alegrarse   to be happy
alegre   happy
alfabetización f   literacy

alfombra f   carpet
algodón m   cotton
alguien   somebody
algún, alguno/a   some
alimento m   food
aliviar   to relieve
almacén m   store, shop
almendra f   almond
almohada f   pillow
almorzar   to have lunch
alojamiento m   lodgings
alojarse   to stay, to lodge
alpinismo m   climbing
alquilar   to hire
alrededor   around
alucinante   amazing
alzar   to raise up
amable   kind
ama de casa f   housewife
amanecer   to dawn
ambiente m   atmosphere
ambos/as   both
amenazar   to threaten
amistad f   friendship
ancho/a   wide
anchoa f   anchovy
andaluz(a)   Andalucian
andar**   to walk
andén m   platform (train)
anillo m   ring (finger)
ánimo m   spirit
anoche   last night
anteayer   the day before yesterday
antena parabólica f   satellite dish
antes de   before
anublado/a   cloudy
anuncio m   advert
añadir   to add
aparcamiento m   car park
apenas   hardly
aplastar   to crush
apogeo m   zenith
apoyo m   support
apretar*   to squeeze

aprobar*   to pass exams
aprovecharse de   to take advantage of
apuntar   to note down
apuntes mpl   notes
arena f   sand
argumento m   plot
armario m   wardrobe
arreglarse   to get ready
arriba   above
arroz m   rice
artesanías fpl   handicrafts
asado/a   roasted
ascensor m   lift
asco m   disgust
asequible   affordable; realistic
así   so, thus
asistir a   to take part in, to be present at
asolar   to devastate, to ravage
atar   to tie (up)
aterrizar   to land (plane)
atestado/a   full, crammed
atrás   behind
atravesar*   to cross (over)
atrevido/a   daring
atropellar   to run over
atún m   tuna
aula f   classroom
aumento m   increase
aun   even (so/if)
aún   still, yet
aunque   although
autopista f   motorway
autoservicio m   self service
ave m   bird
avisar   to warn

Ayuntamiento *m* Town Hall
azafata *f* air stewardess
azotea *f* flat roof
azúcar *m/f* sugar

B

bacalao *m* cod
bachillerato m school-leaving exam
bajar to go down
bajo/a low
balón *m* (foot)ball
bandera *f* flag
bañarse to have a bath
baño *m* bath
barato/a cheap
barba *f* beard
barbilla *f* chin
barranquismo *m* canyoning
barrer to sweep
barrio *m* quarter in town, area
bastante enough
basura *f* rubbish
basurero *m* refuse collector
batería *f* drum kit
beca *f* grant
besar to kiss
biblioteca *f* library
bienvenido/a welcome
bigote *m* moustache
billetero *m* wallet
bisabuelo *m* great-grandfather
bizcocho *m* biscuit
boda *f* wedding
bodega *f* wine cellar
boina *f* beret
boletín *m* school report
bolsillo *m* pocket
bombero *m* firefighter

borracho/a drunk
borrador *m* rubber; rough copy
borroso/a vague; cloudy
bosque *m* wood (place)
bracero *m* seasonal worker
brillar to shine
brisa *f* breeze
broma *f* joke
broncearse to tan, to get a suntan
brújula *f* compass
buceo *m* deep-sea diving
bufanda *f* scarf
burbuja *f* bubble
burro m donkey
butaca *f* armchair
buzón *m* letter box

C

caballero *m* gentleman
caber** to fit in
cabra *f* goat
caciquismo *m* tyranny
cada each
cadena *f* chain, TV channel
caer(se)* to fall
caja *f* box
cajero automático *m* cash point
calamares *mpl* squid
calcetín *m* sock
calefacción *f* heating
calidad *f* quality
caliente hot
calvo/a bald
callar(se) to be quiet
cambiar to change
cambio *m* change
camello *m* camel
camino *m* pathway, road

camión *m* lorry
campana *f* bell
campesino *m* peasant
campo *m* field, countryside
Canal de la Mancha *m* English Channel
cancela *f* gate
canción *f* song
cancha *f* sportsfield; court
candente red hot
cangrejo *m* crab
canguro (hacer de) to babysit
cansado/a tired
cantidad *f* quantity
caña de pescar *f* fishing rod
capa (de ozono) *f* (ozone) layer
capaz capable
capricho *m* whim
cara *f* face
¡caramba! goodness me!
caramelo *m* sweet
cárcel *f* prison
Caribe *m* Caribbean
cariño *m* love
carnet de conducir m driving licence
caro/a expensive, dear
carpintero *m* carpenter
carrera *f* career
carretera *f* main road
cartero *m* postman
cartón *m* cardboard
casco *m* helmet; heart of a city
caserío *m* Basque farmhouse
casi almost
castañuelas *fpl* castanets

castellano/a Spanish, Castilian
castillo *m* castle
castigar to punish
(a) causa (de) because of
caza *f* hunt
cebolla *f* onion
ceja *f* eyebrow
celoso/a jealous
cenicero *m* ashtray
central telefónica *f* telephone exchange
cepa *f* stock
cepillo *m* brush
cereza *f* cherry
cerilla *f* match
cero zero
cerrar (con llave) to close (to lock)
césped *m* lawn, turf
cesta *f* basket
chabola *f* hut, slum
chaleco *m* waistcoat
chalet *m* detached house
champiñones *mpl* mushrooms
chanclas *fpl* flipflops
charcutería *f* delicatessen
charlar to chat
cheque de viaje *m* traveller's cheque
chiminea *f* chimney
chisme *m* gossip
chispa *f* spark
chiste *f* joke
chivo *m* (expiatorio) (sacrificial) lamb
chocar to crash into
choque *m* crash
chorizo *m* pork sausage
chubasco *m* downpour
chucherías *fpl* junk food

Vocabulario

chuleta *f* chop; (slang) crib, cheat
churros *mpl* fritters
ciego/a blind
cielo *m* sky
cierto/a sure, certain
cifra *f* number
cigarrillo *m* cigarette
cinta *f* tape
cinturón (de seguridad) *m* (seat) belt
circo *m* circus
circulación *f* traffic
cita *f* appointment, date
claro/a clear; of course
clave key, major
cliente *m/f* client, customer
cobro revertido *m* reverse charge
cobrador *m* bus conductor
cocinero *m* chef
código postal *m* postcode
codo *m* elbow
coger★ to catch, to grab
cojín *m* cushion
cojo/a lame, one-legged
cola *f* queue
colchón *m* mattress
colgar★ to hang up
colina *f* hill
colocar(se) to place, to put
collar *m* collar, necklace
comenzar★ to begin, to start
comercio *m* business, commerce
comisaría *f* police station
compartir to share
comprobar★ to check, to verify

comprometer to compromise
comunicando engaged (telephone)
concurrido/a busy, crowded
concurso *m* competition
condena *f* sentence (punishment)
conducir★★ to drive
conejo *m* rabbit
confitería *f* sweet shop
congelador *m* freezer
conseguir★ to get, to manage
consejo *m* advice
consultorio *m* surgery
contable *m* accountant
contaminación *f* pollution
contar★ to count
contraer to contract, catch (an illness)
convertirse★ to change into
corazón *m* heart
corregir★ to correct
Correos *mpl* Post Office
correo electrónico *m* e-mail
correr to run
correspondiente *m* pen friend
corrida *f* bull fight
cortar to cut
corte *f* royal court
corte *m* haircut
cortés polite
cortina *f* curtain
corto/a short
cosa *f* thing
cosecha *f* harvest
coser to sew

costa *f* coast
costumbre *f* custom, habit
cotilleo *m* gossip
crecer to grow
creer★ to believe
cristal *m* glass
cruento/a bloody
Cruz Roja *f* Red Cross
cuadrado/a square
cuadro *m* picture; square
cuál which (of several)
cuarto *m* room
cubo *m* bucket
cubrir to cover
cuchara *f* spoon
cuchillo *m* knife
(en) cuclillas squatting down
cuello *m* neck
cuenta *f* bill, account
cuero *m* leather
cuerpo *m* body
cueva *f* cave
¡cuidado! be careful!
culebra *f* snake
culebrón *m* soap opera
culpa *f* blame
cumbre *f* summit
cura *m* priest
curso *m* course; year group
cuyo/a whose

D

daño *m* damage
darse cuenta de to realize
darse prisa to hurry up
datos *mpl* data
de repente suddenly
debajo (de) underneath
deber to owe, to have

to, 'must'
débil weak
deceleración *f* downturn
decepcionado/a disappointed
dedo *m* finger
dedo gordo *m* big toe
dedo pulgar *m* thumb
dejar to leave
delante (de) in front of
deletrear to spell
delgado/a thin, slim
delito *m* crime
demás the other, the rest
demasiado/a too much, too many
dentro (de) within, inside
deprimido/a depressed
derecho straight on
derechos *mp* rights
derrotar to destroy
desarrollar to develop
descansar to rest, to relax
desconocido/a unknown
descuento *m* discount
desde (hace) since (time)
desempeñar to play a part
desempleo *m* unemployment
desmayarse to faint
desnudo/a bare
despacio slowly
despedirse★ to say goodbye
despejado/a clear sky, cloudless
despertar(se)★ to wake up
despilfarro *m* waste
después after

destacar   to stand out
destape *m*   liberalization
destruir*   to destroy
desván *m*   attic
detalle *m*   detail
detrás (de)   behind
diario/a   daily
dibujar to draw, to
   sketch
dibujo animado *m*
   cartoon
diente *m*   tooth
dígame   Who is
   speaking (telephone)?
Dios *m*   God
dirección *f*   address
director *m*   headteacher
dirigirse*   to go towards
discapacitado/a   disabled
disfrutar   to enjoy
disminuir   to lessen,
   to diminish
disparo *m*   shot
   (with a gun)
dispensa *f*   dispensation
disponer   to have at
   one's disposal
dispuesto/a   willing
docena *f*   dozen
dolor *m*   pain
don   masculine title, Mr
doña   feminine title,
   Mrs
dueño *m*   owner
dulce   sweet, kind
duro/a   hard

E

echar   to throw out,
   eject
echar de menos   to miss
   (someone/something)
edad *f*   age
edificio *m*   building
EE.UU.   addreviation
   for United States

ejército *m*   army
electrodomésticos *mpl*
   household goods
elegir*   to choose
emborracharse   to get
   drunk
emisión *f*   TV
   programme
emocionante   moving
emoticones *mpl*
   'smileys'
empadronar   to register
empero   however, but
empeñar   to make an
   effort, to strive
empezar*   to start, to
   begin
empleo *m*   employment,
   job
empleado *m*   employee
empresa *f*   company,
   firm
empujar   to push
encima (de)   on top of
encontrar(se)*   to
   find, (to meet)
encuesta *f*   survey
enfadado/a   annoyed,
   angry
enfrente (de)   in front
   of, opposite
enhorabuena
   congratulations, well
   done
enojar   to annoy
enriquecerse**   to get
   rich
enseñar   to teach
entender*   to understand
enterarse de   to find out
entonces   then
entrada *f*   entrance;
   cinema ticket
entre   between
entremeses *mpl*
   starters, hors d'oeuvres
entrevista *f*   interview

enviar   to send
envolver*   to wrap up
eólico   of the wind
época *f*   period of
   time, epoch, age
equilibrio *m*   balance
equipaje *m*   luggage
equipo *m*   team
equivocarse   to make a
   mistake, to be mistaken
escalada *f*   climbing
escalera *f*   staircase
escasez *f*   scarcity, lack
escritorio *m*   desk
esforzarse*   to make
   an effort
esfuerzo *m*   effort
E.S.O. =   Educación
   Secundaria Obligatoria
esmero *m*   care
espada *f*   sword
espalda *f*   back
especie *f*   species
espectáculo *m*   show
espejo *m*   mirror
espeleología *f*   potholing
esperar   to wait for, to
   hope
espíritu *f*   spirit
esposo *m*   husband
esquina *f*   corner
estación *f*   station;
   season of year
estadio *m*   stadium
Estados Unidos
   United States
estanco *m*   tobacconist's
estar de baja   to be off
   work
estar hasta la coronilla
   to be fed up to the
   back teeth with
estómago *m*   stomach
estrago *m*   devastation
estrecho/a   tight,
   narrow
estrella *f*   star

estresado/a   stressed
etapa *f*   stage of
   growth or plan
evitar   to avoid
exigir   to insist
éxito *m*   success
extranjero/a *m/f*
   foreigner
evaluación *f*   assessment

F

fábrica *f*   factory
factura *f*   invoice
faltar a clase   to skip
   lessons
fatal   (slang) awful,
   rotten
fecha *f*   date
felicidades
   congratulations
fenicio/a   Phoenician
ferrocarril *m*   railway
ficha *f*   card
fiebre *f*   fever,
   temperature
fijación *f*   obsession,
   fixation
finca *f*   farm
flaco/a   thin, skinny
flojo/a   lazy
flor *f*   flower
florero *m*   vase
florística *f*   florist's
folleto *m*   brochure
fondo *m*   bottom of
fontanero *m*   plumber
forastero *m*   stranger
formación *f*   training
formulario *m*   form
   (to fill in)
frambuesa *f*   raspberry
fregar*   to wash up, to
   scrub
fresa *f*   strawberry
frijol *m*   bean
frisar con/en   to be
   getting on for

Vocabulario

frontón *m* pelota
fuego *m* fire
fuegos artificiales *mpl* fireworks
fuente *f* fountain
fuera (de) outside
fuerte strong
fumar to smoke
funcionario *m* civil servant
furgoneta *f* van
fusilar to shoot (with a gun)

G

gabardina *f* raincoat
gafas (de sol) *fpl* (sun)glasses
gallego/a Galician
galleta *f* biscuit
gallina *f* hen
gambas *fpl* prawns
gamberrada *f* hooliganism
ganar(se la vida) to win (to earn a living)
ganas *fpl* desire
ganga *f* bargain
garganta *f* throat
gasolina *f* petrol
gastar to waste, to spend
gazpacho *m* cold tomato soup
gemelo/a *m/f* twin
genio *m* genius
gente *f* people
gobierno *m* government
golosines *mpl* sweets
golpe *m* blow, kick
goma *f* rubber
gorra *f* cap, beret
grabar to record
gracioso/a funny, amusing

granja *f* farm
granjero *m* farmer
granizo *m* hail
grave serious
grifo *m* tap
gritar to shout
grueso/a bulky, solid
guante *m* glove
guardar rencor to bear a grudge against
guatemalteco *m* Guatemalan
guerra *f* war
guerrillero *m* freedom fighter
guía *m/f* guide
guionista *m* screen/scriptwriter
guisante *m* pea

H

habilidad *f* skill
habilitar to fit out, make ready
hacer falta to be lacking
hacia towards
hambre *f* hunger
harina *f* flour
harto/a (slang) fed up
hasta luego see you soon
hechizo *m* spell
heladería *f* ice-cream shop
helado *m* ice cream
herido/a wounded
hermoso/a pretty, good-looking
herrumbre *f* rust
hielo *m* ice
hierba *f* grass
hierro *m* iron
hincha *m/f* (slang) football fan

hito *m* landmark, milestone
hogar *m* home
holgazanear to loaf around
hoja *f* leaf
hollín *m* soot
hombre *m* man
hombro *m* shoulder
horario *m* timetable
hormigón *m* concrete
hueco *m* hole
huele bien it smells good
huelga *f* strike
huella *f* footprint/footstep
hueso *m* bone
húmedo/a damp, wet
humo *m* smoke

I

iglesia *f* church
igual equal
impedir* to prevent
impermeable *m* raincoat
inalámbrico/a cordless
incendio *m* fire
incertidumbre *f* uncertainty
incluso including
indicar to point out
indígena native, indigenous
índole *f* kind, nature
infierno *m* hell
inmobiliario *m* property
insolación *f* sunstroke
insoportable unbearable
instalaciones *fpl* facilities
instruir* to instruct
inundación *f* flood
inútil useless

invernadero *m* greenhouse
invierno *m* winter
isla *f* island
itinerario *m* journey, itinerary

J

jabón *m* soap
jamás never (ever)
jamón (serrano) *m* (cured) ham
jarabe *m* syrup
jaula *f* cage
jefe *m* boss, leader
jerez *m* sherry
jornada *f* working day
jornalero *m* labourer
joven young
joya *f* jewel
joyería *f* jeweller's shop
judías (verdes) *fpl* (green) beans
judío/a Jewish
juego *m* game
juerga *f* (slang) partying
juez *m* judge
juicio *m* judgement
junto/a next to
justo/a just, fair
juventud *f* youth

L

labio *m* lip
lado *m* side
ladrón *m* thief
lago *m* lake
lana *f* wool
langosta *f* lobster
lámpara *f* lamp
largo/a long
largometraje *m* feature film
lástima *f* pity
lata *f* tin

lavabo *m* washbasin
lavadora *f* washing machine
lavaplatos *m* dishwasher
lavar(se) to wash
legumbres *mpl* vegetables
lejos (de) far (from)
lema *m* motto
lengua *f* tongue, language
lento/a slow
letra *f* letter (alphabet)
letrero *m* notice
ley *f* law
libra esterlina *f* English pound
libre free
librería *f* bookshop
lidiar to fight
lienzo *m* canvas
ligero/a light
limón *m* lemon
limpiar to clean
lindo/a pretty
liso/a smooth, straight
listo/a ready; clever
llama *f* flame
llave *f* key
llegar to arrive
llenar to fill up
llevarse bien/mal to get on well/badly
llorar to cry
lluvia *f* rain
loco/a mad
lograr to succeed; to manage
loro *m* parrot
luchar to struggle
lugar *m* place
luna (de miel) *f* (honey)moon
luz *f* light

M

madera *f* wood
madrina *f* godmother
madrugada *f* dawn, early morning
madurar to mature
maestro *m* master, teacher
maleta *f* suitcase
manchar to stain
manchego from La Mancha
mandar to send
manera *f* manner, way, fashion
mantequilla *f* butter
manzana *f* apple
mapa *m* map
máquina *f* machine
mar *m/f* sea
marcar to dial; to score a goal
marchar(se) to leave, to go away
marearse to be seasick, to feel dizzy
marido *m* husband
marroquí Moroccan
máscara *f* mask
matar to kill
matiz *m* nuance
matrimonio *m* wedding, married couple
media pensión *f* half board
medias *fpl* stockings
medio/a average
medio ambiente *m* environment
mejicano/mexicano/a Mexican
mejilla *f* cheek
mejillones *mpl* mussels
melocotón *m* peach
mendigo *m* beggar
menor lesser, younger, smaller

mensualmente monthly
mentira *f* lie
menudo/a small
mercado *m* market
merecer* to merit
merienda *f* tea, snack, picnic
mes *m* month
meseta *f* plateau
meta *f* goal, aim
meter to put
mezclar to mix
miedo *m* fear
miel *f* honey
miembro *m* member
mientras while
minusválido/a disabled
mismo/a same
mitad *f* half
moda *f* fashion
mojado/a wet
molestar to annoy
moneda *f* money, coin
monedero *m* purse
montón *m* heap, pile
morado/a purple
morder* to bite
moreno/a dark-skinned, dark-haired
morir* to die
moro Moorish
mosca *f* fly
mostaza *f* mustard
mostrar* to show
motín *m* mutiny, rebellion
moto *f* motorbike
mozo *m* young man
muchedumbre *f* crowd
mueble *m* piece of furniture
muela *f* tooth
muerto/a dead
mugre *f* dirt

mujer *f* woman
multa *f* fine
mundo *m* world
muñeca *f* doll; wrist
músico *m* musician
muslo *m* thigh

N

nacer* to be born
naranja *f* orange
Navidad *f* Christmas
negar* to deny
negocio *m* business
nevar* to snow
nevera *f* fridge
ni … ni … neither … nor …
niebla *f* fog
nieto/a *m/f* grandson/granddaughter
nieve *f* snow
ningún none, no
nivel *m* level
Nochebuena *f* Christmas Eve
Nochevieja *f* New Year's Eve
no obstante nevertheless
nocivo/a harmful
nómina *f* payroll
normas *fpl* code of conduct
noreste *m* northeast
noroeste *m* northwest
norte *m* north
notable very good
notas *fpl* results, marks
novio/a *m/f* fiancé(e), boy/girlfriend
nube *f* cloud
nublado/a cloudy
nuera *f* daughter-in-law

Vocabulario

O

obra *f* work (of art)
obrero *m* worker
ocio *m* leisure
ocupado/a occupied, busy
odiar to hate
oeste *m* west
oferta *f* special offer
oído *m* hearing
oiga hello, who's there? (telephone)
oír** to hear
ojalá if only, (slang) you wish!
ola *f* wave (sea)
¡olé! bravo!
olor *m* smell
olvidar (se) de to forget
ombligo *m* navel
opinar to have an opinion about
opuesto/a opposite, opposed to
oreja *f* ear
orientación *f* career's guidance
orilla *f* shore, bank of river
orgulloso/a proud
orín *m* rust
oro *m* gold
ortografía *f* spelling
oscuro/a dark
oso *m* bear
otoño *m* autumn
oveja *f* sheep

P

pacífico/a peaceful
país *m* country
País Vasco *m* Basque Country
paisaje *m* countryside, landscape

pájaro *m* bird
pandilla *f* gang
pantalla *f* screen
pañuelo *m* handkerchief
papelería *f* stationer's
paquete *m* parcel
par even (number)
parada *f* stop
parado/a out of work
parabrisas *m* windscreen
paraguas *m* umbrella
parapente *m* hang gliding
pararse to stop
parecido/a similar
parecerse a to look like
pared *f* wall
pareja *f* partner
pariente *m/f* relation, relative
paro *m* unemployment
parque de atracciones *m* funfair
partido *m* match
pasado mañana day after tomorrow
pasajero *m* passenger
pasatiempo *m* hobby, pastime
Pascua *f* Easter
pasearse to stroll, to have a walk
paseo *m* walk, stroll
pasillo *m* passageway
pasta de dientes *f* toothpaste
pastilla *f* pill
patera *f* raft
patinar to skate
pato *m* duck
pauta *f* guideline
pavo *m* turkey
paz *f* peace
peaje *m* toll
pecho *m* chest

pedazo *m* piece, slice
pedir* to ask for
pegamento *m* glue
peligro *m* danger
pelota *f* ball
pelota vasca *f* pelota
peluquería *f* hairdresser's
pena *f* grief, sorrow
pensar* to think
pensión *f* board and lodgings
peor worse
perder* to lose
perfil *m* profile
periódico *m* newspaper
periodista *m/f* journalist
perjudicar to prejudice
permiso *m* permission, excuse me!
permitir* to allow, to give permission
perseguir* to pursue
persiana *f* roller blind
personaje *m* famous person
pesado/a boring
pesar to weigh
pesca *f* fishing
pescador *m* fisherman
peso *m* peso (currency)
pez *m* fish
picante spicy
picar to sting
piedra *f* stone
piel *f* skin
pillar to catch
pimiento *m* pepper (vegetable)
pincel *m* paintbrush
pintada *f* grafitti
piragüismo *m* rafting
Pirineos *mpl* Pyrenees
piso *m* floor, flat
planchar to iron

planta baja *f* ground floor
plátano *m* banana, plantain
pluma *f* feather
pobre poor, unfortunate
pobreza *f* poverty
policía *f* police force
policía *m* policeman
poner(se) (a)** to put; to begin to
por supuesto of course
portero *m* goalkeeper
potable drinking (water)
precio *m* price
prefijo *m* dialling code
preguntar to ask (a question)
premio *m* prize
prensa *f* press
prestar to lend
primavera *f* Spring
primo/a *m/f* cousin
príncipe *m* prince
principio *m* beginning
priorizar to prioritize
probar* to try, to try on
procedente de coming from
prohibido/a forbidden
pronóstico *m* forecast
pronto/a ready; early
propina *f* tip
propio/a own
proteger to protect
próximo/a near, close, next
prueba *f* proof
pueblo *m* village
puente *m* bridge
puerto *m* port
pues well then
puesto que since
pulsera *f* bracelet

Q

que[b]rantamiento *m* breaking

qu[edar(se)] to stay, to remain

qu[erer]** to wish, to want, to love

qu[erer decir]** to mean

qu[erido/a] dear

qu[ince días] *mpl* fortnight

qu[incenal] fortnightly

qu[isiera] I wish, I would like

qu[itar(se)] to take away, to remove

qu[izá(s)] perhaps

R

ra[ción] *f* portion

ra[íz] *f* root

ra[...]e close-shaved

rap[...] haircut

rasgar to scratch

razón *f* rea...son

realizar to realize, to fulfil

rebaja *f* re...duction

recado *m* message

receta *f* re...cipe

rechazar t...o reject

recibir to r...eceive

recibo *m* re...ceipt

recoger* to collect, to tidy

recompensa *f* reward

recordar* to remember

recto/a stra...ight

recuerdos *m...pl* souvenirs

red *f* netwo...rk

redacción *f* editorial

redondo/a round

refresco *m* refreshment

regañar to tell off, to scold

regresar to go back, to return

rehuir to shy away from

reina *f* queen

reír(se)* to laugh

remontar to overcome

relajar to relax

reloj *m* watch

rellenar to fill in (a form)

remedio *m* remedy

RENFE *f* Spanish national railway

renombrado/a renowned

repetir* to repeat

resaltar to stand out

reserva *f* reservation

reservado/a shy, reserved

residuos *mpl* waste

respirar to breathe

retraso *m* delay

retrato *m* portrait

retrete *m* lavatory

revalidar to retake (exams)

revés (al) inside out

revista *f* magazine

rey *m* king

rico/a rich

riesgo *m* risk

rincón *m* corner

río *m* river

risa *f* laughter

rodar to shoot (a film)

romper to break

ronco/a hoarse

rostro *m* face

roto/a broken

rueda *f* wheel

ruido *m* noise

S

sábana *f* sheet

sabor *m* taste, flavour

sacar* to take out

sal *f* salt

salado/a salty

salaz salacious

salchicha *f* sausage

salida *f* exit, way out

salir* to go out

salud *f* health

saludar to greet, to say hello

sangre *f* blood

sartén *m/f* frying pan

sastre *m* tailor

savia *f* vitality

seco/a dry

seda *f* silk

seguida (en) immediately

seguir* to follow

según according to

sello *m* stamp

selva *f* forest, jungle

semáforo *m* traffic lights

Semana Santa *f* Holy Week

semanalmente weekly

sembrar to sow

sencillo/a simple

sendero *m* path

senderismo *m* hiking

sentar(se)* to sit (down)

sentir(se)* to be sorry

señal *f* sign

señalar to signal

sentimientos *mpl* feelings

sequía *f* dry period

servicios *mpl* public toilets

SIDA *m* Aids

sidra *f* cider

sierra *f* mountain range

siesta *f* afternoon nap

siglo *m* century

significar to mean

siguiente following, next

silla *f* chair

sillón *m* armchair

sin without

sincero/a sincere, kind

sin embargo nevertheless, however

siniestro/a sinister

sino but

siquiera even

sitio *m* site, place

soberanía *f* sovereignty

sobre *m* envelope

sobre on top of

sobresaliente excellent

sobrino/a *m/f* nephew, niece

socorro *m* help

solamente only

soldado *m* soldier

soler* to be used to

solicitud *f* application

solo/a alone

sólo only

soltero/a unmarried

sombra *f* shade, shadow

sombrero *m* hat

sonreír* to smile

sonrisa *f* smile

sordo/a deaf

sorprender to surprise

sorpresa *f* surprise

sortija *f* ring

soso/a silly

sótano *m* basement

suave smooth

subir to go up, to climb

subrayar to underline

sucio/a dirty

sudar to sweat

Suecia Sweden

sueco/a Swedish

sueldo *m* wage

suelo *m* ground

sueño *m* dream; sleep

suerte *f* luck

Vocabulario

Suiza Switzerland
suizo/a Swiss
sumamente extremely
súper *f* four star petrol
suponer** to suppose
sur south
sureste southeast
suroeste southwest
susto *m* fright
susurro *m* whisper

T

tablao flamenco *m* flamenco show
tal vez perhaps
talla *f* size
taller *m* workshop
tamaño *m* size
también also, as well
tampoco neither, not ... either
tan so, as
tanto ... (como) as ... as ...
tapas *fpl* snacks
tapiz *m* tapestry
taquilla *f* ticket office
tardar en to take time, be long
tarea *f* task
tarifa *f* tariff, price list
tarjeta *f* card
tasa *f* level, rate
taza *f* cup
teatro *m* theatre
tebeo *m* comic book
techo *m* roof
tejado *m* (roof) tile
tela *f* material
telaraña *f* spider's web
teletrabajo *m* teleworking
tempestad *f* storm
templado/a warm, mild
temporero *m* seasonal

worker
temprano early
tenedor *m* fork
tercera edad *f* old age
terminar to finish
ternera *f* calf; veal
terraza *f* terrace, pavement café
tesoro *m* treasure
testigo *m* witness
tibio/a warm
tienda *f* shop
tierra *f* land
tijeras *fpl* scissors
timbre *m* bell
tinieblas *fpl* dusk
tinto *m* red wine
tirar to spill, to pour, to throw
tirita *f* plaster
títere *m* puppet
toalla *f* towel
tobillo *m* ankle
tocino *m* bacon
todavía still, yet
tolerada U-rated film
tomar el pelo to tease
tonto/a silly
tormenta *f* storm
toro *m* bull
torpe clumsy
tos *f* cough
toxicómano drug addict
traducir* to translate
traer** to bring
tragar to swallow
traje *m* dress, suit
tranquilo/a quiet, calm
transgénico genetically modified
tras behind
tratar(se) de to be about
travieso/a naughty
tribu *f* tribe
trigo *m* corn
triste sad

trozo *m* piece, slice
turrón *m* nougat
tutoría *f* form period

U

último/a last
ultrajante outrageous
único/a unique, only
uña *f* finger or toe nail
útil useful
utilizar to use
uva *f* grape

V

vaca *f* cow
vacío/a empty
vago/a lazy
valer* to be worth
valle *m* valley
vasco/a Basque
vaso *m* glass
vecino/a *m/f* neighbour
vejez *f* old age
vela *f* sailing
velero *m* sailing boat
venda *f* bandage
vender to sell
ventaja *f* advantage
ventana *f* window
verano *m* summer
verdad *f* truth
verdura(s) *fpl* greens, vegetables
vergüenza *f* shame
vertedero *m* rubbish dump
vertidos *mpl* spillage
vestirse* to dress
vid *f* vine
vida *f* life
viajar to travel
vidrio *m* glass
viejo/a old
viento *m* wind
vientre *m* stomach

vino *m* wine
víspera *f* eve
vista *f* view
viudo/a *m/f* widow/ widower
vivienda *f* dwelling
vivir to live
volar* to fly
volver* to return
voz *f* voice
vuelo *m* flight

Y

ya already, now
yerno/a *m/f* son-in-law

Z

zanahoria *f* carrot
zancos *mpl* stilts
zarzuela *f* Spanish operetta
zuecos *mpl* clogs